Ma

BASTEI
LÜBBE
TASCHENBUCH

Über den Autor:

Mikey Walsh wurde 1980 als erster Sohn einer Roma-Familie geboren. Er verließ seine Community mit fünfzehn Jahren nach einer Kindheit voller Gewalt und Missbrauch, weil er als schwuler Mann nicht akzeptiert worden wäre. Heute lebt er in London, arbeitet als Lehrer für Kunst und Schauspiel und engagiert sich für die Rechte Homosexueller.

MIKEY
WALSH

Jungen
weinen
nicht

Meine Kindheit
bei den Roma

Aus dem Englischen von
Katja Bendels

BASTEI
LÜBBE
TASCHENBUCH

BASTEI LÜBBE TASCHENBUCH
Band 61149

Vollständige Taschenbuchausgabe

Deutsche Erstausgabe

Für die Originalausgabe:
Copyright © 2009 by Mikey Walsh
Titel der englischen Originalausgabe: »Gypsy Boy«
Originalverlag: Hodder & Stoughton

Für die deutschsprachige Ausgabe:
Copyright © 2019 by Bastei Lübbe AG, Köln
Titelillustration: © Popperfoto/getty-images, © Ernie Janes/Alamy Stock Photo
Umschlaggestaltung: ZERO Werbeagentur, München
Satz: hanseatenSatz-bremen, Bremen
Gesetzt aus der Adobe Garamond Pro
Druck und Verarbeitung: CPI books GmbH, Leck – Germany
ISBN 978-3-404-61149-2

2   4   5   3   1

Sie finden uns im Internet unter
www.luebbe.de
Bitte beachten Sie auch: www.lesejury.de

Für Leigh

Inhalt

1

Die Geburt eines Schweinejungen

Meine Großeltern zogen gerade mit dem Rest ihres Konvois durch Berkshire, als bei meiner Granny Ivy hinten im Wagen die Fruchtblase platzte. Damals, in der Nachkriegszeit, bekamen die meisten Zigeunerfrauen ihre Kinder zu Hause mit der Unterstützung anderer Frauen, aber Ivy, nicht ganz einen Meter zwanzig groß und deshalb nicht selten mit einer Pygmäin in Strickjacke verwechselt, auch wenn sie das Temperament eines Ogers hatte, wäre niemals in der Lage gewesen, eine Hausgeburt ohne die Hilfe einer echten Hebamme und einer Handvoll Ärzte zu überstehen.

Das nächste Krankenhaus war das Royal Berkshire Hospital, und Ivy hatte keine andere Wahl. Sie musste dorthin, um ihr Kind zu bekommen, und brachte einen strammen Jungen zur Welt: Tory. Ein paar Jahre später kehrte sie zurück und produzierte Zwillinge: meinen Vater Frank und seine Schwester Prissy. Ivys Jüngster und absoluter Liebling, Joseph, folgte zwei Jahre danach.

Ivy und mein Großvater, Old Noah, waren echter Zigeuneradel, und das Engagement, das die Leute im Royal Berks ihnen entgegengebracht hatten, blieb in Erinnerung. Als Joseph geboren wurde, kamen bereits alle neuen Zigeunerbabys dort zur Welt.

Reading ist eine große Stadt vor den Toren Londons. Sie besitzt keine besonderen Sehenswürdigkeiten oder Attraktionen, aber das Royal Berks bescherte ihr die höchsten Besucherzahlen unter den Zigeunern im ganzen Land. Sobald der Geburtstermin näher rückte, fanden sich fast alle Familien auf einem der vielen Campingplätze rund um die Stadt ein.

Als ich an der Reihe war, geschah es in Anwesenheit von meinem Vater, Großvater Noah, Granny Ivy, meiner anderen Granny Bettie, Tante Minnie – der Schwester meiner Mutter – und deren Mann Onkel Jaybus. Unter Zigeunern waren Geburten, wie Hochzeiten und Beerdigungen, Ereignisse, die man gemeinsam erlebte, und diese hier gehörte erst recht dazu, nicht nur weil meine Mutter Herzgeräusche hatte und man sich um ihre Gesundheit sorgte, sondern vor allem, weil die ganze Familie fest davon ausging, dass sie ihnen einen Jungen schenken würde.

Meine Eltern hatten bereits eine Tochter, meine Schwester Frankie, und deshalb musste dieses Baby hier einfach der Sohn sein, auf den mein Vater gewartet hatte.

Als man mich meiner Mutter in die Arme legte, sagte Granny Ivy mit ihren schwarz gefärbten bauschigen Haaren, dem Mund voller Goldzähne und dem Körperbau eines Kindes: »Das ist das fetteste Kind, das ich je gesehen habe, Bettie! Ein kleiner Schweinejunge.«

Alle anderen, die sich um das Bett versammelt hatten, kicherten, nickten und strichen sich zustimmend übers Kinn.

Ich habe keine Ahnung, wie schwer ich war – oder wie ich aussah –, aber die Nacht, in der Bettie Walsh ein Schweinchen zur Welt brachte, ist in die Familiengeschichte eingegangen.

Jahrelang prahlte meine Mutter damit, dass ich sie fast umgebracht hätte. Meine gesamte Kindheit hindurch hörte ich die

Frauen gackernd und johlend über den Tag reden, an dem Bettie ihr Riesenferkel nach Hause brachte. Wenn es einen Preis für das größte, hässlichste und fetteste Baby gegeben hätte, dann hätte ich den größten, hässlichsten und fettesten Pokal bekommen. Und nachdem ich unzählige Male dasitzen und höflich mitanhören musste, wie erschrocken alle bei meinem Anblick gewesen waren, war ich der Ansicht, ihn auch verdient zu haben.

Das Erste, was mein Vater gleich nach meiner Geburt tat, war, mir eine goldene Kette mit einem winzigen Paar goldener Boxhandschuhe um den Hals zu hängen. Die Kette war angefertigt worden, bevor sie überhaupt gewusst hatten, dass ich ein Junge werden würde; sie war ein Symbol künftigen Ruhms und der größten Hoffnung meines Vaters.

In jedem Land gibt es einen Mann, der die Krone im Lieblingssport der Zigeuner trägt: Bare-Knuckle Fighting – Boxen mit bloßen Händen. Diese Krone ist der Heilige Gral unter den Männern; doch selbst, wenn sie es nicht unbedingt auf die Krone abgesehen haben, ist das Kämpfen Teil ihres Alltags. Für einen Zigeunermann wäre es unmöglich, sich in Gesellschaft anderer Zigeunermänner zu bewegen, ohne immer wieder zum Kampf aufgefordert zu werden. Und wer herausgefordert wird, muss diese Herausforderung annehmen. Egal wie gering seine Chance ist, zu gewinnen, er muss seine Ehre verteidigen, auch wenn er bloß als blutige und geschundene Kerbe im Gürtel eines ehrgeizigen Fighters endet – oder häufiger, irgendeines Arschlochs, das sich gerne prügelt.

Jeder Mann, der eines Tages die Krone tragen will, muss vorher eine ganze Kompanie von Gegnern bekämpfen – und besiegen. Und das Leben eines wahren Zigeuner-Champions ist hart. Um es zu bleiben, muss er ständig kämpfen, denn es gibt immer einen neuen, ehrgeizigen, jüngeren Herausforderer, der nur darauf wartet, seinen Platz einzunehmen.

Das ist der Grund, warum unsere Familie als etwas Besonderes betrachtet wurde, denn sie trug die Bare-Knuckle-Krone, seit mein Urgroßvater Mikey sie zum ersten Mal gewonnen hatte.

Er war während des Blitzkriegs aus Osteuropa nach Großbritannien gekommen – heimatlos und ohne Geld, mit seiner Frau und ihren Kindern: drei Söhne und zwei Töchter. Der Krieg hatte die Zigeuner, von den Nazis gehasst und verfolgt, beinahe ausgerottet. In Europa waren nicht wenige davon überzeugt, dass wir bereits ausgelöscht waren und nur noch als winzige Fußnote zu den anderen Völkern und Kulturen existierten, die dem Holocaust zum Opfer gefallen waren. Doch ein paar von uns hatten überlebt. Und in den Jahren nach dem Krieg kamen sie zusammen und bauten ihre Gemeinschaft wieder auf.

Als meine Urgroßeltern nach Großbritannien kamen, nutzten sie jede Möglichkeit, um Geld zu verdienen. Mikeys Frau Ada verkaufte Glücksbringer und sagte die Zukunft voraus, während er für Geld boxte und die Fäuste gegen jeden erhob, der bereit war, ein paar Pfund in den Ring zu werfen. Die beiden verdienten bald gutes Geld, und Mikeys Ruf als Kämpfer wuchs.

Bald hatten sie genug, um sich ein Stück Land zu kaufen, und auf diesem errichteten sie ein Camp, ein Zuhause für Zigeuner, um sie von den Straßenrändern, Feldern und Rastplätzen zu holen. Sie verlangten bezahlbare Mieten, boten gute Gesellschaft, Unterbringung für die Tiere und Schutz vor den Vorurteilen der Außenwelt. Und die Zigeuner standen förmlich Schlange, um bei ihnen ihre Zelte aufzuschlagen.

Mein Urgroßvater Mikey musste nicht länger kämpfen, um Geld zu verdienen, aber seine Gier nach Blut und dem Triumph des Sieges hatte er nicht verloren. Und so wurde es sein Schicksal, weiterzukämpfen. Jeder mutige junge Kämpfer im Land, der Ruhm suchte, wollte sein Glück gegen den Champion versuchen. Und Mikey besiegte sie alle, bis er schließlich nach vielen Jahren unbesiegter Glückseligkeit zu alt wurde, um gegen jüngere, stärkere Männer zu bestehen, und geschlagen wurde. Sein Sohn Noah, der damals noch zu jung war, um zu kämpfen, schwor, sich sein Geburtsrecht zurückzuholen, und als er sechzehn war, tat er genau das. Er boxte den Mann, der einst seinen Vater besiegt hatte, in Grund und Boden.

Fest entschlossen, die Krone von nun an in der Familie zu halten, erzog Noah seine Söhne zu wahren Gladiatoren unter den Zigeunern. Von Kindesbeinen an zwang er seine Jungs, gegen erwachsene Männer zu kämpfen und sogar gegeneinander, bis sie jegliche Angst und Skrupel verloren hatten.

»Schlag sie, dass sie nie wieder aufstehen. Ein. Guter. Treffer. Puste den Mann aus wie eine Kerze«, wiederholte er immer wieder, und diese Sätze wurden für seine Söhne zum Mantra.

Als mein Vater in die Pubertät kam, hatte er bereits so ziemlich jeden Mann im gesamten Land, der einen Kampf wert gewesen war, geschlagen. Er sehnte sich nach der Krone und der Anerkennung seines Vaters, die sie ihm gebracht hätte. Doch eben diese Krone, die mein Vater so gerne gehabt hätte, gehörte bereits seinem älteren Bruder Tory, der nicht nur der beste Kämpfer unter den Zigeunern war, sondern auch deutlich reicher und besser aussah als mein Vater. Außerdem war er der absolute Liebling ihres Vaters. Er war so erfolgreich, dass er sogar außerhalb der Zigeuner-Gemeinschaft zum Box-Champion wurde.

Gegen seinen Bruder hatte mein Vater keine Chance, und nun, da er seine eigenen Hoffnungen hatte begraben müssen, konzentrierte er sich auf seinen Sohn. Er war fest davon überzeugt, dass ich der Kämpfer sein würde, der alle anderen besiegte, auch die beiden strammen Söhne meines Onkels Tory, Tory junior und Noah, die sich, obwohl sie damals selbst kaum mehr als kleine Kinder waren, bereits darauf vorbereiteten, Box-Champions zu werden.

Meine beeindruckende Größe und Hässlichkeit bei der Geburt bestärkten meinen Vater nur noch in seinem Enthusiasmus. Und sobald die Kette mit den goldenen Handschuhen um meinen Hals hing, forderte er einen entsprechenden Namen für mich.

Meine Mutter mochte die beliebten Zigeunernamen wie Levoy, John, Jimmy oder Tyrone nicht besonders. Mit ihrem Faible für den Achtziger-Jahre-Glamour von *Denver Clan* wollte sie mich unbedingt Blake nennen – was mein Vater und seine Familie, besonders Old Noah, ebenso unbedingt verhindern wollten.

»Das ist ein verdammt hässlicher Bastard«, sagte er zu meinen Eltern. »Den könnt ihr nicht Blake nennen.«

Meine Mutter war die raue und direkte Art ihres Schwiegervaters mittlerweile gewohnt, aber diesmal war er zu weit gegangen. Sie bestand darauf, dass ich Blake heißen sollte – bis mein Vater sich einmischte und erklärte, ich solle nach seinem Großvater benannt werden, dem großen alten Box-Champion Mikey.

Und so wurde Mikey mein offizieller Name. Aber für meine Mutter war ich immer Blake und werde es immer sein.

Nachdem die Namensfrage geklärt oder zumindest ein Kompromiss gefunden war, nahmen sie mich mit nach Hause. Meine Mutter hatte einen Weidenkorb gekauft, in den sie mich hineinlegte, aber der war diesem Kraftmeier von einem Baby, der ich war, nicht gewachsen. Als sie mich aus dem Krankenhaus trug, riss der Boden des Korbs, und ich kullerte die Eingangstreppe hinunter bis auf den Bürgersteig.

»Du hast keinen Ton von dir gegeben«, sagte meine Mutter, als sie mir einige Jahre später davon erzählte. »Ich bin die Stufen runtergerannt und habe deinen Namen gebrüllt, und du hast mit dem Gesicht nach unten dagelegen und keinen Mucks von dir gegeben. Ich hab gedacht, du bist tot. Aber als ich dich umgedreht habe, hast du ausgesehen, als hätte ich dich gerade geweckt.«

Man brachte mich eilig wieder zurück und untersuchte mich, aber ich hatte bloß ein paar Kratzer. Alle erklärten, ich hätte großes Glück gehabt. Doch bis mein Vater und meine Mutter wieder im Auto saßen, um mich nach Hause zu bringen, hatten sie angefangen, sich ernsthaft Sorgen zu machen.

»Er hat keinen Laut von sich gegeben, Frank.«

»Er ist stumm. Ich wette beim Leben meiner Mutter, ich habe mir einen stummen Jungen angelacht«, sagte mein Vater.

Unser Zuhause war damals ein Caravanpark nur wenige Meilen außerhalb von Reading. Unser Wohnwagen stand in einem Kreis mit anderen, allesamt mit einem Stück Garten und einem Schuppen dahinter. Der Platz in der Mitte, wo die Wagen sich gegenüberstanden, war als Spielfläche für die Kinder gedacht gewesen, doch im Laufe der Jahre war er zu einem Schrottplatz für alte Autos geworden, von denen die meisten bereits ausgeschlachtet waren. Die kleinen Gärten hinter den Wohnwagen sahen ähnlich aus – vollgestellt mit Autoteilen, alten Autos, Müll und Schrott. Die meisten der Männer verdienten ihr Geld damit, dass sie aus den Einzelteilen, die auf dem Platz herumflogen, neue Autos zusammensetzten oder Ersatzteile verkauften. Als ich dort ankam, war alles so zugeschrottet, dass kaum genug Platz war, um durch das Tor zu fahren, um die Müllberge herumzunavigieren und das Auto hinter unserem Wohnwagen abzustellen.

Das hier war nicht das Camp, das meine Urgroßeltern gekauft hatten. Es war verkauft worden, um Tory ein riesiges Haus, ein Autohaus für Gebrauchtwagen und einen Schrottplatz zu kaufen, den er gemeinsam mit seinem jüngsten Bruder Joseph führte.

Innen sah unser Wohnwagen so aus, wie die meisten Wagen in den frühen Achtzigern eben aussahen – schokoladenbraun mit einem Klecks grellem Halloween-Orange. Das Sofa war mit einem Muster aus Herbstblumen in unterschiedlichen Farben bestickt, die Wände sahen zwar aus, als wären sie aus Holz, in Wirklichkeit aber waren es billige Paneele aus Fiberglas, die leicht zerbrachen und so Zeugnis von den Wutausbrüchen meines Vaters gaben. Sie hatten mehrere faustgroße Löcher und ein riesiges, etwa kopfgroßes Loch in der Wand zwischen Küche und Wohnbereich, das aussah wie eine ausgefranste Essensdurchreiche. Überall an den Wänden hingen Familienfotos und Spiegel im Goldrahmen, wie Zigeunerfrauen sie liebten. Meine Mutter war keine von diesen schmuckbehängten Zigeunerinnen und stand auch nicht besonders auf Gold, aber sie fand, dass die Spiegel sehr nützlich waren, um die »architektonischen Mängel« zu kaschieren.

Meine Schwester Frankie, damals fast zwei Jahre alt, freute sich mächtig, dass man ihr ein neues Spielzeug mitgebracht hatte. Doch als ich auch in den folgenden Wochen keinen Laut von mir gab, machten meine Eltern sich zunehmend Sorgen. Ich weinte nicht, gluckste nicht und machte überhaupt keine Babygeräusche; ich lag einfach da, mit weit aufgerissenen Augen, und sah an die Decke. Sie fragten sich, was um Himmels willen nur mit mir los sein könnte. Da sie nicht hören konnten, ob ich müde, hungrig oder einfach nur unzufrieden war, wachten Mum und Dad abwechselnd an meiner Wiege.

Mit sechs Monaten, als ich bereits gelernt hatte, mich alleine aufzusetzen, hatte ich angeblich immer noch keinen Laut von mir gegeben. Doch alles änderte sich, als meine Mutter eines Tages eine riesige Krabbe mit nach Hause brachte. Sie liebte Krebsfleisch, und so brachte sie jeden Freitag ein ziegelsteingroßes Exemplar vom Einkaufen mit nach Hause. Einmal setzte sie mich auf ein paar Kissen und legte eins dieser – zum Glück bereits toten – Viecher vor mich hin, während sie zu Ende putzte. Anfangs starrte ich bloß verwirrt auf das Tier hinunter, aber irgendwann wurde ich ein bisschen mutiger. Ich streckte die Hand aus und stupste es an; dann rollte ich es auf die Seite und nahm es schließlich in die Hand. Diese kleinen Meeresmonster faszinierten mich so sehr, dass ich von nun an zur Freude meiner Mutter jedes Mal vor Aufregung grunzte und quiekte, wenn sie mir eins davon auf den Schoß legte. Als ich zwei Jahre alt war, hatte ich gelernt, sie auseinanderzunehmen und sogar ihre Scheren klappern zu lassen.

Als ich etwa zwei oder drei Jahre alt und somit alt genug war, um mit ihr zu spielen, war Frankie bereits zu meiner besten Freundin und Heldin geworden. Wir sahen aus, als wären wir Zwillinge. Der einzige wirkliche Unterschied lag in der Farbe unserer Augen: Frankies waren fast schwarz, so wie die Augen unserer Mutter, während meine hellbraun waren wie die von Großvater

Noah. Beide hatten wir olivfarbene Haut – auch wenn Frankies ein wenig dunkler war – und dichtes braunes Haar. Ich trug den typischen Topfschnitt der Achtzigerjahre-Straßenkinder, während Frankie mit ihren dicken schwarzen Locken aussah wie eine Latinoversion von Shirley Temple.

Granny Bettie hasste Frankies Haare. Sie war der Ansicht, das Haar eines Zigeunermädchens müsse so gerade sein wie ein Streichholz, und so lang, dass sie darauf sitzen konnte.

Eines Tages, als sie auf uns aufpassen sollte, erklärte sie Frankie, ihre Haare machten sie hässlich, und ließ sie mit einer Schere allein in ihrem Zimmer. Sie wusste sehr gut, was passieren würde, und als unsere Mutter nach Hause kam, hatte Frankie sich die Haare bis zur letzten Locke abgeschnitten.

Danach musste sie eine Weile einen Hut tragen, was ihre burschikose Art nur noch unterstrich und dazu führte, dass die Erwachsenen im Camp uns beide regelmäßig verwechselten.

Im Camp gab es noch ein paar andere Kinder, mit denen wir spielten, aber meistens blieben Frankie und ich für uns, und das gefiel uns auch so.

Hin und wieder hingen wir mit echten Zwillingen rum, Wisdom und Mikey. Die beiden waren unsere Cousins. Obwohl sie Zwillinge waren, sahen Wisdom und Mikey sich überhaupt nicht ähnlich. Mikey, der ebenfalls nach unserem Urgroßvater benannt worden war, in der Hoffnung, er hätte ein wenig von dessen legendärem Kampfgeist geerbt, schielte und hatte ein Gesicht wie eine alte Frau mit Rauchermund. Wisdom hatte einen extrem schmalen Kopf und knibbelte sich ständig den Rotz ab, der sich über seiner Oberlippe sammelte.

Wir spielten He-Man mit Stöcken und Mülltonnendeckeln, aber irgendwann durften die Zwillinge nicht mehr mit uns spielen, weil Frankie immer so grob wurde. Einmal prügelte sie sogar den Hasen der Zwillinge mit einem Besenstiel zu Tode. Nicht mit Absicht – sie liebte Tiere genauso sehr wie ich –, aber sie übertrieb es manchmal leider ein wenig und hatte kein Gefühl dafür, wie viel Schmerz sie einem anderen zufügte.

Wenn Frankie und ich miteinander spielten, war sie immer die Bestimmerin. Ihr Lieblingsspiel war es, mich als ihre Tante »Sadly« zu verkleiden. Wir beide standen total auf *Die Vogelscheuche*, aber keiner von uns konnte den Namen »Sally« richtig aussprechen. Tante Sadly hatte ein Geschäft, in dem man wunderschöne Kleider, Make-up und Babys kaufen konnte. Ich zog also Frankies Nachthemden an und eröffnete in unserem Zimmer einen Laden mit ihren Cabbage-Patch-Puppen – allesamt von Old Noah, der ihr jede Woche eine neue mitbrachte – als Babys.

Frankie brezelte sich ebenfalls auf, kleisterte sich alle möglichen Schattierungen von braunem und orangefarbenem Make-up, das sie von Granny Bettie mopste, ins Gesicht und schaute dann in Tante Sadlys Lädchen vorbei, um ein wenig zu plaudern, bevor sie sich ein Kind aussuchte, um es mit nach Hause zu nehmen.

Frankie liebte es auch, für ihre Tante Sadly zu kochen und sie dann zum Essen einzuladen. Ihre Spezialität waren rohe Eier sowie Matsch- und Knete-Kuchen, die ich pflichtschuldigst hinunterwürgte, so gut es mir möglich war, ohne mir aufs Kleid zu kotzen.

Wir liebten dieses Spiel und konnten stundenlang darin versinken, jedoch nur, wenn mein Vater nicht zu Hause war. Er war überhaupt kein Freund von Tante Sadly. Und mit dieser Meinung war er nicht allein. In der Kultur der Zigeuner werden Jungen und Mädchen getrennt voneinander erzogen. Frankie sah immer aus wie eine Porzellanpuppe – mit Kleidchen, Löckchen und Diamantohrringen –, was sie hasste, während ich die Miniaturausgabe eines Mannes in Altherrenklamotten war: Schiebermütze, Latzhose und natürlich die Kette mit den goldenen Boxhandschuhen, die ich niemals abnehmen durfte, nicht einmal beim Baden. Von Geburt an wird von Jungen und Mädchen erwartet, in unterschiedlichen Welten zu leben, und ich lernte schon bald, dass mein Weg bereits im Alter von zwei oder drei Jahren feststand.

2

Wunderjahre

Meine Eltern waren in vielerlei Hinsicht typische Zigeuner. Meine Mutter führte wie alle Roma-Frauen einen stolzen, reinlichen Haushalt und kümmerte sich um die Kinder. Den Frauen war es nicht gestattet, außerhalb des Hauses zu arbeiten, mit Ausnahme der wenigen, die hin und wieder billigen Schmuck verkauften oder die Zukunft voraussagten.

Zigeuner sind sehr abergläubische Menschen; schwarze Katzen werden als gutes Omen betrachtet, so wie Hufeisen und sogar Dalmatiner, jedenfalls, wenn man sich in beide Hände spucken und sie zusammenreiben kann, bevor der Hund wieder aus dem Blickfeld verschwindet. Sie sind auch davon überzeugt, dass jemand sterben wird, wenn einem ein Vogel ins Haus flattert. Doch entgegen der allgemeinen Überzeugung glauben sie nicht an Magie. Und ein Zigeunerfluch ist nichts anderes als ein uralter Trick, um Nicht-Zigeuner dazu zu bringen, etwas zu kaufen.

Ich habe schon viele Leute getroffen, die mich gebeten haben, den Fluch, mit dem ein Zigeuner sie belegt hat, zu entfernen, weil das angeblich nur ein anderer Zigeuner tun kann. Selbstverständlich entspreche ich dann ihren Bitten. Ich selbst glaube nicht an Flüche, aber die armen Leute, die von einer alten Zigeunerin mit einem solchen Fluch belegt wurden, tun es oft.

Mein Vater arbeitete mal dies und mal das. Manchmal sammelte er Altmetall, wog es und verkaufte es dann weiter. Ein anderes Mal erledigte er irgendwelche Gelegenheitsarbeiten, zum Beispiel im Straßenbau. Dann gab es noch die *grunters*, alte Leute, die mein Vater aufsuchte, um ihnen anzubieten, »dringend notwendige« Arbeiten für sie auszuführen: die Abflüsse zu reinigen, das Dach zu reparieren oder ihre Einfahrten neu zu asphaltieren. Er forderte lächerlich hohe Summen für kleine und häufig unnötige Arbeiten. *Grunters* galten als Freiwild, weil sie Gorgias waren, also keine Zigeuner.

Die meisten Zigeuner verachten Gorgias und sind der Ansicht, diese seien nur dazu gut, um Geld mit ihnen zu machen. Und alte Leute waren die besten Opfer, weil sie leicht zu finden und reinzulegen waren. Einige der Männer kehrten immer wieder zu denselben alten Leuten zurück, bis sie ihnen auch noch den letzten Penny aus der Tasche gezogen hatten.

Als kleiner Junge habe ich gesehen, wie alte Männer und Frauen vor meinem Vater geweint haben, wenn sie in ihrer »neuen« Einfahrt standen, weil sie die Summe, die er von ihnen verlangte, nicht bezahlen konnten. Aber mein Vater zeigte keinerlei Reue. Er forderte sein Geld und bot ihnen manchmal sogar an, sie zur Bank zu fahren und zu warten, während sie die wenigen Pfund abhoben, die sie noch hatten.

»Ich muss eine Familie ernähren«, sagte er immer. »Die Alten sind schon auf dem Weg hier raus, die brauchen ihr Geld nicht.«

Das Renommee meines Vaters als Trickbetrüger überstieg beinahe noch die Verrufenheit seiner Familie als Kämpfer. Die Walshs, einst hoch angesehen, waren mittlerweile gefürchtet. Egal, wo sie hinkamen, immer legten sie es darauf an, sich zu prügeln. Auf der Suche nach leichten Opfern zogen sie durch die Camps und abendlichen Zigeunertreffpunkte und forderten von jedem Mann, der sie auch nur schief ansah, die Fäuste zu erheben. Sie hatten keine echten Freunde, bloß eine Handvoll Fans und jede Menge Unruhestifter und Feinde, die ihnen folgten und ihre eh schon völlig überstrapazierten Egos noch fütterten.

Meine Mutter Bettie war mit der Zwillingsschwester meines Vaters befreundet – die beiden waren Freundinnen und Rauchkumpaninnen, seit sie zehn Jahre alt waren. Prissy hatte von Geburt an eine Krankheit in den Knochen und war in späteren Jahren auf einen Rollstuhl angewiesen. Doch auch mit ihrer Arthritis war sie genauso ein Hitzkopf wie der Rest des Walsh-Clans – ein typisches dunkelhaariges Zigeunermädchen mit rabenschwarzem Haar, das ihr bis auf die Hüften fiel, amphibiengrünen Augen und immer einer Zigarette zwischen den Lippen.

Die Zigarette war das Einzige, das die beiden Mädchen gemein hatten, denn meine Mutter war das exakte Gegenteil von Tante Prissy: Sie war mit milchweißer Haut und leuchtend roten Haaren aus dem Bauch ihrer dunkelhäutigen Mutter geflutscht und eine Kuriosität für ihre gesamte Familie, die sich ihretwegen schämte und nicht verstehen konnte, wo diese ungewöhnliche Kreatur hergekommen war. Manche murmelten sogar etwas von einem Fluch – Zigeuner glauben nicht, dass sie andere Menschen verfluchen können, aber manche glauben, dass sie selbst verflucht werden können. In Wahrheit aber war meine Mutter einfach anders, sowohl äußerlich als auch in ihrem Temperament. Im Gegensatz zu den anderen Frauen hasste sie Klatsch und Tratsch und blieb gern für sich.

Sie war die Zweitälteste von sechs Kindern. Ihr älterer Bruder übernahm den Namen des Vaters, Alfie, und sie den ihrer

Mutter. Granny Bettie war eine alte Streitaxt mit Beinen, die von der Hüfte bis zu den Knöcheln gleich breit waren. Sie war eine chronische Hypochonderin und hatte immer einen leidenden Ausdruck im Gesicht. Der Vater meiner Mutter war ein gut aussehender alter Teufel mit einem Sinn für schwarzen Humor. Er hatte Multiple Sklerose und den Ruf, ein alter Spinner zu sein, dem er gerne entsprach, wenn es für einen Lacher gut war. Er hasste das Boxen, konnte Pferde – eine weitere verbreitete Leidenschaft der Zigeuner – nicht ausstehen und interessierte sich nur dann für Hunde, wenn sie unter den Reifen seines Lasters lagen. Aber er hatte großen Spaß daran, die verschiedensten Eintöpfe zu entwickeln; sein Lieblingsessen war ein ganzer Schweinekopf in einem Fass voll Kartoffeln und Soße.

Alfie und Bettie lebten mit ihrer Brut auf ihrem eigenen Stück Land: einem völlig überwucherten Feld mit zwei Wohnwagen und einem riesigen, mit allen Farben des Regenbogens bekleckst en Doppeldeckerbus. Der Bus war ein Weihnachtsgeschenk für die Kinder gewesen und hatte, als sie aufwachten, gemeinsam mit acht Dosen Farbe auf sie gewartet.

Hinter dem Feld begann der Wald, und darin versteckt lag, was Alfie als seine »Plantage« bezeichnete. Er pflanzte Drogen an – zu rein medizinischen Zwecken, wie er erklärte –, die dann nach einigen »Tests« an die Hippies in der Gegend verkauft wurden … und sogar an lokale Polizisten.

Der ganze Clan, abgesehen von meiner Mutter, hatte dunkle Haut, dunkle Haare und Granny Betties kräftigen Körperbau.

Meine Mutter erzählte uns oft, dass sie sich gleich auf den ersten Blick in unseren Vater verliebt hatte. Damals war sie zehn Jahre alt. Auch er verliebte sich in sie, und das trotz – oder gerade wegen – ihrer ungewöhnlichen Erscheinung: Er wusste, das war die Frau, die er haben wollte. Leider kannte er nur eine einzige Art, sich auszudrücken, und zwar, indem er einem anderen die Faust in die Zähne rammte. Wenn er nicht kämpfte, bekam er vor lauter Schüchternheit die eigenen Zähne nicht auseinander. Es war so schlimm, dass er sich drei Jahre lang nicht einmal in ihre Nähe wagte. Stattdessen vermöbelte er jeden Zigeuner, der es auch nur traute, etwas näher an sie heranzutreten. Er rammte einem Cousin von ihr die Faust in den Mund, sodass der arme Kerl einige Zähne verlor, bloß weil der mit ihr in eine Bar gegangen war.

Die Weigerung meines Vaters, einen anderen Mann auch nur in ihre Nähe zu lassen, ohne selbst ein einziges Wort mit ihr zu reden, machte die Situation für meine Mutter nicht unbedingt angenehm. Am Ende tat sie das Undenkbare unter Zigeunern und sprach ihn an.

Ihr Eröffnungssatz ließ einiges zu wünschen übrig, aber er funktionierte.

»Willst du mich jetzt endlich mal fragen, ob ich mit dir ausgehe, oder nicht? Wenn nicht, dann verpiss dich!‹

Auf diese Weise konfrontiert fand mein Vater seine Sprache wieder und fragte sie, ob sie mit ihm ausgehen wollte. Und das war's. Die Legende besagt, dass er sie nur ein einziges Mal betrogen hat, was dazu führte, dass meine Mutter, ihre Schwester Minnie und seine eigene Schwester Prissy sein neues Auto mit zahlreichen nicht jugendfreien Schimpfwörtern beschmierten. Mit Lippenstift – offenbar ist es ein wahrer Albtraum, den wieder loszuwerden.

Nach einem Jahr nahm meine Mutter den unbeholfenen Antrag meines Vaters an, und mit achtzehn heirateten die beiden. Sie trug ein weißes Hochzeitskleid, das – natürlich – nicht der Tradition entsprach. Wir nannten es immer ihr »Mary Poppins auf dem Jahrmarkt«-Outfit. Und genau so sah es aus – einschließlich Hut mit bonbonfarbener Schleife und Regenschirm. Mein Vater dagegen erschien in denselben Klamotten, die er am Abend zuvor getragen hatte: beigefarbene Cordhose, schlecht sitzende graukarierte Strickjacke, die üblichen Goldklunker an jedem Finger und eine Rose in der Brusttasche. Es gibt kein einziges Foto von dieser Hochzeit, auf dem meine Mutter nicht wütend guckt.

Trotz alledem liebten meine Eltern sich sehr. Er liebte sie dafür, dass sie so anders war: ihre zierliche, schlanke Figur und ihre ruhige Stimme. Sie sah seine sensible Seite und verstand seine innere Zerrissenheit und den Drang, sich seiner Familie zu beweisen.

Innerhalb weniger Monate war sie schwanger. Beide Familien waren davon überzeugt, dass ein männlicher Nachfahre unterwegs sei, aber meine Mutter brachte eine Tochter zur Welt – und erfuhr kurz darauf, dass sie Herzgeräusche hatte und es sie das Leben kosten könnte, wenn sie versuchte, ein weiteres Kind zu bekommen.

Mein Vater war am Boden zerstört, aber er bemühte sich, diesen Schicksalsschlag zu verkraften. Er freute sich sehr über die Geburt seines kleinen Mädchens und gab ihr sogar seinen Namen, Frank, den er für seinen ersten Jungen reserviert hatte. Doch die Sehnsucht nach einem Sohn brannte weiter in ihm, und er begann, meine Mutter anzuflehen, es noch einmal zu versuchen. Kaum ein Jahr später gab sie nach und stellte damit das Glück meines Vaters über ihr eigenes Leben. Sie wurde erneut schwanger, und ich kam, zum Glück ohne Anzeichen von Problemen ihres Herzens, auf die Welt.

Wir verbrachten viel Zeit mit unserer Mutter, denn mein Vater war oft tagelang mit den anderen Männern in »geschäftlichen Angelegenheiten« unterwegs, von denen die meisten krumm waren, aber er verdiente gutes Geld – wir waren ganz sicher nicht arm. Im Gegensatz zur allgemeinen Vorstellung sind nur wenige Zigeuner wirklich arm. Unsere Klamotten waren sauber, und wir hatten alles, was wir brauchten, nicht zuletzt mehr als genug zu essen. Wir ernährten uns im Wesentlichen von Take-aways und wollten es auch so – hauptsächlich, weil Kochen nicht zu den Stärken meiner Mutter gehörte. Aber sie gab sich alle Mühe: Bohnen auf Toast nur Toast, oder eine Dose Suppe. Abgesehen von dem gelegentlichen Versuch eines Sonntagsbratens, kochte sie nur dann ein richtiges Gericht, wenn sie den Schweinekopf-Eintopf machte, den sie von ihrem Vater gelernt hatte. Als Nachtisch gab es dann jedes Mal Jam Roly-Poly mit Vanillesoße, um den ekligen Geschmack wieder aus dem Mund zu bekommen.

Sie füllte die Küchenschränke mit einfach zuzubereitenden Lebensmitteln: Rice Krispies und Frosties, Instant-Nudeln, Chips und den dicken Scheiben Brot mit Butter, die wir zu jeder Mahlzeit aßen. Außerdem hatten wir immer Unmengen an Salz im Haus, denn egal, was auf den Tisch kam, mein Vater hatte in der Regel mehr Salz auf dem Teller als Essen. Oft brauchte er mehrere Löffel voll davon für eine einzige Mahlzeit.

Unsere Eltern hatten auch einen wahren Heißhunger auf Süßes, und unsere Mutter ernährte sich oft von nur einem einzigen Marsriegel am Tag. Sie hatte immer eine Dose mit Süßigkeiten im Wohnwagen und half Frankie und mir, Angel Delight zu machen: Puddingpulver, dem man bloß noch Wasser hinzufügen musste, und das wir alle heiß und innig liebten.

Obwohl wir einen Tisch in der Küche hatten, benutzten wir den meistens nur, um unsere klebrigen Mischungen zusammenzurühren. Unsere Mahlzeiten nahmen wir vor dem Fernseher ein, es sei denn, wir hatten irgendwo ein Take-away geholt. Dann aßen Frankie und ich hinten im Laster meines Vaters und hörten zu, wie unsere Eltern vorne rumplänkelten.

Mein Vater war sehr dunkel, mit einem kräftigen, fassförmigen Körper und kurzen, untersetzten Beinen. Unsere Mutter musste die Jeans und Hosen meines Vaters jedes Mal kürzen; er trug sie gern so kurz, dass man seine Socken sehen konnte, weil er davon überzeugt war, dass er so größer wirkte. Er war stämmig, mit Händen so groß wie Spatenblätter, die Haut trocken und rau wie Schmirgelpapier. Seine Handflächen waren überall aufgerissen wie ein ausgedörrtes Stück Land. Er hatte dunkelbraune Augen mit einem gelblichen Weiß und tiefen dunklen Ringen, die seine Augen hervorquellen ließen und ihm einen furchteinflößenden Anblick gaben. Am Oberarm und über der Schulter hatte er ein Tattoo von einer großen Rose und zwei Schwalben, die Banner mit unseren Namen trugen – Mums, Frankies und meinen. Seine Haare waren schwarz und schimmerten fettig. Er trug sie zurückgekämmt, mit langsam ergrauenden Koteletten, die mich an Opa in *The Munsters* erinnerten.

In unserem Camp, wie in den meisten langfristigen Camps, hatte jeder Platz einen eigenen Außenwasserhahn, ein Toilettenhaus und einen Stromkasten. Jeden Morgen rollten Frankie und ich zwei große glänzende Milchkannen zum Wasserhahn, füllten sie und schleppten sie wieder zurück zur Tür. Wir mussten als Team zusammenarbeiten, denn jede der Kannen war so groß wie ich, und voll waren sie fast unmöglich zu bewegen. Wenn wir sie aufgefüllt hatten, wurden sie neben die Treppe gestellt, und im Laufe des Tages wurden daraus dann Becher und Töpfe gefüllt, um das Wasser zum Baden, Kochen, für heiße Getränke oder zum Wäschewaschen zu verwenden.

Mein Vater benutzte das Badezimmer in unserem Wohnwagen so gut wie nie; er hatte nicht die Geduld, um zu warten, bis das Wasser kochte. Stattdessen ging er jeden Morgen, selbst im Winter, bei Anbruch der Dämmerung mit einem Handtuch über den nackten Schultern raus zum Wasserhahn. Er beugte sich hinunter und ließ das eiskalte Wasser über seinen Kopf laufen, während er seinen Rasierer nass machte und dann die eisige Klinge übers Gesicht zog. Und jeden Morgen sah ich ihm vom Fenster aus zu, während er wie ein Bär unter dem kalten Strahl brüllte. Eines Samstagmorgens, ich war etwa sechs, beschloss ich, mich ebenfalls zu rasieren. Nachdem mein Vater seinen Rasierer zurückgelegt hatte, lieh ich ihn mir aus und entfernte mit zwei raschen Zügen meine Augenbrauen – die einzigen Haare, die ich im Gesicht vorzuweisen hatte. Dann stolzierte ich aus dem Badezimmer, um das Ergebnis meiner Bemühungen zu präsentieren. Frankie schrie, und meine Mutter zwang mich, die ganze folgende Woche lang mit zwei bunten Pflastern über den Stellen herumzulaufen, wo meine Augenbrauen hätten sein sollen, bis sie endlich langsam nachwuchsen.

Wenn unser Vater zu Hause war, lief er immer mit nacktem Oberkörper herum, allerdings mit Hosenträgern über den nackten Schultern. Wenn er das Haus verließ, war er immer ordentlich angezogen, mit kurzärmeligem Hemd, dunklem Pullover und einem Schaffellmantel, der aussah wie der von Del Boy in *Only Fools and Horses*. Wenn er nach Hause kam und gutes Geld verdient hatte, war er gut gelaunt und setzte sich mit mir auf dem Schoß in seinen großen dunkelbraunen Sessel, neben dem immer ein Aschenbecher stand. Er malte mir Bilder mit Dinosauriern, die Blut an den Zähnen und geringelte Geckoschwänze hatten.

Manchmal, wenn er spät nach Hause kam, stand er in der Tür zu Frankies und meinem Zimmer und weckte uns, um mit uns zu plaudern. Dann taumelten wir noch im Halbschlaf rüber ins Wohnzimmer, während er uns Tee und Toast mit Marmelade machte. Wir saßen da, tunkten den Toast in unsere Teetassen, und er fragte uns, was wir so getrieben hatten, während er fort war.

Unser Vater liebte es, uns Streiche zu spielen. Einmal, an Halloween, schlich er in seinem alten Overall, einer Schürze, die aussah wie von einem Schlachter, und einem kegelförmigen Hut aus Tesafilm und altem Weihnachtspapier mit kleinen Weihnachtsmännern darauf um den Wohnwagen herum. Er schlug gegen unsere Fenster und erschreckte uns fast zu Tode, und dann brüllte er vor Lachen, während wir uns die Seele aus dem Leib schrien.

Aber die Phasen, in denen er gute Laune hatte, waren selten und unvorhersehbar, und es brauchte nicht viel, damit er die Beherrschung verlor. In diesen frühen Tagen war es vor allem unsere Mutter, die seine Wut zu spüren bekam, obwohl auch ich regelmäßig eine Tracht Prügel erhielt, wenn ich mich nicht gut benommen hatte. Frankie allerdings wagte er nur selten zu schlagen. Jedes Mal, wenn er die Hand gegen sie erhob, schrie sie das ganze Camp zusammen, und er wich zurück. Sie war ihm viel ähnlicher, als ich es war, und wusste genau, wie sie ihn zu nehmen hatte.

Trotz allem freute ich mich immer darauf, dass er von der Arbeit zurückkehrte, es sei denn, meine Mutter hatte gedroht:

»Wartet nur, bis euer Vater nach Hause kommt.« Sie drohte uns nur, wenn sie am Ende ihrer Weisheit war, aber wenn sie es tat, dann zog sie es auch durch, und wir wussten, dass es mächtig Ärger geben würde.

Ich liebte meinen Vater, und ich wünschte mir nichts sehnlicher, als ihm zu gefallen und ihn stolz zu machen. Doch selbst in diesen frühen Tagen, als ich meine ersten Schritte tat und meine ersten Worte sprach, wusste ich schon tief in mir drin, dass ich nicht gut genug war. Manchmal, wenn ich spielte, sah ich aus dem Augenwinkel, wie er mich mit einem Ausdruck von Verärgerung und Abscheu beobachtete.

Sein Blick fühlte sich an, als hätte er mein Herz mit einem großen Stein zerschmettert. Ich zeigte keinerlei Anzeichen, der muskelbepackte He-Man zu werden, den er sich so sehr wünschte, und egal welche spezielle Energie diese goldenen Handschuhe um meinen Hals mir auch geben sollten, ich schien dagegen immun zu sein.

Mit meiner Mutter war es sehr viel einfacher. Ich liebte sie. Sie sprach nie von oben herab zu uns und brachte uns bei, das zu schätzen, was wir hatten. Aber sie gab mir auch nie das Gefühl, das mein Vater mir gab; sie war kein warmer oder herzlicher Mensch und hatte immer etwas Distanziertes, Unnahbares. Und doch liebte ich es, Zeit mit ihr zu verbringen. Für mich war sie magisch, fast so, als lebte sie in einer anderen Welt als wir. Und ich sehnte mich danach, ein Teil dieser Welt zu sein.

Unsere Eltern sagten uns nie, dass sie uns liebten. Worte wie diese galten als Zeichen von Schwäche. Aber der Blick meiner Mutter, mit dem sie mich manchmal ansah, zeigte mir, dass sie mich wirklich liebte. Selbst wenn sie ihre Gefühle offener hätte zeigen wollen, so war ein Blick doch alles, was sie mir hätte geben können, denn den Frauen war es strengstens verboten, die Jungen zu verzärteln, aus Angst, sie könnten die taffe Männlichkeit zunichtemachen, die man von Männern erwartete.

Die einzige deutliche Zuneigungsbezeugung seitens unserer Mutter erhielten wir, wenn wir krank waren. Wie die meisten Frauen in unserer Gemeinschaft hielt sie nicht viel von den Errungenschaften der modernen Medizin; sie vertraute lieber auf positives Denken, ergänzt durch einen Hauch Verleugnen und das eine oder andere Hausmittelchen. Ihre Methoden waren stümperhaft, um es positiv auszudrücken. Wenn ich erkältet war, musste ich auf dem Sofa liegen, mit Minzblättern in der Nase und irgendeiner Soße, von der sie gerade viel im Schrank hatte, auf der Brust.

»Befreien wir dich von diesem Rotzklumpen«, sagte sie, während sie in der Küchenschublade rumkramte, um dann einen Vers von »Puff the Magic Dragon« lang mit einem Holzlöffel auf meine Brust zu klopfen, um den Schleim zu lösen.

Bis die Erkältung Frankie erwischte, hatte sich die Methode geändert. Frankie musste auf dem Bauch liegen, mit einer anderen Soße auf dem Rücken und Minzblättern an einem Schnürsenkel um den Hals. Das Einzige, was sich nie änderte, war das Klopfen mit dem Holzlöffel. Sie ließ den Löffel sanft von Frankies Schulterblättern hüpfen wie von einem Xylophon.

Einmal hatte Frankie die ganzen Hände voller Warzen und meine Mutter war davon überzeugt, dass es sich um eine Rache der Kröte handeln musste, die Frankie zerquetscht hatte, als sie ein paar Tage zuvor von den Eingangsstufen des Wohnwagens gesprungen war. Sie schickte uns mit einem Eimer los, um Schnecken zu sammeln, eine für jede Warze. Als wir sie ihr brachten, quetschte sie den Saft aus jeder von ihnen heraus und rieb den Schleim auf jede einzelne der Warzen, während Frankie schrie und würgte. Dann wurden Frankies mit Schneckenschleim beträufelte Hände in alte Tüten gewickelt, die unsere Mutter mit Klebeband festzurrte.

Am nächsten Tag sprang ich aus dem Bett und zerrte Frankie die Tüten von den Händen, um zu sehen, ob der Zauber unserer Mutter tatsächlich wie versprochen gewirkt hatte. Zu unserer Enttäuschung sahen Frankies Hände genauso aus wie vorher. Unsere Mutter, verblüfft über das Versagen ihrer idiotensicheren Medizin, fuhr mit uns zur Telefonzelle im Ort, um Granny Bettie anzurufen und zu fragen, ob sie dabei womöglich etwas vergessen hatte. Wir warteten im Auto, während sie mit den Händen wedelte und in den Hörer brüllte. Nachdem sie ihn wieder auf die Gabel gepfeffert hatte, stürmte sie zurück zum Wagen und fuhr zum nächsten Supermarkt, wo sie mehrere Pakete Schinkenspeck kaufte, die allesamt über Nacht um Frankies Hände gewickelt und dann am nächsten Morgen im Garten vergraben werden mussten. Dies wurde auch feierlich befolgt, doch auch nach einer Woche ungeduldigen Wartens waren die Warzen immer noch da. Wenn überhaupt, dann waren sie gewachsen. Woraufhin unsere Mutter die Tatsache akzeptierte, dass sie als Hexe eine schreckliche Niete war, und mit Frankie zum Arzt fuhr.

3

Die Schwestern Grimm

Unser Sozialleben drehte sich um Hochzeiten, Beerdigungen und Familientreffen. Es wird niemals ein Volk geben, das Hochzeiten und Beerdigungen ausrichten kann wie die Zigeuner. In der Welt der Romani kennt wirklich jeder jeden, viele sind miteinander verwandt. Und so kommen sie jedes Mal in Scharen.

Dabei wurden keine Einladungen verschickt. Die Nachricht verbreitete sich einfach, und die Gäste kamen. Zigeuner sind im Allgemeinen nicht sehr religiös (obwohl einige wie mein Vater einen Fischaufkleber auf ihre Autos und Lastwagen kleben, um ihre Chancen zu erhöhen, ehrlich zu wirken und Arbeit zu bekommen). Meist entscheiden sie sich aber trotzdem dazu, in einer Kirche zu heiraten, weil sie da mehr Leute unterbringen können als im Standesamt. Außerdem sieht es auf den Hochzeitsfotos besser aus.

Unsere Mutter hasste diese gesellschaftlichen Veranstaltungen, hauptsächlich weil mein Vater, wenn wir gemeinsam dorthin fuhren, am Ende meist eine Prügelei vom Zaun brach. Sie weigerte sich oft, mitzufahren, also fuhr mein Vater allein, stellvertretend für uns alle, und Frankie und ich atmeten erleichtert auf, denn wir waren ebenso wenig Fans solcher Veranstaltungen wie unsere Mutter.

Aber um die Hochzeit von Tante Nancy und Onkel Matthew kamen wir nicht herum. Tante Nancy war die jüngste Schwester unserer Mutter, das Ebenbild von Granny Bettie, mit dem gleichen Temperament. Sie passte manchmal auf uns auf, und sobald meine Eltern uns den Rücken zugedreht hatten, kommandierte sie uns herum wie Sklaven und befahl uns, ihr ein Sandwich zu machen. Mit einer Tüte Chips. Und Tee. Und einem Glas Cola. Und dann noch einer Tüte Chips. Sie aß pausenlos, und dann scheuchte sie Frankie und mich raus in die Kälte zum Spielen.

Auf ihrer Hochzeit waren Frankie und unsere Cousinen Olive und Twizzel die Brautjungfern, und da der Ringträger von Onkel Matthews Seite krank wurde, musste ich in letzter Sekunde seine Rolle übernehmen. Die Anziehsachen des Jungen waren gerade mal halb so groß wie ich, und Mum und Granny Bettie mussten gemeinsam ziehen, um mich in den winzigen blauen Marineanzug einschließlich Donald-Duck-Hut zu zwängen. Statt mich davonzuschleichen und wie sonst auf Käferjagd zu gehen oder ein Nickerchen zu machen, musste ich den ganzen Tag lang mit den Mädchen (die aussahen wie die Lullaby League aus dem *Zauberer von Oz*) Blütenblätter auf den Boden werfen, wo auch immer unsere fette Tante rumstampfte. Wir rächten uns dafür, dass die Erwachsenen uns zwangen, wie Munchkins rumzulaufen, indem wir auf allen Fotos Grimassen zogen und das Sieges-V in die Kamera hielten, bis sie uns erwischten und uns in aller Öffentlichkeit eine ordentliche Tracht Prügel verabreichten.

Tante Nancy konnten wir nicht leiden, aber wir liebten Mums ältere Schwester Tante Minnie, eine kettenrauchende Kleptomanin, die zwei Mal in der Woche vorbeikam, um unsere Mutter, Frankie und mich mit auf einen Tagesausflug ins nächste anständige Einkaufszentrum zu nehmen.

Tante Minnie entstieg ihrem Ford Capri jedes Mal in einer Lawine aus Zigarettenrauch, Asche und einem wallenden bodenlangen Secondhand-Nerzmantel, der sich ständig in den scharfen Enden ihrer roten High Heels verfing, wenn sie über den Asphalt zur Tür unseres Wohnwagens klackerte.

Sie musste die gigantische Masse ihres Mantels förmlich durch die Tür zerren, wenn sie hereinkam.

»Guten Morgen, ihr kleinen Räuber. Wo ist eure Mum?«

Unsere Mutter rief dann aus ihrem Schlafzimmer: »*Red shoes no knickers*, Minnie, noch nie davon gehört?«

»Wer behauptet denn, dass ich einen Slip trage?«, erwiderte Minnie dann lachend.

Sie zündete sich eine neue Zigarette an und ließ sich neben mir auf das Sofa plumpsen. Man konnte kaum verstehen, was sie sagte, weil sie immer eine Kippe zwischen den Lippen hängen hatte.

»Mach deiner alten Tante eine Tasse Tee, Baby«, sagte sie zu Frankie.

Frankie und ich nannten sie immer Tante Cruella. Mit einundzwanzig (unter Zigeunern fast schon eine alte Witwe) war sie zwei Mal mit Jaybus ausgegangen, einem Elvis-Doppelgänger aus Birmingham, und beim dritten Mal hatte sie ihn geheiratet. Er hatte sich den Wagen seines Vaters geliehen, bei allen Treffen einen guten Anzug getragen und Tante Minnie so davon überzeugt, sie hätte sich einen Millionär geangelt und für den Rest ihres Lebens ausgesorgt. Leider war Onkel Jaybus in Wirklichkeit ein soziopathischer Lumpensammler mit einer Stimme wie Goofy. Frankie und ich liebten ihn. Und Tante Minnie auch, trotz der anfänglichen Enttäuschung.

Als ihr klar wurde, dass ihr Mann nicht in der Lage sein

würde, so für sie zu sorgen, wie sie es sich wünschte, machte sie sich daran, ihre eigenen Mittel und Wege zu finden. Sie fragte ihre Freundinnen, was sie haben wollten, und wenn ihre Liste lang genug war, ging sie auf Beutezug. Da sie nur ein Kind hatte – Romaine, die ein paar Jahre jünger war als wir –, ernannte sie Frankie und mich zu ihren Komplizen. Bei großen Aufträgen sammelte sie manchmal auch noch unsere Cousinen Olive und Twizzel bei Onkel Alfie ein. Die beiden waren nur ein Jahr auseinander, wie Frankie und ich, aber im Gegensatz zu uns konnten sie sich nicht ausstehen. Kaum saßen sie in Tante Minnies Wagen, fingen sie schon an, sich heimlich gegenseitig zu hauen, und nur die Aussicht auf McDonald's konnte sie dazu bewegen, damit aufzuhören.

Ein Ausflug mit unserer Tante war immer ein Abenteuer. Während unsere Mutter ihren wöchentlichen Einkauf im Supermarkt machte, schoben Frankie und ich Romaines Buggy hinter Tante Minnie her, die in einen Laden fegte, mit dem Nerz wedelte und mit einem Akzent, der an Margaret Thatcher erinnerte, nach der nächsten Verkäuferin brüllte.

Während Tante Minnie sich mit der Frau unterhielt, spazierte sie durch den Laden und nahm dabei jedes Teil, das wir mitnehmen sollten, kurz in die Hand und schüttelte es, bevor sie es wieder an seinen Platz hängte. Wir stopften den Buggy und unsere Taschen voll, während Tante Minnie mit der unglückseligen Verkäuferin einen riesigen Stapel Klamotten in die Umkleidekabine schleppte.

Ein paar Minuten später kam sie wieder heraus.

»Haben Sie etwas gefunden, Miss?«, fragte die Verkäuferin.

»Nein«, erklärte Tante Minnie dann jedes Mal und wedelte mit ihrem Mantel. »Das war alles absoluter Schrott.« Und mit diesen Worten spazierte sie mit leeren Händen, aber doppelt so dick wie vorher, aus dem Laden, die Nase in der Luft. Wenn sie aufflog, brüllte sie: »*Shav!*« (»Lauft!«) Dann packte Frankie mich am Arm, und wir rannten mit Romaines Buggy als Rammbock durch die Ladentüren raus in die Menge. Wenn wir getrennt wurden, trafen wir uns an Tante Minnies Wagen wieder. Manchmal überholte sie uns, schubste die Leute mit ihren breiten, fellbekleideten Schultern aus dem Weg und schrie, dass der Ladendetektiv auf ihren Fersen ein Wahnsinniger wäre, der sie umbringen wollte, in der Hoffnung, dass irgendein naiver Passant ihn zu Fall bringen würde.

Zurück auf dem Parkplatz zog Tante Minnie ihren Mantel aus und stopfte ihn in den Kofferraum. Mit der Kippe zwischen den Lippen drehte und wand sie sich anschließend auf dem Fahrersitz und zog eine Lage Klamotten nach der anderen aus – in der Regel etwa sechs Oberteile, drei Paar Hosen und ein Abendkleid.

Wenn wir nach Hause kamen, blieb Tante Minnie noch auf ein paar Tassen Kaffee, bevor sie ihre Beute zurück ins Camp karrte, um sie an den Höchstbietenden zu verkaufen. Da sie hundert Prozent Gewinn machte, konnte sie ihre Ware zu Spottpreisen anbieten, und die Leute standen Schlange, um bei ihr zu kaufen.

Wir liebten unsere Ausflüge mit Tante Minnie, die meist ein Riesenspaß und ein Abenteuer waren. Weit weniger spaßig allerdings waren die Ausflüge zu der lauten und überheblichen Familie unseres Vaters. Aber um diese Besuche kamen wir nicht herum. Zwei Mal pro Woche zwängten wir uns in den Van und fuhren zum Haus von Onkel Tory, dem älteren Bruder unseres Vaters.

Tory Manor, wie wir alle es nannten, war das prächtigste Haus in einem Umkreis von zwanzig Meilen. Großvater Noah und Onkel Tory hatten es gekauft, um gemeinsam mit ihren Frauen und Noahs und Ivys jüngstem Sohn Joseph darin zu wohnen, doch schon nach drei Tagen fühlte Großvater sich in einem Haus ohne Räder so elend, dass er sich weigerte, noch länger dort zu leben.

Er zog mit Granny Ivy, ihrem fünfzehn Jahre alten Jack-Russell-Terrier Sparky und Onkel Joseph in einen funkelnagelneuen, fünfunddreißig Fuß langen, leuchtend rosafarbenen Winnebago-Style-Caravan am oberen Ende des Paddocks hinter dem Haupthaus. Das war ihr Traum, und sie sparten nicht an der Ausstattung. Ein Schwarm falscher Schmetterlinge, so groß wie Katzen, wurde an die Wände genagelt, ein gigantischer Schmutzfänger aus runden, leuchtend roten Ziegelsteinen zog sich unten um den Caravan herum, und aus jedem seiner beiden Eingänge wand sich eine Treppe spiralförmig bis zum Boden. Der Paddock bekam einen neuen Bodenbelag und eine eigene Zufahrt von der Straße aus, die zum Haupthaus führte, sodass Großvater Noah seinen kostbaren Rolls-Royce nur wenige Schritte von seinem Wohnzimmerfenster entfernt abstellen konnte.

Old Noah und Granny Ivy waren mit ihren neuen Wohnverhältnissen sehr zufrieden, so wie auch Onkel Torys Familie, die jetzt das große Haus für sich hatte.

Der Caravan war Ivys ganzer Stolz, und sie hielt ihn makellos sauber. Aber weil sie so klein war, kam sie an die meisten Oberflächen in ihrem neuen Heim gar nicht ran, also kam ihre Schwester Tiny regelmäßig vorbei, um ihr bei den täglichen Arbeiten zu helfen. Unsere Tante Tiny hatte das gleiche kehlige Lachen und das gleiche Faible für Goldzähne und fellbesetzte Mokassins wie ihre Schwester. Aber in allen anderen Dingen war sie ihr exaktes Gegenteil. Tiny war so groß und breit wie ein Schrank und hätte Granny Ivy als Handpuppe benutzen können. Über den Mokassins trug sie eine rosafarbene Schürze mit Blumenmuster, die sie niemals ablegte. Die Schürze hatte zwei große Taschen direkt unter Tante Tinys gigantischen Hängebrüsten – eine für ihre gelben Gummihandschuhe und eine für ihre Zigaretten und das echt goldene Feuerzeug in Form eines Pferdekopfes.

Tante Tiny hatte sich irgendwann dem »Zigeunerfrauen gewissen Alters müssen ihre Haare schwarz färben«-Gesetz verweigert und trug einen gigantischen weißen Afro, mit dem sie aussah wie ein Zirkusclown. Jeden Tag schaute sie vorbei, wirbelte mit dem Staubtuch in den gelben Handschuhen im Caravan herum und schrubbte alles über Hüfthöhe, während Granny Ivy sich um alles unterhalb kümmerte.

Zu Granny Ivys Pech bedeutete dieser Deal allerdings auch, dass sie den Hund waschen musste. Noah hatte ihr Sparky irgendwann mal zum Hochzeitstag geschenkt, aber bedauerlicherweise hatten die beiden sich vom ersten Augenblick an gehasst. Sparky verbrachte den Tag damit, in der Dunkelheit unter dem Sofa zu hocken und darauf zu warten, dass Ivy vorbeikam, sodass er herausspringen und ihr in den Hintern beißen konnte. Seiner Laune nicht besonders förderlich war zudem, dass er seit drei Jahren nicht mehr in der Lage war, ohne die Hilfe von Onkel Joseph und einem Gummihandschuh ein großes Geschäft zu machen. Da Joseph als einziges Familienmitglied dazu bereit war, ihm in dieser Angelegenheit behilflich zu sein, hatte der alte Hund ihn in sein Herz geschlossen und wich ihm kaum noch von der Seite.

Obwohl das große Haus nur ein paar Yards entfernt war, versammelte sich die ganze Familie jeden Freitagabend im rosa Wohnwagen, wo mein Großvater und Onkel Tory draußen im riesigen Garten ein Hahnenkampfturnier veranstalteten. Jede Woche kämpften zahlreiche Hähne bis zum Tod … oder bis Großvater Noah den Verlierer von seiner Pein erlöste, indem er ihm mit einer Schaufel den Kopf abschlug.

Onkel Torys Frau, Tante Maudie, die in rosafarbenen Nicki-Jogginganzügen und durchsichtigen High Heels lebte und gigantische Silikonbrüste hatte, wäre eher tot umgefallen, als das »Gesocks«, das zu diesen Kämpfen auftauchte, auch nur einen Fuß in ihr Haus setzen zu lassen. Also ließ sie uns Kinder – Frankie und mich, Tory und Noah und deren Zwillingsschwestern Patti und Violet – Zweige sammeln und zündete den Männern ein Feuer an, damit ihnen warm genug war und sie dem Haus fernblieben, bis die Party vorbei war. Zur Belohnung gab sie uns Marshmallows, die wir über das Feuer halten konnten.

Obwohl ich ein Jahr älter war als Patti und Violet, waren die beiden doppelt so groß wie ich. Der Walsh-Clan sagte andauernd, dass Frankie und die Mädchen aussähen wie Drillinge, und das stimmte, aber in Wahrheit lag das weniger an den Genen als daran, dass Tante Maudie, sehr zum Ärger unserer Mutter, ihren beiden Mädchen exakt die gleichen Klamotten kaufte und die Haare genauso frisierte wie Frankies.

Es war eine ziemlich wilde Meute, die sich da an den Freitagabenden versammelte. Die meisten davon waren auch Trainer im Boxclub ein Stück die Straße hinunter, wo mein Onkel Tory viel Zeit verbrachte. Ein paar der Gäste brachten ihre eigenen Kampfhähne mit, aber die meisten kamen nur, um zuzuschauen. Alle Männer gaben Wetten ab, die von Onkel Tory entgegengenommen wurden. Er verlangte auch ein Startgeld, um ein bisschen Extraprofit zu machen.

Die meisten der Vögel hockten in selbst gebastelten Körben, die auf der Ladefläche der Laster festgezurrt waren. Mein Onkel Duffy (der wie die meisten unserer »Onkel« eigentlich gar keiner war) hielt seinen Hahn in einem mit Brettern vernagelten Hundezwinger auf der Ladefläche seines Ford Pick-ups. Einmal kam er mit einem neuen Hahn namens Red. Das Tier war so groß wie ein Stuhl, mit einem geschärften Schnabel, den Onkel Duffy selbst mit der Feile bearbeitet hatte, und keiner einzigen Feder am Körper. Als Onkel Duffy die Beifahrertür öffnete, liefen wir Kinder um unser Leben aus Angst, dieser Pterodaktylus von einem Hahn könnte uns die Augen ausstechen.

Nach einigen Wochen als Champion wurden wir Zeugen, wie der alte Red von einem hinterhältigen, komplett gefiederten Newcomer auseinandergenommen wurde. Frankie, die Zwillinge und ich hockten oben auf dem alten Brunnen und sahen zu, wie die beiden Vögel gackerten, fauchten, hackten und Blut auf den Rasen spritzten.

Ich habe mich immer schuldig gefühlt, weil ich nicht dazwischengegangen bin und versucht habe, den Verlierer zu retten. Oft, wenn wir das Leid nicht länger ertragen konnten, gingen wir Kinder ins Haus und sahen uns *Looney Tunes* im Fernsehen an. Doch als der alte Red seinen letzten Kampf ausfocht, waren wir alle wie erstarrt. Die Zwillinge hielten sich die Augen zu, während Frankie hinstarrte, gebannt, aber ohne mit dem Essen aufzuhören. Ihre Hand tauchte immer wieder in den Beutel mit den Marshmallows.

Es dauerte nicht lange, bis der jüngere Vogel schließlich Reds Hals durchhackte und er die letzte Erlösung durch Großvater

Noahs Schaufel erfahren musste. Die Männer jubelten, Geldscheine wechselten ihre Besitzer, während Old Noah Red mit der Schaufel aufhob und ins Feuer warf.

Frankie legte ihre Marshmallows weg und trat ans Feuer. Sie wollte den Vogel zum ersten und letzten Mal aus der Nähe sehen, ohne panisch davonzulaufen. Doch als sie näher trat, sprang der brennende Körper des Hahns mit einem wilden Schrei aus den Flammen. Wir Kinder schrien vor Angst, und die Menge stob in alle Richtungen davon, während der Vogel, dessen Kopf an einem letzten Zipfel hing, in einem wahnsinnigen Todestanz durch den Garten schoss. Nur die Männer – mein Vater, Onkel Tory, Old Noah und ein paar andere – schmissen sich weg vor Lachen, während wir anderen Fersengeld gaben.

In dem Versuch, dem Wahnsinn der Hahnenkämpfe und des rosa Wohnwagens zu entgehen, spazierte ich oft allein über das weitläufige Gelände von Tory Manor. Hier gab es riesige Blumen, geschwungene Weidenbäume, elfenbeinfarbene Baumstämme und eine Gruppe seltsamer steinerner Tänzer, von denen jeder in einer wunderschönen Pose erstarrt zu sein schien. Im Laufe der Zeit waren viele von ihnen unter den Blättern der Sträucher und Bäume verschwunden, und andere waren von den Jagdwaffen des kleinen Tory oder Noah entstellt oder geköpft worden. Neben ihren Samurai-Schwertern, Steinschleudern und Luftgewehren hatten die Jungs noch eine Harpunenkanone, die sie auf Bäume, Statuen und sogar ahnungslose Tauben abschossen. Ich habe es einmal versucht, es aber nur geschafft, dass die Zähne der Harpune ein paar Zentimeter unter der Oberfläche einer Baumwurzel einschlugen, haarscharf an meinen Zehen vorbei.

Wie meine Mutter war auch ich am glücklichsten, wenn ich

allein war. Und auf dem riesigen Grundstück von Tory Manor konnte ich lauthals vor mich hin singen, ohne gehört zu werden, und mir vorstellen, dieses Land wäre mein Königreich.

Hinter dem heruntergekommenen Tennisplatz und der Hahnenkampfarena lag ein Heckenlabyrinth mit einem Koi-Teich in der Mitte. Das Plätschern des Brunnens wies mir die Richtung, während ich mir meinen Weg durch das Labyrinth suchte. Über dem Springbrunnen saß eine Meerjungfrau aus weißem Marmor auf einem Stein und streckte die Arme nach all jenen aus, die es um die letzte Ecke des Labyrinths geschafft hatten. Die Steine um ihr Heim herum waren feucht und moosig, und ich setzte mich im Schneidersitz an den Rand des Wassers und beobachtete fasziniert die großen goldfarbenen Fische unter der Oberfläche.

Großvater Noah liebte es, Menschen um sich zu haben, sogar noch mehr als die meisten Zigeuner, und fand immer eine Ausrede, um seine Familie und Freunde in den rosa Wohnwagen einzuladen. An den meisten Sonntagen versammelten wir uns dort zum Mittagessen.

Das Wohnzimmer war ein Schrein für die Familie und all ihre Errungenschaften. An jedem freien Fleck der hellen Wände hingen Familienbilder und von irgendwelchen Promis signierte Boxhandschuhe, während die Pokale, die mein Vater und Onkel Tory gewonnen hatten, zwischen den Tellern, Teekannen und Porzellantassen aus Crown-Derby-Porzellan standen, die jedes einzelne Regal zierten.

Die leuchtend rote, dreiteilige Ledersitzecke wurde von Massen selbst geklöppelter Spitze verziert, und auf dem Fensterbrett aufgereiht wie ein Regiment juwelenbesetzter Kanonen standen sechs Kristallvasen, die Granny Ivy um gut einen Fuß überragten.

Granny Ivys eigener Platz war ein thronähnlicher Sessel in der Mitte des Zimmers, der extra für sie angefertigt worden war. Er hatte riesige Armlehnen und einen Fußhocker, damit sie leichter auf die hohe gepolsterte Sitzfläche steigen konnte, die sie auf Augenhöhe mit allen anderen brachte. Neben ihrem Sessel, nur eine winzige Armlänge entfernt, stand ihr Beatmungsgerät – ein Torpedo aus grünem Kupfer mit einem Motorradmotor, einer langen Pfeife und einer Gasmaske, die sie sich regelmäßig vor das Gesicht hielt.

Mein Vater und Großvater Noah saßen immer in den beiden mit Spitzendeckchen verzierten Sesseln gegenüber dem Fernseher, während die anderen Männer sich auf dem Sofa oder irgendwo im Raum verteilten. Tante Tiny, Tante Prissy, meine Mutter und alle anderen Ehefrauen hockten am anderen Ende des Raums um den Esstisch, und Granny Ivy servierte entweder ihren »Neunzig Prozent Rüben«-Braten oder Joe Grey, ein traditionelles Lieblingsgericht unter Zigeunern aus Rüben, Zwiebeln, Tierfett, Leber, Beefsteak, Hühnchen und Schweinefleisch, das gebraten und mit dick gebutterten Scheiben knusprigen Brots und einer Ladung Bratenfett vom Blech zum Reintunken serviert wird.

Die Gäste übertrumpften sich gegenseitig mit den abstrusesten Geschichten, während Granny Ivy, Joseph, Großvater Noah und mein Vater abwechselnd einschliefen. Manchmal schliefen sogar alle vier mitten in der Unterhaltung ein, weil sie sich gegenseitig so sehr gelangweilt hatten. Dann blieb es unserer Mutter und Tante Prissy überlassen, die anderen Gäste zu verabschieden und Tante Tiny zu helfen, das Chaos zu beseitigen. Anschließend wühlten sie in ihren Schminktäschchen und in den

Schränken nach allem, was wir Kinder benutzen konnten, um unseren schlafenden Opfern eine Typveränderung zu verpassen.

Bei Granny Ivy machte es nie besonders Spaß, sie zu schminken, weil sie eine Frau war, und Josephs Platz neben dem gefürchteten Sparky sorgte dafür, dass er immer relativ gut wegkam. Also wachten jede Woche entweder unser Vater oder Großvater Noah mit Minnie-Mouse-Ohren auf dem Kopf und dem ganzen Gesicht voll Farbe auf.

Zwischen dem Essen, den Geschichten, den Wiederholungen von Westernfilmen im Nachmittagsfernsehen und dem Bemühen, nicht zu starren, wenn Joseph, ein hässlicher, launischer Berg von einem Mann, sich paketweise rohen Schinken in den Rachen schob, mussten Frankie und ich immer wieder aufstehen und für die ganze Familie singen.

Es war Tradition bei jeder Zusammenkunft unter Zigeunern, dass alle Anwesenden ein Lied vortrugen, und jeder hatte seinen persönlichen Lieblingssong. Matthew Docherty oder Slim Whitman waren vor allem unter den Männern beliebt, und es gab keine gute Party, ohne dass mindestens fünf Frauen eine perfekte Patsy-Cline-Imitation hinlegten. Großvater Noah gab Frankie und mir manchmal ein Pfund, damit wir sangen, bloß um allen die nächste Interpretation von »Honky Tonk Angels« oder »Crazy« zu ersparen.

Frankies übliches Solo war ein Zigeunerlied, »Blackbird, I Av'ee«, das immer gut ankam, und meins war ein Dean-Martin-Song, »Ol' Scotch Hat«, den unsere Mutter mir beigebracht hatte.

Die Stimme unserer Mutter war ein phänomenales Instrument. Sie konnte nach Belieben jeden großen Sänger imitieren. Die Leute baten sie immer, Patsy Cline zu singen, weil sie so gut darin war, aber sie konnte auch eine brillante Nancy Sinatra sein – »These Boots Are Made for Walking« – und alle möglichen Country-Songs raushauen. Sie wurde auf allen Partys ständig gebeten zu singen.

Frankie und ich beendeten die Party gewöhnlich mit »Show Me the Way to Go Home«. An diesem Punkt war es immer schon nach Mitternacht, und müde Kinder und fröhliche Erwachsene zwängten sich in ihre PKWs und Lastwagen.

Diese Besuche in Tory Manor und dem rosa Wohnwagen waren das gesellschaftliche Highlight unserer Woche. Wir kamen nur selten mit zu den anderen Familientreffen, aber von Zeit zu Zeit fuhr unser Vater mit uns in den nahe gelegenen Safaripark. Dann mussten wir uns alle unter einer Decke hinten auf der Ladefläche verstecken. Am Eingangstor erklärte er den Leuten, er hätte im Park irgendwelche Arbeiten zu erledigen, und sie winkten ihn durch. Sobald wir drin waren, kletterten wir nach vorne, und Frankie und ich zeigten aufgeregt auf die Tiere.

Im Sommer trafen wir uns alle bei Onkel Tory und fuhren dann im Konvoi für einen Tag runter ans Meer. Die Männer und Kinder gingen schwimmen, während die Frauen in voller Montur am Strand saßen, quatschten und rauchten. Es gehörte sich nicht für sie, sich auszuziehen.

Anders als die anderen hatte ich Angst vor dem Meer. Ich konnte mich ihm nicht nähern, ohne die Filmmusik von *Der weiße Hai* im Kopf zu haben. Unser Vater hatte uns den Film gezeigt, und die schrecklichen Bilder dieses riesigen Hais, der die Menschen bei lebendigem Leib verschlang, hatten sich in mir festgesetzt. Ich konnte sie einfach nicht vergessen. Anstatt zu schwimmen, verbrachte ich also Stunden damit, zwischen den Steinen nach Krebsen zu suchen, die ich mit nach Hause nahm und neben der Treppe zum Wohnwagen in einem Eimer hielt.

Aber die aufregendste Zeit im Jahr war Weihnachten. In diesen Wochen ging unser Vater einem weiteren seiner zahlreichen Geschäfte nach: Er verkaufte Weihnachtsbäume und Türkränze auf dem Borough Market in London.

Frankie, unsere Mutter und ich saßen dann tagelang am Küchentisch und banden Hunderte feierlicher Kränze aus Zweigen, Ilex-Blättern und Schnee-Spray, damit immer ein Stapel davon auf meinen Vater wartete, wenn er nach Hause kam, um sie abzuholen.

Es war mein viertes Weihnachten, als morgens um fünf ein Erdbeben unseren Wohnwagen erschütterte, das sich als unsere Mutter entpuppte, die an unseren Betten rüttelte. Sie war so aufgeregt wie ein kleines Kind und nicht in der Lage, auch nur noch eine einzige Sekunde länger zu warten.

»Aufstehen, ihr Kröten, heute ist Weihnachten! Er war schon da. Schnell, kommt mal gucken!«

Wir rannten ins Wohnzimmer, das mit Ballons und Lametta geschmückt war, und stürzten uns freudeschreiend auf den Geschenkeberg.

Nach einigem Graben musste ich feststellen, dass auf jedem einzelnen davon Frankies Name stand. Vor lauter Enttäuschung wurde mir ganz übel. »Ich glaube, er hat mich vergessen, Mum.«

Mein Vater nahm mich auf den Arm und zeigte zum Fenster.

Dort, im Dunkelblau des frühen Morgens, stand ein funkelnagelneues, leuchtend rotes Quad mit dicken Reifen und Elektromotor. Am Lenker baumelten wie Stierhoden zwei glänzende lederne Boxhandschuhe.

Mum schnappte sich ihre Kamera, und wir alle gingen nach draußen.

»Steig schon auf«, rief mein Vater und schlug mir spielerisch vor die Brust.

Ich beäugte das Monster misstrauisch, eingeschüchtert von all dem Testosteron, das es aus jedem einzelnen seiner glänzenden Quadratzentimeter auszudünsten schien. Zögernd blieb ich daneben stehen und schnipste gegen die Boxhandschuhe, sodass sie um den Lenker wirbelten.

Frankie trat zu mir und half mir mit einer Räuberleiter auf den Fahrersitz. »Du brauchst bloß aufs Pedal zu treten, dann fährt es los!«, rief mein Vater mit dröhnender Stimme.

Ich hatte panische Angst vor dem Ding. Zaghaft setzte ich mich hin, stellte meinen Fuß aufs Pedal und drehte mich zu den dreien um. Das Gesicht meines Vaters strahlte in der Dunkelheit wie eine Laterne. In dem verzweifelten Versuch, ihm zu gefallen, aber ohne die geringste Ahnung, was ich da tat, trat ich mit voller Wucht aufs Gaspedal. Keine drei Meter weiter donnerte ich das Monster gegen eine Wand, prallte ab und verfing mich im Zaun unserer Nachbarn, bevor ich in hohem Bogen durch die Luft flog und in einem Beet mit Fleißigen Lieschen landete.

Ich konnte meinen Vater aufstöhnen hören, als ich voller Schrammen und Beulen aus dem Dreck kroch. Ich kratzte mir den Schmutz vom Schlafanzug und schlich mich wieder hinein. Die hässliche Killermaschine und die Handschuhe ließ ich, wo sie waren. Ich glühte vor Scham, weil ich wusste, dass ich nicht so war wie andere Jungs, die ihre Väter stolz machten. Ich war eine Niete, und ich konnte meinem Vater nicht in die Augen sehen.

Als ich wieder ins Wohnzimmer kam, hatte meine Schwester sich durch das Papier ihres ersten Geschenks gearbeitet: eine Babypuppe, die beinahe doppelt so groß war wie sie selbst. Sie hatte kein einziges Haar auf dem Kopf und steckte in einem Strampelanzug voller Teeflecken. Meine Schwester drückte auf den Schalter am Hinterkopf der Puppe, und das Ding fing grässlich an zu weinen und rollte mit dem Kopf wie das kleine Mädchen in *Der Exorzist*.

»Ich werde ihn Jesus nennen«, zwitscherte sie und rammte dem Biest einen Schnuller in den Mund.

Sie legte Jesus beiseite, um das nächste Geschenk aufzureißen, und ich lief hinüber, um ihr zu helfen, das Ding unter Kontrolle zu bringen, das angefangen hatte, vibrierend über den Boden zu wandern.

»Das Quad gefällt dir also nicht?«, stöhnte mein Vater. »Du kriegst nichts anderes, das weißt du.«

»Schon okay. Ich spiele morgen damit«, sagte ich und starrte auf meine Füße.

Nie wieder würde ich mich auf diese Killermaschine setzen.

Zwei Tage später war sie weg. Ich war erleichtert, und Frankie freute sich, dass ich ihr half, sich um Jesus zu kümmern.

Die Boxhandschuhe allerdings waren nicht verschwunden. Sie hingen an der Ecke meines Bettes als Symbol für das, was mich erwartete.

4

Einstecken lernen

Als ich vier Jahre alt war, hatte mein Vorbereitungsprozess bereits begonnen. Mein Vater arbeitete mittlerweile in der Umgebung und war, da er einen Grunter aufgetan hatte, bei dem er regelmäßig Arbeit fand, sehr viel öfter zu Hause. Somit fand er zwischen den Seifenopern, auf die er und meine Mutter standen, jede Menge Zeit, seinen einzigen Sohn zu trainieren.

Bevor er damit anfing, winkte er mich rüber zu dem abgewrackten Sessel, der seinen Thron bildete, und zog mir die Kette mit den goldenen Handschuhen aus, die ich um den Hals trug. »Du musst mir beweisen, dass du würdig bist, die hier zu tragen, mein Junge, okay?«, sagte er und hängte sie sich selbst um den Hals.

Auch wenn das Ziel am Ende war, ohne Handschuhe zu kämpfen, fand das Training mit ihnen statt, weil die Bewegungen im Grunde die gleichen waren. Mein Vater zog sich seine geliebten uralten braunen Lederhandschuhe über die rauen Hände und boxte ein paarmal in die Luft, um sich aufzuwärmen. »Okay. Fertig?«

Meine eigenen Handschuhe waren bereits vom Fußende meines Bettes geholt, über meine Hände gestreift und an meinen Handgelenken festgebunden worden. »Japp.«

Er befahl mir, mich mit den Händen in der Luft aufzustellen. Dann schlug er mir in die Rippen. Ein leichter Schlag zuerst, nur so stark, dass er mich überraschte und ein wenig wehtat. Dann noch einer und noch einer, jeder härter als der vorangegangene, sodass ich nach dem dritten nach Luft schnappte und mich nach dem fünften vor Schmerzen krümmte.

Das sei die erste Lektion, sagte er lachend. Einstecken lernen. Die Regeln, die er mir erklärte, während ich mir an die schmerzenden Rippen fasste, lauteten: Ich musste mindestens zehn Stufen von Schlägen einstecken, ohne zu weinen, auszuweichen oder mich zu ducken. »Ins kalte Wasser springen«, lautete sein Ansatz. Er hatte ihn von Old Noah gelernt, der immer zu sagen pflegte: »Erziehe deinen Jungen wie einen Wolf, dann bekommst du auch einen Wolf.«

Aber für meinen Vater war es mehr als nur die harte Schule, durch die er selbst gegangen war. Er schien seine eigene Stärke testen zu müssen, aus Angst, er könnte schwach geworden sein seit den Tagen, in denen er selbst gekämpft und alle Herausforderer besiegt hatte. Wenn er mich schlug, dann mit aller Härte.

Diese Trainingseinheit, wie alle, die ihr noch folgen sollten, endete mit »echten« Schlägen, Tränen und mindestens einer halben Stunde, in der mein Vater herumbrüllte, wie sehr er sich für mich schämte, was für ein erbärmlicher Feigling ich sei und dass er keine Ahnung hätte, wie er aus mir jemals einen echten Mann machen sollte.

Ich gab mir Mühe. Ich gab mir wirklich alle Mühe. Aber die Schläge taten so weh. Ich konnte sie einfach nicht einstecken, ohne zu weinen. Beim dritten oder vierten Schlag bebte mein kleiner Körper jedes Mal vor Schmerzen, und ich brach weinend zusammen. Ich wusste, was das bedeutete, deshalb achtete ich jedes Mal darauf, mich so klein wie nur irgend möglich zusammenzurollen.

»Du bist *(BAM)* nichts! *(BAM, BAM)* Nichts als ein feiges *(BAM, Tritt)* Stück *(BAM)* Scheiße!«

Bald fürchtete ich mich so sehr vor dem »Training«, dass ich mich mit Händen und Füßen wehrte, sobald er erklärte, es sei an der Zeit. Aber es spielte keine Rolle, ob ich um mich trat, schrie, bettelte oder flehte, ich musste da durch. Jeden einzelnen Tag. Schläge, gefolgt von härteren Schlägen, Wut und Demütigung.

Und jeden einzelnen Tag enttäuschte ich ihn.

Mit der Zeit war es mir unmöglich, im Wohnzimmer zu sitzen und fernzusehen, wenn er da war. Ich konnte nicht aufhören, ihn anzustarren und zu beobachten, wie er durch die Kanäle schaltete. Ich hatte das Gefühl, als hinge ein Beil über meinem Kopf. Und sobald er die Fernbedienung beiseitelegte, wusste ich, es war so weit.

»Bist du bereit, Mikey?«

Ich war niemals bereit, und ich war immer vollkommen panisch vor Angst. Ich war noch nicht alt genug, um zur Schule zu gehen, und man erwartete von mir, dass ich von einem erwachsenen Mann einen Schlag nach dem anderen einsteckte, wieder aufstand, wenn ich hinfiel, und in den Kampf zurückkehrte.

Fast alle Männer unter den Zigeunern sind brutal; es ist tief in ihrer Kultur und in ihrem Leben verwurzelt und unmöglich zu umgehen. Mein Vater hatte ohne Zweifel als Kind selbst gelitten, und dank Old Noah und seines Mottos war er noch brutaler geworden als die meisten anderen.

Der »große« Name, mit dem wir belastet waren, garantierte dafür, dass die Gewalt uns finden würde. Mein Vater wusste, dass es immer einen neuen Herausforderer geben würde. Es gab ganze Massen von Männern, die ihm seine Siege übelnahmen, und die Söhne all derer, die er geschlagen hatte, warteten nur auf ihren Einsatz. Sie warteten darauf, gegen mich zu kämpfen und ihren Platz unter den Siegern einzunehmen.

Mein Vater wollte, dass ich bereit dafür war, und wenn die einzige Möglichkeit, mich hart zu machen und auf diesen Tag vorzubereiten, darin bestand, mir die Seele aus dem Leib zu prügeln, dann sollte es eben so sein.

Meine Mutter beobachtete unsere täglichen Kämpfe mit zusammengepressten Lippen. Sie hatte mein Schicksal schon gekannt, bevor ich überhaupt zur Welt gekommen war. Sie wusste, in welche Familie sie geheiratet hatte, und kannte die Männer dieser Familie. Aber sie hatte nicht gewusst, wie es sich anfühlen würde, sein eigenes Kind so gnadenlos verprügelt zu sehen, immer wieder, es gezwungen zu sehen, ein »Spiel« zu spielen, das es niemals gewinnen konnte und das es als ein geschundenes, weinendes Häuflein auf dem Boden zurückließ.

Einmal musste Frankie dazukommen und die Schläge zählen.

»Schlag Nummer drei. Bereit?« Ich schluckte und nickte mit fest zusammengekniffenen Augen. »Zählst du mit, meine Kleine?«

»Japp«, gluckste Frankie, mit dem Rücken zu uns und intensiv damit beschäftigt, zu verhindern, dass Jesus ihr aus den Armen sprang. Ich schloss die Augen, spannte jeden einzelnen Muskel meines Körpers an und wartete auf den nächsten Schlag, tauchte tief hinab in mein Unterbewusstsein und suchte verzweifelt nach einem Ort, an dem ich mich vor dem verstecken konnte, was nun kommen würde.

BAM!

Wie eine Abrissbirne donnerte seine Faust in meine Eingeweide, sodass ich nach hinten flog.

Dabei stolperte ich über meine Mutter, die auf dem Boden lag und in eine Wiederholung von *Starsky und Hutch* vertieft war. Ich stürzte in den Fernseher und stieß ihn von seinem Sockel. Meine Mutter stand auf und schälte mich aus dem Bildschirm. »Das reicht, Frank.« Ihre Stimme war scharf und leise.

Mein Vater lachte, ordnete seine Boxhandschuhe und ignorierte sie. »Steh auf, Junge«, befahl er.

Doch meine Mutter, deren Nerven von meinem Schluchzen und Keuchen überstrapaziert waren, gab nicht auf. »Hast du noch nicht genug heute Abend?«, fragte sie ihn.

Wimmernd kam ich auf die Füße und rieb mir die schmerzenden Rippen mit den Boxhandschuhen, die mir mittlerweile die Blutzirkulation abschnitten.

»Bereit?«

Er beugte sich in seinem Sessel vor und vollführte zischend ein paar Luftschläge, während er darauf wartete, dass ich wieder zu ihm kam, um mir den nächsten Schlag abzuholen.

Meine Mutter wurde zunehmend wütender. »Oi, Schweinekopf! Ich hab gesagt, es reicht! Und jetzt setz dich richtig auf deinen verdammten Thron, sonst machst du ihn noch kaputt.«

»Halt deine verdammte Fresse und glotz deinen Krimi«, zischte er. »Komm her, Mikey.«

Ich zögerte.

»Ich zähle bis drei! Eins …«

»Dad, bitte.«

»Zwei …«

Ich drehte mich um und wollte weglaufen, schaffte aber nur einen einzigen Schritt, bevor ich von einem mächtigen Tritt vom Boden gehoben wurde. Während ich fiel, riss mein Vater sich einen Handschuh ab und zog mich zu sich heran.

Mit einem eleganten Sprung entriss meine Mutter mich seinem Griff und schlug ihm voll auf die Nase.

Mein Vater erhob sich von seinem Thron und packte sie bei den Haaren.

Sie stürzte sich auf ihn, stieß ihm die Finger in die Augen und schob mich mit dem Fuß aus der Schusslinie.

»Lauf, Mikey, lauf.«

Frankie warf Jesus auf den Boden und lief zu mir, um mir aufzuhelfen. Ohne uns noch einmal umzudrehen, stolperten wir über den Flur in unser Zimmer.

»Komm wieder her, Junge, ich bin noch nicht fertig mit dir!«

Frankie schlug die Tür zu und fummelte panisch mit dem Schloss. Unsere Mutter kam angerannt und stellte sich davor.

Wir hielten einander ganz fest und schrien, als unsere Mutter vom Türrahmen weggezerrt wurde.

»Ihr öffnet auf keinen Fall die Tür!«, kreischte meine Mutter.

In die Ecke gedrückt hörten wir, wie er sie von der Tür wegzog, und dann die Schreie, gefolgt von dumpfen Schlägen, gefolgt von Schreien und dem Beben von Körpern, die gegen Wände, Einrichtungsgegenstände und Schränke schlugen.

Und dann Stille.

Kurz darauf hörten wir Schritte auf unsere Tür zukommen. Unser Vater.

»Macht die Tür auf. Sofort.«

Wir wagten es nicht, seinen Befehl zu ignorieren.

Unsere Mutter, ohnmächtig auf dem Küchenfußboden, war taub gegenüber meinen Schreien, als ich zurück ins Wohnzimmer gezerrt wurde, während Frankie meine Füße umklammerte.

Jetzt, wo seine Wut einmal entfesselt war, würde mein Vater seine Aufgabe beenden und allen deutlich machen, wer der Herr in diesem Haus war.

Ich bekam eine ordentliche Tracht Prügel, und dann wurden wir wieder zurück in unser Zimmer geschickt. Als wir an unserer Mutter vorbeikamen, blieben wir stehen, und Frankie versuchte, ihr Gesicht von einer Porzellanscherbe zu heben.

»Fasst sie nicht an!«

Wir wichen zurück und liefen den Flur hinunter in unser Zimmer. Der Fernseher wurde wieder eingeschaltet; wir wussten, dass er jetzt davor sitzen und fernsehen würde.

Wir hockten uns auf den Boden, wimmernd und verängstigt. War unsere Mutter tot? Wir wussten es nicht. Wir wollten zu ihr gehen, aber wir wagten es nicht.

Es musste etwa eine halbe Stunde vergangen sein, als wir hörten, wie das zerbrochene Porzellan klirrend fortgeräumt wurde. Wir sahen uns an und dachten beide das Gleiche. Bedeutete das, es ging ihr gut?

Langsam und lautlos öffnete Frankie die Tür einen Spalt breit. Gerade weit genug, um zu sehen, dass unsere Mutter in der Küche stand.

»Sie ist okay«, flüsterte Frankie.

Erleichterung durchströmte mich. Ich wusste, wenn sie gestorben wäre, dann wäre es meine Schuld gewesen.

An diesem Tag etablierte sich eine Routine: mein tägliches Training zwischen den Soaps, meine Mutter, die einschritt, wenn sie der Meinung war, ich hätte genug, und Frankie und ich, die in unser Zimmer rannten, um dort zu warten, bis der Sturm vorüber war.

Unsere Mutter ist immer der »Staub abklopfen und weitermachen«-Typ gewesen.

Sie erfand ständig Entschuldigungen für unseren Vater, um zu verhindern, dass die Leute redeten. Die dunkle Färbung ihrer Schneidezähne, erklärte sie, stamme daher, dass ich ihr, als ich noch ein Baby gewesen war, mit einem Löffel dagegen gehauen hätte. Doch alle wussten, dass es kein Löffel gewesen war, sondern unser Vater, der ihren Kopf auf die Kante der Küchenspüle geschlagen und ihr dabei auch den Wangenknochen gebrochen hatte. Das war an einem anderen Trainingsabend gewesen, am selben Abend, als mein Vater mir die Nase brach, weil ich geweint hatte.

Ich habe immer noch die Bilder von den schrecklichen Dingen im Kopf, die er meiner Mutter antat, weil sie versuchte, sich einzumischen und mich zu beschützen. Sie wurde regelmäßig zu Boden geschleudert, getreten, runtergedrückt und verprügelt, während er ihr die Haare in dicken Büscheln vom Kopf riss. Doch sie steckte das alles ein, ohne einen Laut, ohne vor ihm zu weinen. Und ohne jemals nachzugeben.

Auch schien sie es ihm nie übelzunehmen. Trotz dieser schrecklichen Szenen waren unsere Eltern liebevoll zueinander. Mein Vater küsste meine Mutter jedes Mal, wenn er nach Hause kam, und schloss sie in die Arme. Und sie stand oft vom Boden auf, wo sie vor dem Fernseher gelegen hatte, und setzte sich auf seinen Schoß. Dann rief er Frankie zu, sie solle sich dazusetzen, und prahlte stolz mit seinen Mädchen, wobei er sie wie Pokale hoch und runter stemmte.

Die Leute um uns herum wussten, wie gewalttätig mein Vater war; die dumpfen Schläge, die jeden Tag aus unserem Wohnwagen hallten, konnten niemandem entgangen sein. Aber sie hatten alle viel zu viel Angst vor ihm, um einzuschreiten. Und meine Mutter hätte es auch niemals akzeptiert. Sie kannte meinen Vater besser als jeder andere und focht ihre eigenen Kämpfe mit ihm aus, in denen sie ihn niemals gewinnen ließ. Er konnte sie bewusstlos schlagen, aber das bedeutete nicht, dass sie kapitulierte.

Sie kämpfte mit harten Bandagen und war sehr mutig. Doch mit der Zeit zeigten die Schläge Wirkung, und allmählich wurden die Selbstsicherheit und der Mut, die sie einst besessen hatte, aus ihr herausgeprügelt. Als ich knapp fünf Jahre alt war, war sie es, die nicht mehr redete.

Viele andere Frauen wären gegangen und niemals zurückgekommen. Aber sie war eine Zigeunerin, und ihren Mann zu verlassen hätte bedeutet, dass sie eine Ausgestoßene gewesen wäre. Also überspielte sie alles, erfand Entschuldigungen für die grausame Art, mit der ihr Mann sie behandelte, und fand ihre Zuflucht in uns und in der Musik.

Manchmal führte die Arbeit unseren Vater wochenlang fort; zu anderen Zeiten wiederum saß er tagelang vor dem Fernseher und zwang mich zwei bis drei Mal am Tag, mit ihm zu trainieren. Zu meinem Glück hatte er ein sehr aktives Sozialleben und verbrachte viel Zeit im Wettbüro oder im Pub.

Wenn er unterwegs war, war alles anders, und wir drei hatten viel Spaß. Wir nahmen uns selbst auf Mums alter Stereoanlage auf und sangen aus voller Kehle Karaoke. Unser Partysong stammte von ihrem Lieblings-Barbra-Streisand-Album, und mit fünf lernte ich den Part von Donna Summer in »Enough is Enough« auswendig, das meine Mutter und ich dann gemeinsam zum Besten gaben, während Frankie dazu irgendeinen verrückten Regentanz im Wohnwagen aufführte.

Mum spielte uns Michael Jackson vor, der dann über unsere Lautsprecher durch das ganze Camp dröhnte, während wir »Thriller« mitsangen. Frankie war Michael Jackson, und ich brüllte die Monstergeräusche und übernahm den Part von Vincent Price. Immer wieder sahen wir uns voller Begeisterung das Video an, übten die Tanzschritte und diskutierten darüber, welcher Zombie der coolste und hübscheste war, bis die Videokassette, die unsere Mutter uns gekauft hatte, vollkommen ausgeleiert war.

Die Zombies störten uns dabei kein bisschen. Schließlich sahen wir uns regelmäßig die gruselige Horrorfilm-Sammlung unseres Vaters an und hatten zu diesem Zeitpunkt schon weit Schlimmeres gesehen. Er schleppte regelmäßig illegale Kopien von verbotenen Filmen an und zwang uns dann, sie anzusehen. Es war eine seiner milderen Formen von Strafe. Und so kannte ich mit vier das *Kettensägenmassaker*, *Tanz der Teufel* und *Chucky – Die Mörderpuppe*. Die Filme machten uns schreckliche Angst; ich hatte oft Albträume, und Jesus wurde nachts sicher weggeschlossen, damit er nicht zum Leben erwachte und die Küchenschränke nach Messern durchsuchte, mit denen er sich auf uns stürzen konnte.

Aber wir liebten es, fernzusehen, und waren riesige Fans der *Muppet Show*. Einmal, als Überraschung zu Frankies sechstem Geburtstag, verkleidete sich der Bruder unserer Mutter, Alfie, ein vierhundert Pfund schwerer Riese, als etwas, das er für Miss Piggy hielt. Mitten in der Nacht weckte er uns auf, indem er in den höchsten Tönen kreischte. Unsere Entsetzensschreie allerdings waren lauter. Wir dachten, die Erscheinung da im Türrahmen wäre Leatherface, der Mörder aus dem *Kettensägenmassaker*, der gekommen war, um uns zu töten.

Die Filme, die wir so gerne ansahen, bekamen wir alle von Big Jabba John, dem einzigen Zigeuner im Süden Englands, der von jedem Film, den man sich wünschte, innerhalb weniger Tage eine Videokassette besorgen konnte. Er verbrachte den Großteil seiner Zeit entweder damit, in seinem Wohnwagen zu hocken und Leihkassetten zu überspielen, oder mit einer fast bewegungslosen Kamera in der ersten Reihe im Kino zu sitzen. Jeden Montagabend kam er in seinem rumpelnden Monster von einem Pick-up in unser Camp, die Ladefläche bis zum Rand mit Kassetten und Videokartons gefüllt. Sobald wir das Röhren seines Auspuffs hörten, wenn er über die Rampe am Eingang fuhr, kamen alle Männer, Frauen und Kinder schreiend und winkend aus ihren Wohnwagen. Kaum war er weg, begannen Frankie und ich einen Disney-Marathon mit Fish and Chips, Sticky Buns, Angel Delight und Karamell-Popcorn.

Während unser Vater meist einen neuen Horrorfilm mitnahm, bevorzugte unsere Mutter große Liebesgeschichten, bei denen Frankie und ich regelmäßig auf dem Teppich vor dem Fernseher ins Koma fielen. Irgendwann zog Frankie mich nach draußen, und wir flohen in den Garten. Einmal, auf der Flucht vor einem tränenreichen Liz-Taylor-Film, sprang Frankie aus der Tür des Wohnwagens in die scharfen Scherben einer zerbrochenen Milchflasche. Unser Vater fuhr sofort mit ihr ins Krankenhaus, wo sie mit dreizehn Stichen unter dem Fuß genäht wurde.

Egal welchen Film wir uns ansahen, unser Vater schlief jedes Mal innerhalb von fünfzehn Minuten ein – oder sobald er alle Snacks aufgegessen hatte, je nachdem, was zuerst der Fall war. Wir lernten bald, die Hälfte der Süßigkeiten zu verstecken, bis er schnarchte wie ein Warzenschwein, um uns dann fröhlich durch den Rest des Films zu knabbern.

Unsere Mutter hatte lange darauf gewartet, dass Big Jabba John ihr eine Kopie ihres Lieblingsfilms mitbrachte. Sie versprach uns, dass wir ihn lieben würden, wenn wir ihn sahen, und als er ihn endlich mitbrachte, konnten Frankie und ich es kaum erwarten. Wir hofften auf etwas in der Art von *Der weiße Hai*, aber unsere Mutter versicherte uns, dass es etwas ganz anderes sei. Sie kicherte vor Freude, als sie die Kassette in den Videorekorder schob, und rief über die Schulter: »Mikey, hol die Schachtel mit den Maltesers aus dem Schrank.«

Wir zogen die Jalousien runter und verteilten uns im Wohnzimmer. Frankie, die beleidigt war, weil es nicht *Der weiße Hai* war, machte sich auf dem Sofa breit, also legte ich mich auf den Boden und teilte mir das Kissen mit meiner Mutter, wobei ich darauf achtete, immer in Maltesers-Reichweite zu sein.

Unsere Mutter hatte eine gute Wahl getroffen: Es war *Der Zauberer von Oz*, und er verzauberte uns. Von diesem Tag an schauten Frankie und ich den Film täglich. Danach gingen wir jedes Mal hinaus in den Garten, um unsere Lieblingsszenen nachzuspielen. Es war ein Ritual. Frankie war immer die gemeine Hexe und ich ihr treuer fliegender Affe. Wir schaukelten gemeinsam an einem alten Seil, das unser Vater an einen Baum gehängt hatte, und flogen durch die Luft, bevor wir mit einem großen, mit keckerndem Lachen erfüllten Satz zu Boden sprangen.

Unser Baum war in zwei Hälften geteilt, die von einem klapprigen Holzzaun getrennt wurden. Dahinter lag der Garten unserer Gorgia-Nachbarn, die drei Töchter hatten, alle etwa in unserem Alter, mit weißblonden geflochtenen Haaren und gleichen roten Regenmänteln.

Wir wussten, dass sie uns zwischen den Zweigen der Bäume

hindurch beobachteten, durften aber nicht mit ihnen reden. »Gorgia-Brut«, sagte unsere Mutter immer. »Redet ja nicht mit ihnen, auch wenn sie euch anquatschen. Die sorgen dafür, dass man euch uns wegnimmt.«

Die Vorurteile beruhten auf Gegenseitigkeit. »Kommt da weg«, hörten wir ihre Mutter sagen, während sie die drei ins Haus zurückschob. »Das sind Zigeuner, die werden euch verfluchen.«

Eines Tages hörten Frankie und ich die Mädchen flüstern: »Zigeuner, schau, da sind die Zigeuner.«

Frankie ignorierte den Rat unserer Mutter und fing an, sie zu beschimpfen.

Die Mädchen begannen, »Iih! Ihr fiesen Zigeuner! Iih! Ihr fiesen Zigeuner« zu singen.

Doch unser Vater hatte uns ein ganzes Wörterbuch voll an Obszönitäten an die Hand gegeben, und so waren wir den Mädchen in diesem Wettstreit haushoch überlegen.

»Fickt euch ins Knie, ihr Fotzen!«, rief Frankie.

Während die drei ein Teammeeting abhielten, um zu eruieren, ob Frankies seltsame Worte ein Zigeunerfluch gewesen waren, legte sie eine Hand an mein Ohr und flüsterte mir die Worte ins Ohr, die ich sagen sollte.

»Und fresst Scheiße!«, quietschte ich.

In diesem Augenblick traten die wütenden Eltern der Mädchen aus den Büschen. Frankie und ich rannten zum Wohnwagen, schlugen die Tür unseres Zimmers zu und warteten darauf, dass sie rüberkamen und sich über uns beschwerten. Doch sie wagten es nicht, auch nur einen Fuß ins Camp zu setzen, und wir haben die Mädchen nie wieder am Zaun gesehen.

Wir hatten keine Ahnung, was genau wir eigentlich zu ihnen

gesagt hatten, aber es war nicht ungewöhnlich, dass die Kinder von Zigeunern Flüche und Schimpfwörter zu hören bekamen und auch ermutigt wurden, sie zu verwenden. Wir betrachteten sie einfach als Teil unseres Vokabulars.

Ein paar Wochen nach dem Zwischenfall mit den Mädchen am Zaun brach in unserem Wohnwagen ein Feuer aus. Jemand hatte den alten tragbaren Heizkörper im Wohnzimmer an- und Frankie ihren Teddybären direkt daneben liegen gelassen.

Frankie und ich schliefen tief und fest, als unsere Mutter in unser Zimmer gerannt kam und uns wachrüttelte. Sie zerrte uns aus den Betten und warf uns förmlich meinem Vater entgegen, der draußen im Flur stand. Voller Angst und gleichzeitig fasziniert blickte ich über seine Schulter und sah überall Flammen und herumfliegende brennende Partikel. Als er mit uns nach draußen lief, quoll schwarzer Rauch den Flur hinunter. Das ganze Wohnzimmer stand in Flammen, und der Wohnwagen hatte bereits begonnen, sich zur Seite zu neigen.

Während unser Heim in Flammen aufging, liefen wir rüber zum Wohnwagen eines Cousins meines Vaters, Wayne, um auf die Feuerwehr zu warten. Als sie ankam, war alles weg. Nur das Fahrgestell, auf dem der Wohnwagen gestanden hatte, war noch übrig.

Unsere Eltern nahmen es stoisch – es war nichts Ungewöhnliches, dass ein Wohnwagen abbrannte –, und am nächsten Morgen zog mein Vater los, um uns einen neuen zu besorgen. Er war garantiert nicht versichert, aber seine ganze Familie half uns, und schon bald wurde ein neuer Wohnwagen gekauft und an exakt dieselbe Stelle gestellt wie der alte. Innen war er beinahe identisch mit seinem Vorgänger, doch von unserem Spielzeug hatte nur wenig das Feuer überstanden. Jesus hatte tatsächlich nicht mehr als ein paar hässliche Verbrennungen am Kopf davongetragen, aber von der Cabbage-Patch-Armee waren nur noch ein paar schwarze schmierige Flecke auf dem Beton übrig. Trotz allem fanden Frankie und ich das Feuer furchtbar aufregend, und wir spielten noch wochenlang Feuerwehrautos.

Eines Abends kam mein Vater nach Hause und prahlte damit, dass er auf Diana Dors' Trauerfeier gewesen wäre. Offenbar hatten er und sein Freund Matthew, die auf der Suche nach Arbeit weiter gefahren waren als sonst, Halt gemacht, um sich ein paar Drinks zu genehmigen. Dabei hatten sie die lange Schlange schwarzer Limousinen gesehen und waren ihnen gefolgt, als diese auf den Friedhof einbogen. Ich kann mir die Menge der Trauernden vorstellen, die Englands blonder Sexbombe das letzte Geleit gaben, während zwei betrunkene Zigeuner in grellgrünen Overalls an einem Pick-up lehnten, mit ihren Bierdosen anstießen, grölten und jubelten und sich gegenseitig die einzelnen Promis zeigten.

Mein Vater und sein Bruder prahlten ohnehin gerne mit den Promis, denen sie schon persönlich begegnet waren. Diana Dors' Beerdigung jedenfalls wurde zu einem morbiden Schmankerl, mit dem mein Vater gerne angab. Während mein Onkel Tory allen auf die Nase band, mit welchen »Stars« er im Boxclub verkehrte, suchten mein Vater und Matthew ganz gezielt Prominente auf, um irgendwelche Arbeiten für sie zu verrichten. Und manchmal durchaus mit Erfolg. Eine der Lieblingsgeschichten meines Vaters war es, wie er mal einen Baum für Cliff Richard beschnitten und ihn ein halbes Jahr später fast zu Tode erschreckt hatte, als er hinter einem Laster hervorsprang und rief: »Oi, Fotzengesicht!«

Das meiste, was mein Vater so trieb, war illegal. Selbst die Arbeiten, die er legal machte, waren häufig verpfuscht, und so war es unvermeidlich, dass das Gesetz ihm irgendwann auf die Schliche kam. Und so kam unsere Mutter eines Tages panisch in den Wohnwagen gestürzt.

»Frank, sie suchen nach dir. In den Schrank, schnell.«

Halb schlafend, nachdem er mir meine Trainingseinheit verpasst hatte, hiefte sich mein Vater aus seinem Sessel und stolperte ins Schlafzimmer.

»Scheiße! Sein Arschabdruck ist noch auf dem Sessel!«, schrie Frankie und hüpfte auf dem Krater in seinem Polster herum.

Meine Mutter packte sie und rannte, uns beide unter den Armen wie zwei Müllsäcke, über den Flur hinter ihm her ins Schlafzimmer.

Unser Vater quetschte sich gerade in den Kleiderschrank und warf sich alte Klamotten und Spielzeug über, damit man ihn nicht direkt sah. »Mach den Schrank zu, Mikey.«

Ich stürzte hinüber, zog die Tür zu, und er zischte: »Ein Wort, mein Junge, und ich bring dich um.«

Frankie sprang auf einen Hocker und drückte das Gesicht an die Fensterscheibe.

»Komm sofort da runter, du Dummkopf«, schrie meine Mutter, während sie sich für eine Fünf-Sekunden-»Alles in Ordnung, Officer«-Aufmachung Make-up ins Gesicht klatschte.

»MUUUUM! Ich will sie sehen!«, heulte Frankie.

Während meine Mutter sie noch vom Hocker zerrte, klopfte es schon drei Mal laut gegen die Tür.

»Was wollen die?«, flüsterte ich.

»Sie sind hier, um deinen Dad mitzunehmen. Also kein Wort.«

Meine Mutter ging zur Tür, Frankie kletterte wieder auf den Hocker am Fenster und ich unters Bett. Ich wollte die Polizisten auf keinen Fall ansehen aus Angst, ich könnte meinen Vater verraten.

Von meinem Versteck aus starrte ich auf den Schrank.

Ein einziges Wort von mir könnte verhindern, dass er mir jemals wieder wehtat. Ein Wort. Aber ich hatte zu viel Angst. Wenn sie ihn dann doch nicht mitnahmen, würde er mich umbringen.

Dieses Mal hatte er Glück. An meinem fünften Weihnachtsfest jedoch wurde er schließlich geschnappt, und wir zogen in einen Bungalow, der unserem Großvater Alfie gehörte, während Dad im Gefängnis saß.

5

Bungalow mit Barbie-Friedhof

Wir vermissten unser Leben im Wohnwagen kein bisschen. Im Bungalow hatten wir eine Heizung, Türen mit stabilen Schlössern, größere Zimmer und unseren eigenen Garten zum Spielen.

Meine Mutter genoss es, ihr neues Zuhause einzurichten. In den Wohnwagen, in denen sie immer gelebt hatte, war das meiste an Dekoration bereits vorhanden gewesen und somit nicht viel Raum, um ihnen ihren eigenen Touch zu verleihen. Sie hasste den typischen »Heim und Garten«-Look der Zigeunerfrauen; überall Crown Derby mit Massen von Shire-Horse-Deko und grässlichem Porzellan. Nun aber, mit einem richtigen Haus, etwas Geld, das sie zu ihrer eigenen Verfügung hatte, und keinem Mann, der ihr sagte, was sie zu tun und zu lassen hatte, konnte sie ihren eigenen Stil voll ausleben – der, wie wir schon nach ein paar Tagen feststellten, sehr an Elton John erinnerte.

Jedes Mal, wenn Frankie und ich aus dem Garten kamen, gab es ein neues, noch kunstvolleres Einrichtungsstück, das sie gerade fertiggestellt hatte. Bald hingen vor jedem Fenster lagenweise pastellfarbene gekräuselte Gardinen, und nach ein paar Touren ins Gartencenter waren wir von einer ganzen Truppe römischer Statuen umgeben, die büschelweise Lilien präsentierten.

Während der Monate, in denen mein Vater im Gefängnis saß, wirbelte meine Mutter durch das Haus und lebte eine ganze

Serie von Deko-Szenen à la Doris Day aus. Sie war ständig damit beschäftigt, irgendetwas anzustreichen oder neu zu dekorieren, und sie liebte es, uns dabei zu erklären, was sie da gerade tat. Frankie und ich übernahmen gerne die Rolle des Publikums. Wir saßen da, Frankie mit Jesus, ich mit meinem neuen Liebling Skeletor, während sie hämmerte, abriss und anstrich und dabei wie in einer dieser Heimwerker-Sendungen im Fernsehen beschrieb, was genau sie da gerade mit einem Meter cremefarbener Gardine, ein wenig Goldfarbe und einem Beutel Plastikblumen anstellte.

Ohne unseren Vater herrschte im Haus Frieden und Harmonie. Unsere Mutter war uns gegenüber niemals gewalttätig, wir hatten Spaß mit ihr, und ohne die ständige Angst vor meinem Vater erlebte ich meine glücklichste Zeit.

Wenn wir keine Lust mehr hatten, ihr beim Dekorieren zuzusehen, verbrachten Frankie und ich die meiste Zeit im Garten, wo wir Rezepte aus Matsch, Eiern, Knete, Dosenfleisch und Spinnen ausprobierten. Da wir keinen Pool hatten, saßen wir abwechselnd in einem Zinneimer mit Wasser, und wir bauten unsere eigenen Vogelfallen für die Schwärme von Krähen, die regelmäßig unseren Garten heimsuchten, in der Hoffnung, eine von ihnen behalten und ihr das Sprechen beibringen zu können. Natürlich ist es uns nie gelungen, eine zu fangen, aber als Trostpreis fanden wir hin und wieder eine tote Krähe, die wir dann feierlich beerdigten, samt Grabrede und Sarg.

Nach ein paar Monaten lagen in unserem Garten vier Krähen, eine platte Kröte, etwas, von dem wir glaubten, dass es mal eine Maus gewesen war, und Frankies hässlichste und entbehrlichste Barbiepuppe begraben.

»Old Red Legs ... zu hässlich, um zu leben«, lautete ihre

Grabrede – kurz, knapp und auf den Punkt. Die Puppe hatte Glück, überhaupt eine Rede zu bekommen. Old Red Legs war mit einem Defekt geboren worden, der ihr Schicksal besiegelt hatte; ihre sonst so wunderschönen Beine waren durch einen Fehler ihres Schöpfers so rot wie Schweineblut, was sie im Minirock wirklich peinlich und – nach Ansicht meiner Schwester – wie eine »Psychotante« aussehen ließ. Und so war es nicht überraschend, dass Barbie und Co. sie eines Tages tot auffanden, mit abrasierten Haaren, nackt und schrecklich entstellt, nachdem sie von einem streunenden Hund zerfetzt worden war.

Der massive Einfluss von Horrorfilmen mag einen signifikanten Anteil an unserem Verhalten gehabt haben. Das und die enorme Anzahl an Trauerfeiern, denen wir beiwohnen mussten, die meisten davon für Verwandte, von denen wir noch nie etwas gehört hatten.

Der Tod eines Zigeuners ruft jeden auf den Plan, der auch nur ein einziges Mal die Tageszeit mit dem oder der Verstorbenen gewechselt hat: Es waren nie weniger als fünfhundert Gäste anwesend. Die Autos wurden mit Kränzen geschmückt, und die Trauernden versammelten sich um den Sarg herum, der mit den Habseligkeiten und grellem, plakativem Schmuck für die Verstorbenen gefüllt war, um ihn mit in ein Leben nach dem Tod zu nehmen. Nicht viele Zigeuner glauben heute noch an ein Leben nach dem Tod, aber die Tradition hat den Glauben überdauert. Einige der Särge, die wir als Kinder zu Gesicht bekamen, waren so voll mit Schmuck, Edelsteinen und sogar Zigarettenpackungen, dass die Totengräber sich auf den Deckel setzen mussten, um das Ding zu schließen.

Wir Kinder mussten nicht nur jedes Mal mit zu diesen Veranstaltungen, sondern wurden auch gezwungen, den Leichen einen Abschiedskuss zu geben. Ein Stuhl wurde herangezogen, damit ich mich widerstrebend über den Rand des Sarges irgendeiner alten Frau, die schon seit ein paar Wochen tot war, lehnen und ihr mit einem feierlichen »Lebewohl« einen Kuss auf die eiskalte Stirn drücken konnte – was ich nur über mich brachte, wenn ich meine Augen fest zukniff.

Tante Cissy, Großvater Noahs Tante, war hundert Jahre alt geworden, weil sie – so munkelte man – ihre Seele einer seltsamen Kreatur verkauft hatte, die unter einer Brücke lebte. Tante Cissy war das lebende Ebenbild der Hexe aus *Schneewittchen*, und ironischerweise schenkte sie uns zu Weihnachten und zum Geburtstag immer einen Apfel, in den sie ein Fünfzig-Pence-Stück gesteckt hatte, damit es uns Glück brachte.

Es war schon gruselig genug gewesen, sie anzusehen, als sie noch am Leben war, aber zu wissen, dass wir auf der Trauerfeier ihr totes Gesicht würden küssen müssen, war ein wahrer Albtraum. Frankie und ich versuchten unser Bestes, um dem zu entkommen, aber wir wurden zum Sarg zurückgeschleift und gemeinsam auf den Stuhl gehoben.

Wie gelähmt starrten wir auf ihr orange angemaltes Gesicht mit dem lilafarbenen Lippenstift, umgeben von Locken, die aussahen wie Würstchen und die man um sie herum drapiert hatte, um sie »hübsch aussehen zu lassen«. Ich überwand mich als Erster, kniff die Augen zusammen und lehnte mich nach vorn. Als meine Lippen ihre Stirn berührten, fürchtete ich, sie würden kleben bleiben – ihre Haut fühlte sich an wie ein eingefrorener Truthahn. Frankie folgte, und sie hätte nicht panischer aussehen können, wenn man sie gezwungen hätte, Hundescheiße zu essen.

Unsere Mutter fuhr regelmäßig mit uns zu ihren Eltern: Oma Bettie und Opa Alfie. Unser Vater kam nie mit auf diese Besuche, denn er und Oma Bettie hassten sich aus ganzer Seele. Oma Bettie war eine Expertin, wenn es um Beleidigungen und Herabwürdigungen ging, und sparte sich immer das Beste für meinen Vater auf. Bei den seltenen Gelegenheiten, bei denen die beiden aufeinandertrafen, kämpften sie wie Profis, und zu jedermanns Überraschung zog unser Vater dabei jedes Mal den Kürzeren. Oma Bettie wusste, wie sie ihn mit ein paar Worten k. o. kriegen konnte. Wann immer unsere Mutter also erklärte, dass sie zu ihren Eltern fuhr, sagte mein Vater, er habe zu arbeiten, und verschwand eilig durch die Tür.

Oma Bettie und Opa Alfie lebten noch immer auf dem Stück Land, auf dem meine Mutter aufgewachsen war. Doch all die Dinge, die es so besonders gemacht hatten – der alte Bus, Opa Alfies Waldstück und die Plantage –, waren nur noch ein Schatten ihrer selbst. Meine Mutter sprach immer davon, wie schön es damals gewesen war, aber mittlerweile war alles heruntergekommen, so wie auch unser Großvater abgebaut hatte, der unter Multipler Sklerose litt und vom Hals abwärts gelähmt im Bett lag.

Oma Bettie hatte die Pferde und Ziegen losgebunden in der Hoffnung, sie würden sich durch das hohe Gras und wuchernde Unkraut fressen, das sie selbst nicht länger in Schach halten konnte, aber die Tiere schienen mehr daran interessiert zu sein, das abzufressen, was von den Zäunen übrig war.

Meine Mutter und Oma Bettie gingen raus, um ein Pferd einzufangen, damit Frankie reiten konnte, und ich blieb bei Opa Alfie im Haus. Er saß mit ein paar Kissen abgestützt in seinem Bett, und ich hockte mich neben ihn, hielt seine Pfeife und lauschte seinen Geschichten. Er hatte mir beigebracht, seine

Pfeife zu stopfen, anzuzünden und ihm zwischen den einzelnen Zügen knapp einen Zentimeter vor den Mund zu halten. Ich hatte immer ein großes Glas Limo neben mir stehen, weil ich jedes Mal schrecklich husten musste, während ich mich bemühte, sie nicht ausgehen zu lassen. Opa Alfie brachte mir seine Lieblingsflüche bei und, wie man einen Rauchring in der Größe eines Donuts blies. Dann erzählte er mir und Frankie Gespenstergeschichten, jede von ihnen noch gruseliger als die letzte, und – wie er behauptete – allesamt wahr.

Oma Bettie schnaubte dann jedes Mal: »Hör auf, ihnen Gespenstergeschichten zu erzählen, du alter Narr, und ihre Köpfe mit Unsinn zu füllen. Hört mir mal zu, ihr beide: Wenn ihr tot seid, seid ihr tot, es gibt keine Gespenster.«

»Bei Gott, Bettie«, lachte Opa Alfie dann. »Wenn ich tot umfalle, komme ich zurück und trete dir in den Arsch!«

»Dann los, fall tot um!«

Genau das tat er dann auch, kurz nach meinem sechsten Geburtstag.

Die Tradition schrieb vor, dass wir bei Oma Bettie blieben, bis die Beerdigung vorüber war. Opa Alfie lag in der Mitte des Gästezimmers aufgebahrt, und meine Mutter und ihre Familie saßen bis zum Tag der Beerdigung in Schichten rund um die Uhr an seiner Seite und trauerten.

Es war eine Zeit schlafloser Nächte, endloser Tassen Kaffee und Teller mit Keksen. Während dieser Wochen kamen Freunde und Angehörige aus einem Umkreis von vielen Meilen herbei, um ihm die letzte Ehre zu erweisen, ihre Geschichten zu erzählen und Alfie Lebewohl zu sagen. Der alte Haudegen hatte schon jahrelang nicht mehr so viele Menschen gesehen.

Ich liebte es, ihnen zuzuhören, wenn sie lachend ihre Erinnerungen an ihn austauschten. Einer erzählte von der Bonfire Night – zugleich Großvater Alfies Geburtstag –, als dieser einen Schwan mit nach Hause gebracht und ihn für seine Gäste zubereitet hatte, sehr zu Granny Betties Missfallen.

Meine Mutter war am Boden zerstört. Ihr Vater war der einzige Mensch gewesen, der sie wirklich verstanden und immer auf ihrer Seite gestanden hatte, und nun war er tot. Und da mein Vater noch immer im Knast war, baute sie mental spürbar ab, lag nächtelang wach, sprach kein Wort und starrte nur auf den Fernseher, bis es hell wurde. Wenn wir morgens aufstanden, fanden wir sie genau dort auf dem Sofa liegend, wo wir ihr am Abend zuvor Gute Nacht gesagt hatten.

Obwohl ich meinen Vater liebte und mich darauf freute, ihn zu sehen, wuchs meine Angst vor seiner Brutalität mit jedem Tag, den seine Entlassung näherrückte. Als er zwei Monate nach Opa Alfies Tod in unseren Wohnwagen trat, kam er mir nach der langen Zeit beinahe vor wie ein Fremder, und ich war ein wenig schüchtern, während ich zusah, wie er meine Mutter in den Arm nahm und ihr einen Kuss gab, bevor er mir durch die Haare wuschelte und Frankie in die Luft warf.

Das Gefängnisessen schien ihm gut bekommen zu sein, denn er hatte deutlich an Gewicht zugelegt. Seine Koteletten waren zu dachsgrauen Hörnern geworden. Er sah aus wie der Klack-Pirat in dem Spiel, das Frankie und ich immer spielten.

Zur Feier des Tages machte unsere Mutter einen fetten Braten und kramte sogar ein paar alte Knallbonbons raus, die sie noch hatte. Sie sollten uns von ihren »experimentellen« Kochkünsten ablenken; das Einzige, das nicht so schwarz verkohlt war wie ein Hexenherz, war der Rosenkohl, der feierlich, aber ein wenig atomgrün leuchtete. Wir saßen um Mums amerikanisch dekorierten Esstisch herum, und Frankie und ich hielten uns die Nasen zu, während wir den Rosenkohl hinunterwürgten.

An diesem Nachmittag spielten Frankie und ich draußen im Garten, als unser Vater uns ins Haus rief. »Kommt schnell, ich habe ein Geschenk für euch beide«, sagte er. Wir putzten uns die schmutzigen Hände an unseren Klamotten ab und rannten hinein.

Unsere Mutter stand mit dem Rücken zu uns in der Küche, die Frisur an einer Seite ihres Kopfes wirr und zerzaust. Sie fluchte leise vor sich hin, während sie ein nasses Küchenhandtuch um ihren Arm wickelte. Frankie rannte an ihr vorbei ins Wohnzimmer. »Was ist es? Gib schon her!«, rief sie.

Irgendetwas war ganz und gar nicht in Ordnung; ich konnte es fühlen. Ich wollte das Gesicht meiner Mutter sehen, aber sie drehte sich nicht um. Das machte mir Angst. Widerstrebend folgte ich Frankie, die bei unserem Vater auf dem Schoß saß und einen riesigen bronzenen Pokal mit zwei vergoldeten Boxern auf der Spitze in den Händen hielt.

Mein Vater nahm ihr das hässliche Ding ab und hielt es sich hoch über den Kopf. Hinter mir hörte ich meine Mutter aufwimmern. »Hör auf, Frank.« Er ignorierte sie, stand auf, ließ den Pokal in Frankies Hände fallen und schlug mir leicht gegen den Hinterkopf, als er auf dem Weg in die Küche an mir vorbeikam.

Verwirrt stand ich da und wartete auf eine Erklärung von ihm.

Nach einigem wütenden Gemurmel aus der Küche kehrte er mit meiner Mutter zurück und stieß sie auf die Couch. Er nahm Frankie hoch, gab sie Mom in den Arm, packte dann mich im Feuerwehr-Griff und trug mich zu seinem Sessel, wo er sich hinsetzte, die Beine breit, und mich zu sich heranzog, sodass ich zwischen seinen kräftigen Oberschenkeln stand.

»So. Und jetzt stell sie auch so hin, Bettie«, sagte er zu meiner Mutter.

Mum stellte sich Frankie ebenfalls zwischen die Beine.

Frankie und ich sahen uns von den gegenüberliegenden Seiten des Zimmers aus an.

»Okay«, brüllte er. »Der Sieger bekommt den Pokal.«

»Warum?«, fragte Frankie.

»Weil euer Vater ein mieser alter Bastard ist«, fauchte unsere Mutter.

Die Pranken meines Vaters rissen mir beinahe die Haut von den Schultern, als ich versuchte, mich aus seinem Griff zu befreien. »Ich werde nicht kämpfen«, sagte ich.

Seine Stimme war leise und klang nur mühsam beherrscht. »Wenn du dich weigerst, bekommt ihr beide eine Tracht Prügel, wie ihr sie noch nie erlebt habt.« Dann änderte er die Taktik. »Willst du deinem Bruder denn nicht helfen, Frankie? Willst du etwa zusehen, wie ihm jeden Tag die Scheiße aus dem Leib geprügelt wird, wenn er groß ist?«

»Nein!«

»Also dann.«

Er hatte uns, und er wusste es.

Er zog mir das T-Shirt über den Kopf und riss mich in eine aufrechte Position.

»Die Regeln: Dieser Pokal hier ist nur was für jemanden, der ordentlich zuschlagen kann. Also: Keine Gnade, schlagt dorthin, wo's wehtut, und es wird erst aufgehört, wenn ihr die Glocke hört. Wer aufhört, bevor die Glocke läutet, hat verloren. Wer aufhört zu kämpfen, hat verloren. Wer die Regeln bricht oder anfängt zu heulen, hat verloren.«

Wir hatten keine Wahl. Entweder wir kämpften gegeneinander, oder wir bekamen eine Tracht Prügel von unserem Vater, und wir wussten beide, was schlimmer war. Also kämpften wir; wir bissen, traten, schlugen, kratzten, rissen aneinander, so brutal, wie wir konnten, und beteten, dass er möglichst bald die Glocke läutete. Doch bevor es dazu kam, hatte ich schon verloren. Ich schluchzte hemmungslos und brach jede einzelne seiner Regeln.

In seiner Wut über meine schmachvolle Niederlage gegen ein Mädchen – auch wenn sie doppelt so groß war wie ich – schlug er mich, so fest er konnte, bevor er Frankie den Pokal überreichte. Doch sie weigerte sich, ihn mir unter die Nase zu halten, wie er es ihr befohlen hatte.

Er sagte, es wäre ein Spiel, und gab ihm sogar einen Namen: »Trophy Sunday«. Von nun an mussten wir jeden Sonntag kämpfen, und jeden Sonntag gewann Frankie. Sie war die Tochter ihres Vaters und seines Namens würdiger, als ich es jemals hätte sein können. Und jede Woche, nachdem sie gewonnen hatte, schlug mein Vater mich grün und blau, weil ich verloren hatte.

Frankie konnte es nicht ausstehen, den Pokal hochzuhalten; sie hasste das Ding. Aber so oder so war es nie wirklich unserer. Es war ein Pokal, den mein Vater Jahre zuvor gewonnen hatte, und er wurde jedes Mal nach unserem wöchentlichen Schlagabtausch wieder auf den Sims neben seinem Bett gestellt.

Frankie und ich hegten keinen Groll gegeneinander. Wir kämpften, weil wir keine andere Wahl hatten, und Frankie tat, was sie konnte, um mir zu helfen, wenn er mich nach unserem Kampf durchs Haus jagte.

Von da an schlug er mich noch häufiger als früher. Er brauchte nicht einmal einen besonderen Grund dafür; alles, was ich tat, schien ihn wütend zu machen. Allein schon bei meinem Anblick stellten sich ihm die Nackenhaare auf. Ich lernte, mich möglichst unsichtbar zu machen, sobald er nach Hause kam, und hockte oft bis zum Einbruch der Dunkelheit im Geräteschuppen, um dem Moment zu entgehen, in dem er seine alten Boxhandschuhe aus dem Schlafzimmer holte.

Meine Mutter konnte nicht ertragen, was er tat, doch es stand nicht in ihrer Macht, ihn davon abzuhalten. Und so schloss sie sich jeden Tag aus unseren täglichen »Trainingseinheiten« und den Schreien, von denen sie begleitet waren, aus.

Doch es gelang ihr, mir jeden Tag ein paar Stunden Pause zu verschaffen, indem sie uns beide in einer kleinen Schule ein Stück die Straße hinunter anmeldete.

Hatte die Zeit im Gefängnis meinen Vater verändert? Ich weiß nicht, was mit ihm da drin passiert ist, was er gesehen oder erlebt hat. Er hätte niemals mit mir darüber gesprochen. Doch die Brutalität, die immer schon in ihm geschlummert hatte, schien nun direkt unter der Oberfläche zu lauern. Es brauchte weniger, um ihn explodieren zu lassen, und er brauchte länger, um sich wieder zu beruhigen. Mir war immer schon ein wenig bange vor meinem Vater gewesen, aber jetzt hatte ich eine Höllenangst. Und ich hatte allen Grund dazu.

6

Schule und eine große Stadt

Ich war fünf, und Frankie war sechs, aber meiner Mutter gelang es, uns beide als Zwillinge an der Hawkswood Primary School anzumelden.

An unserem ersten Morgen stopfte meine Mutter mir gleichzeitig das Hemd hinten in die Hose und bürstete Frankie die Haare.

»Und sagt ihnen in Gottes Namen bloß nicht, was ihr seid.«

»Warum nicht?«, quiekte Frankie und versuchte verzweifelt, ihre Kopfhaut festzuhalten.

»Weil sie euch sonst gleich wieder rausschmeißen. Also, Mikey: Wie alt bist du?«

Ich straffte die Schultern und antwortete ihr wie einem Drill-Sergeant: »Ich bin sechs Jahre alt und habe am gleichen Tag Geburtstag wie Frankie.«

»Sehr gut, mein Schatz.« Sie beugte sich zu mir herunter, kniff mir in die Wangen und gratulierte mir mit einem Kuss dazu, dass ich mich erinnert hatte. Ihre seltene Zuneigungsbezeugung überraschte mich, und ich wurde ganz rot vor Freude. »Wenn euch jemand fragt, sagt ihr einfach nur das, okay?«

Frankie sprang von ihrem Hocker und griff nach unseren Lunchpaketen.

»Okay«, antworteten wir im Chor.

Unsere Mutter betrachtete uns mit einem stolzen Lächeln.

»Na dann los, ihr Kröten, ich will ja nicht, dass ihr meinetwegen an eurem ersten Schultag zu spät kommt.«

Wie allen Zigeunerkindern vor uns hat man auch uns von Anfang an eingetrichtert, den Gorgias nicht zu trauen. Und besonders misstrauisch stehen Zigeuner den Schulen der Gorgias gegenüber. Nicht nur, weil sie der Ansicht sind, dass sie keine schulische Ausbildung brauchen, um zurechtzukommen, sondern weil sie Angst haben, ihre Kinder könnten von den Gorgias zu sehr beeinflusst werden, zu viel über deren Lebensweise lernen und sich unwiderruflich verändern. Das Volk der Zigeuner ist altmodisch und – leider – sehr verbittert. Sie leben, atmen, schlafen, trauern, lieben und sorgen nur für ihre eigenen Leute. Sie mögen die Art, wie andere ihr Leben führen, nicht und misstrauen ihr. Deshalb vermeiden sie den Kontakt zu anderen Völkern aus Angst, sie könnten eines Tages gezwungen sein, sich von ihrer einst so stolzen Lebensweise zu verabschieden und so zu werden wie alle anderen.

Die Wurzeln dieses Misstrauens reichen zurück in die Zeit, in der die Zigeuner auf der ganzen Welt unter Hass und Verfolgung gelitten haben. An kaum einem Ort hat man sie willkommen geheißen oder auch nur toleriert. Vor fünfhundert Jahren war es völlig normal, einen Zigeuner auf der London Bridge aufgespießt zu sehen, und in jedem Religionskrieg waren sie die Ersten, die unter Beschuss gerieten, weil man sie als Heiden und gottlose Hexer abkanzelte. Im Zweiten Weltkrieg waren viele von ihnen leichte Beute. In der Hoffnung auf Unterschlupf klopften sie unter Hitlers Angriffen an die Türen der Bauern und wurden ins Gefängnis und in Konzentrationslager gesteckt, wo sie gefoltert und getötet wurden.

Mit dieser Vergangenheit im Rücken glauben die Zigeuner –

vielleicht nicht ganz unverständlich –, dass sie nur deshalb überlebt haben, weil sie unter sich geblieben sind und sich vom Rest der Welt abgeschottet haben. Und so haben sich die Vorurteile auf beiden Seiten nur noch verhärtet. Das ist schade, sowohl für die Zigeuner, die alle anderen hassen und ihnen misstrauen, als auch für die anderen, die niemals die humane, großzügige Seite der Zigeuner kennenlernen.

Keines der anderen Zigeunerkinder in unserer Gegend ging zur Schule. Das Schulamt ließ uns in der Regel in Frieden, weil niemand besonders heiß darauf war, in unsere Camps zu kommen. Wir jedoch wohnten in einem Bungalow, wo die Teerhaufen, der Müll und der grell orangefarbene Laster meines Vaters schon jetzt unsere Nachbarn verärgerten. Es war nur eine Frage der Zeit, bis man uns melden würde.

Aber meine Mutter wollte von sich aus, dass wir zur Schule gingen. Unser Vater und unsere Großeltern auf beiden Seiten konnten nicht lesen und schreiben. Mum konnte ein bisschen schreiben, aber nur so, wie man es sprach, und in Großbuchstaben. Sie wünschte sich mehr für uns, und ihr gefiel die Idee, dass wir lesen und schreiben lernten und gleichzeitig für ein paar Stunden aus der Schusslinie unseres Vaters sein würden.

Wir schafften es genau zwei Wochen.

Innerhalb von zwei Tagen hatte Frankie den Inhalt der Schreibtischschublade unserer Lehrerin mit nach Hause gebracht, und ich hatte einen Goldfisch geklaut. Während der Mittagspause hatte ich in das private Aquarium unserer Lehrerin, Mrs Trout, gegriffen und den kleinen blinden Passagier in meine Tasche gleiten lassen. Er starb in der Vorlesestunde etwa eine halbe Stunde später, und weil ich mich schuldig fühlte, gestand ich es.

Die verwirrte Mrs Trout entschied, dass sie von nun an in jeder Mittagspause zwischen uns sitzen würde, um sicherzustellen, dass sich so etwas nicht wiederholte. Von diesem Tag an saßen wir also mit unseren Tabletts rechts und links neben ihr und beobachteten mit weit aufgerissenen Augen, wie sie sich ihren Salat reinschaufelte, während ihre lockeren Zahnprothesen jedes Mal drohten, ihr aus dem Mund zu fallen.

Dann kamen die Fragen.

»Und, Mikey, wie alt bist du eigentlich?«

Ich stieß einen klitzekleinen Schrei aus. »Ich bin sechs Jahre alt und habe am gleichen Tag Geburtstag wie Frankie!«

»Tatsächlich? Wie interessant.«

»Warum?«, fragte Frankie sofort.

»Nun, meine Liebe, weil du so viel größer bist als dein Bruder.«

Wir drei saßen schweigend da und kauten auf unserem Essen. Ich spürte, wie mir eine Schweißperle über die Stirn rollte.

»Ich muss nach der Schule mal mit eurer Mutter sprechen. Ob sie wohl einen kurzen Moment Zeit für mich hat?«

»M-hm«, antwortete Frankie und lutschte an ihrem gebutterten Brötchen.

»Und wieso nicht?«

Frankie hob den Kopf, und eine Butterpfütze verteilte sich über ihre Wangen.

»Weil sie Sie für eine alte Fotze hält.«

Mit glühenden Wangen griff Mrs Trout nach ihrem Tablett und ging mit steifen Schritten an einen anderen Tisch. Frankie kicherte leise in sich hinein und hörte sich an wie ein Delfin, während sie ihre Suppe schlürfte.

Ein paar Tage später tauchte eine Frau, die sich selbst Tante

Gertie nannte, auf dem Schulhof auf und besuchte uns von da an jeden Tag. Eines Tages fragten die Lehrer uns, ob sie eine Verwandte von uns sei, und obwohl wir sie vorher noch nie gesehen hatten, nickten Frankie und ich überschwänglich. Man hatte uns beigebracht, alle Erwachsenen Onkel oder Tante zu nennen. Das gehörte zur guten Erziehung.

Mrs Trout und ihre Kollegen, die unsere Angewohnheit leid waren, alles mitgehen zu lassen, was nicht niet- und nagelfest war, waren froh, dass es jemanden gab, der ein Auge auf uns hatte.

Wir mochten Tante Gertie; sie brachte uns ein paar ordentliche Schimpfwörter bei und kam nie ohne ein paar Spielsachen oder Süßigkeiten in den Taschen. Als sie also eines Tages während der Mittagspause vorschlug, einen kleinen Spaziergang zu machen, dachten wir, das wäre eine gute Idee.

Wir waren etwa eine Meile weit gekommen, als zwei Streifenwagen neben uns auf dem Bürgersteig anhielten. Frankie und ich wurden in einen davon gezogen, während die Polizisten Tante Gertie gegen eine Wand drückten und sie wegen Kindesentführung festnahmen.

Bei all den gesichtslosen Verwandten hatten wir keinen Überblick, wer zu unserer Familie gehörte und wer nicht. Aber Tante Gertie gehörte ganz offensichtlich nicht dazu, wie wir nun herausfanden. Sie war nur eine Irre aus der Gegend, die Gefallen an uns gefunden hatte.

Nach diesem kurzen Ausflug in die Schule hockten wir also wieder zu Hause und durften nicht mal das Haus verlassen, während unsere Mutter das Trauma verarbeitete, das die Schule ihr und uns beschert hatte. Frankie und mir machte es nicht wirklich etwas aus, wir waren bloß froh, nicht mehr so früh aufstehen zu müssen, und vergnügten uns einfach wieder zu Hause.

Unsere Spielsachen leisteten uns dabei gute Gesellschaft. Sie wurden unsere besten Freunde und entwickelten bald ihre eigenen Charaktere. Für Frankie waren es Jesus, die Barbies und ihre stetig neuen Cabbage-Patch-Puppen, die Old Noah ihr nach wie vor zuverlässig zukommen ließ. Bei mir gab es neben meinem Action-Man-Panzer, den ich als Pinkelpott benutzte, eine Dracula-Puppe, die im Dunkeln leuchtete, einen Ofenhandschuh in Form eines Krokodils, das ich Grandma Buggins nannte, und natürlich meine He-Man-Figuren. Mein absoluter Liebling war He-Mans Erzfeind Skeletor, der blaue, muskelbepackte Schurke mit einem Totenschädel als Gesicht und einem Ziegenkopf auf einem Stock als Waffe. Ich liebte ihn so sehr, dass ich die anderen Figuren eigentlich nur haben wollte, um sie von ihm vermöbeln oder lebendig im Garten begraben zu lassen, und verließ niemals das Haus, ohne ihn irgendwie mit rauszuschmuggeln.

Meist luden Barbie und ihre Freunde He-Man und seine Kumpel zum Essen ein. Ich plünderte sogar Frankies Kiste mit den Puppensachen, um sie dem Anlass entsprechend zu kleiden. Leider waren sie so muskelbepackt, dass ihnen nichts davon passte, also löste ich das Problem, indem ich drei Löcher in meine Socken schnitt, um ihnen daraus ein Abendkleid zu machen.

Doch am liebsten spielten wir immer noch die verbotene Tante Sadly. Dazu trug ich eins von Frankies Nachthemden und ihre jetzt nicht mehr benötigte marineblaue Schulstrumpfhose, in die ich kleine Steinchen geschoben hatte, damit es aussah, als hätte ich Krampfadern an den Beinen, so wie Mrs Trout. Und nachdem Frankie mir gezeigt hatte, wie eine Dame sich zu verhalten habe, stand ich im Laden, während meine »Nichte« auf Shoppingtour durchs Haus zog.

Eines frühen Morgens spielten wir dieses Spiel, während unsere Eltern noch schliefen. Frankie legte mir gerade im Bad mein Make-up auf, als wir Geräusche aus dem Schlafzimmer hörten. Unser Vater war wach und auf dem Weg ins Bad. Ich stolperte rückwärts in Frankie hinein, ruckelte mit den Schultern und zeigte auf den Knoten, mit dem das Nachthemd hinten in meinem Nacken zusammengebunden war. »Mach ihn auf, schnell«, flüsterte ich.

Frankie fummelte und zerrte, aber in ihrer Panik zog sie den Knoten nur noch fester und erwürgte mich halb. Ich drückte mein Gesicht in ein trockenes Handtuch und versuchte verzweifelt, mir die Schminke abzuwischen.

»Was zur Hölle treibt ihr hier?«

Frankie stieß ein Grunzen aus. »Augenblick, Dad, ich sitz auf'm Klo.«

»Ich weiß, dass ihr beide da drin seid. Macht die Tür auf – sofort.«

Widerstrebend öffnete Frankie die Tür.

Dad stürmte herein und fand uns beide mit unseren schicken Kleidern und geschminkten Gesichtern, nur dass meins jetzt vollkommen verschmiert war. Die Wutausbrüche unseres Vaters wurden zunehmend häufiger und heftiger, nicht nur, wenn er mich trainierte, sondern immer, wenn das Monster Besitz von ihm ergriff. Und genau das geschah jetzt.

Ich wurde in die Prügelkammer geschleift, die neue und absolut passende Bezeichnung für mein Zimmer. Und nach den Schlägen, die ich an diesem Tag bekam, mussten wir Tante Sadly endgültig beerdigen: Ihre Anwesenheit im Haus war zu riskant geworden. Wir beerdigten sie hinten im Garten bei den anderen Leichen. Sie fehlte uns beiden sehr.

Ich beneidete meine Schwester. Als Mädchen war sie unantastbar. Ich liebte sie, verehrte und hasste sie gleichzeitig. Sie bekam nie irgendwelche Fäuste, Gürtel oder Stiefel zu spüren, wurde nie gehasst, gedemütigt oder verhöhnt. Sie war die Tochter meines Vaters, war ihm ähnlicher, als ich es jemals sein würde, und in Sicherheit, allein aufgrund ihres Geschlechts.

Old Noah schwebte über meinem Vater wie ein Gespenst und erinnerte ihn ständig daran, dass er weniger wert war als Tory und sogar Torys stramme Jungs. Und mein Anblick rieb noch Salz in seine Wunden. Mit jedem Tag wuchs die Abneigung, die mein Vater gegen mich empfand, und mein Körper verwandelte sich in eine endlose Ansammlung von Prellungen und Blutergüssen.

In mancher Hinsicht allerdings zeigte das Training Wirkung. Mit der Zeit lernte ich, die meisten Schläge auszuhalten, ohne zu weinen oder auch nur zu zucken. Doch statt sich darüber zu freuen, betrachtete mein Vater es nur als eine neue Herausforderung. Wenn ich nicht vor Schmerz schrie, war er nicht zufrieden. Er suchte nach Wegen, mich zu »testen« – mit Gürteln, Stöcken, Stiefelabsätzen und sogar Barbiepuppen, mit denen er über meine Beine peitschte und Striemen hinterließ, aus denen das Blut quoll. In Wahrheit war es kein Test, kein Training, sondern die Strafe dafür, dass ich die Erwartungen meines Vaters nicht erfüllte. Ich war nicht der Sohn, den er sich erträumt hatte, und das würde er mir niemals verzeihen.

Als ich sechs war, durfte ich mich in seiner Gegenwart nicht mehr blicken lassen oder etwas sagen, ohne dass er mich zuerst angesprochen hatte. Ich war ein stilles Gespenst, voller Angst, seinen Zorn zu erregen, einfach nur, weil ich existierte.

Als ich sechseinhalb war, wurde unsere Mutter krank und musste ins Krankenhaus. Granny Bettie kam, um sich um uns zu kümmern, bis sie wieder nach Hause durfte, und Mum versicherte uns, dass es ihr gut gehe und sie uns eine Überraschung mitbringen würde. Und etwa eine Woche später tat sie das auch: Sie brachte uns einen kleinen Bruder. Wir hatten keine Ahnung, wo Babys herkamen, und waren auch nicht in der Position, zu fragen, es sei denn, wir wollten uns eine Ohrfeige einfangen. Also mussten wir davon ausgehen, dass sie den kleinen Henry-Joe im Krankenhaus gekauft hatten, so, wie Frankie ihre Babys im (nun geschlossenen) Geschäft von Tante Sadly gekauft hatte.

Henry-Joes Ähnlichkeit mit unserer Mutter war von Anfang an unverkennbar. Er hatte helle Haut und rote Haare, und sein Kopf hatte die Form eines perfekten kleinen Äpfelchens. Keine Spur von der Familie meines Vaters.

»Er ist einer von uns, Frank, das kannst du nicht leugnen«, krächzte Granny Bettie bei seiner Ankunft.

Und das konnte er tatsächlich nicht. Die Trauer meiner Mutter um ihren eigenen Vater verwandelte sich in Liebe zu einem Kind, von dem sie fest entschlossen war, dass mein Vater und seine Familie es nicht in die Finger bekommen würden. Und Henry-Joes Aussehen, sein Charakter und die konstante Überwachung von Seiten meiner Mutter retteten ihn. Mein Vater musste sich damit abfinden, dass er noch immer ohne einen Erben war.

Frankie und ich betrachteten den Neuankömmling mit einer Mischung aus Ehrfurcht, Zuneigung und Horror. Wir hatten noch nie ein Baby so viel weinen hören. Es hörte einfach nicht auf, besonders nachts, bis einer unserer Eltern aufstand, mit ihm ins Auto stieg und herumfuhr, nur damit er wieder einschlief.

Ich fand Henry-Joe faszinierend und konnte den Blick nicht von ihm wenden, wenn unsere Mutter ihn auf dem Schoß hielt. Frankie, die ein wenig eifersüchtig war, holte Jesus wieder unter dem Bett hervor. Sein altersschwaches Vibrieren und Krächzen bereitete ihr weit weniger Kummer als Henry-Joe unseren Eltern. Frankie und ich stopften uns Socken in die Ohren, bevor wir schlafen gingen, nur um seine mitternächtlichen Schreie nicht hören zu müssen.

Eines Nachts, ein paar Wochen nach Henry-Joes Geburt, hallte das Gebrüll unseres Vaters durch den Flur. »Los, aufwachen! Wir fahren nach London, Lichter gucken.« Wir verließen kaum jemals das Haus, aber hin und wieder machte unser Vater so was und fuhr mit uns allen einfach mitten in der Nacht irgendwohin, wenn ihm die Laune danach stand.

Ich sprang aus dem Bett und tippelte ins Wohnzimmer. Meine Mutter kämpfte gerade mit dem weinenden Henry-Joe und einer Windel, während sie gleichzeitig versuchte, Eyeliner aufzutragen.

»Schnell, hol deine Sachen und zieh dir was Warmes über.«

Ich lief in Frankies Zimmer; sie zog Jesus gerade ein paar von ihren Leggings an. »Ich nehme ihn mit, damit er Big Ben sieht«, sagte sie, und zu Jesus quietschte sie mit hoher Babystimme: »Jawohl, Babylein, ich nehme dich mit zur Queen.«

Ich rannte zurück in mein Zimmer und wäre vor Aufregung beinahe mit dem Kopf voran gegen den Türrahmen gedonnert. Schnell griff ich in meine Schublade, zog meinen Lieblings-Darth-Vader-Pyjama über und holte Skeletor aus seinem Haus.

»Kommt schon«, rief unsere Mutter mit dem zappelnden, weinenden Henry-Joe auf dem Arm. Unsere kostbaren Güter fest in den Armen, polterten wir den Flur hinunter. »Und nehmt euch eine Decke mit, damit ihr nicht friert.«

Ich lief zurück, schnappte mir meine Decke und wickelte sie mir um die Schultern wie einen viel zu großen Hermelinmantel. Durch das Fenster konnte ich hören, wie mein Vater draußen den Motor aufheulen ließ.

Die Nacht war kalt und klar, als Frankie und ich ins Auto sprangen und uns über die Rückbank hinweg angrinsten, während wir vor Freude mit den Beinen strampelten. Nach wenigen Meilen verwandelten sich Henry-Joes Schreie in ein leises Wimmern, und er schlief ein. Frankie und ich saßen barfuß auf der Rückbank und ließen unsere Spielzeugfiguren stumm zu Mums Barbra-Streisand-Kassette singen.

Unter Frankies Händen konnte Jesus eine echt gute Barbra-Streisand-Interpretation hinlegen, obwohl ich mir sicher war, wenn er lebendig gewesen wäre, hätte er sich darüber in Grund und Boden geschämt.

Ich liebte es, nachts Auto zu fahren; das leise Brummen unter meinen nackten Füßen und die regelmäßigen Lichter der Laternen und Reflektoren, die sich in meinem Fenster spiegelten, versetzten mich in tiefe Trance.

Skeletor saß auf meinem Schoß und plante seine nächste Übernahme der Weltherrschaft, während ich meinen Kopf gegen die Scheibe lehnte, um ihr kaltes Vibrieren zu spüren. Beruhigende Saxofonklänge drangen aus Mums UB40-Kassette. Mein Vater zündete sich die nächste Zigarette an; seine Goldringe klackerten gegen die Fensterscheibe, wenn er die Asche aus dem Fenster schnippte. Ich zog mir die Bettdecke bis ans Kinn.

London: die Heimat von Mary Poppins, Oliver Twist und der Hexe aus dem Film *Die tollkühne Hexe in ihrem fliegenden*

Bett. Ich kannte all die Lieder aus diesen Filmen, aber ich fragte mich, ob es wohl wirklich so sein konnte wie im Fernsehen.

Immer wieder döste ich ein, bis meine Schwester mich anstieß. »Wach auf, schnell. Guck mal.«

Sie beugte sich über mich und zeigte auf eine riesige Säule, die von vier gigantischen schwarzen Löwen bewacht wurde. Es gelang ihnen, majestätisch, heroisch und finster zugleich auszusehen. Wir drückten die Nase an die Heckscheibe, als wir an ihnen vorbeifuhren und sie hinter uns zurückließen. Ein alter Mann saß zwischen den Vorderpfoten eines der Monster, wie ein Junges in dessen Schutz, und lehnte den müden Kopf gegen die steinerne Brust der Bestie. Der Anblick erinnerte mich an mich selbst, wenn mein Vater mich zwischen seinen Beinen hielt.

Abgrundtiefe Traurigkeit überkam mich. Ich sah zu meinem Vater, der gerade eine Zigarette zwischen seinen Lippen herauszog und erzählte, dass vor vielen Jahren eine Hexe die Löwen dort platziert und in Stein verwandelt hätte. »Aber nachts werden sie lebendig und gehen auf die Jagd nach kleinen Jungs und Mädchen«, schloss er mit einem finsteren Lachen.

Ich sah noch einmal zurück. Es war schon spät in der Nacht, aber die Löwen waren noch immer in ihrem schwarzen Tod erstarrt. Doch ich schwieg, denn ich wusste, was meinen Vater anging, so konnte ich niemals recht haben.

Hin und wieder hatte ich ihn dabei ertappt, wie er mich beobachtete, wenn ich mit Skeletor redete oder döste. Seine schwarzen Augen lagen tief in ihren Höhlen, das Weiße darin so Gelb wie Gift. Das Monster in ihnen funkelte wie eine Gorgone; es ließ mich erstarren und auf der Stelle zu Stein werden.

Ich saß da, die Nase gegen die Scheibe gedrückt. Die Stadt dort draußen war so unglaublich groß. Wenn ich jetzt aus dem

Auto sprang, dachte ich, würden sie mich niemals wiederfinden. Ich wäre frei. Ich könnte mich einer Bande anschließen wie der von Fagin und meine Tage damit verbringen, anderen Menschen die Geldbörse zu klauen. Und ich könnte, sooft ich wollte, herkommen und bei dem Löwen sitzen. Für einen Moment erschien mir diese Aussicht wundervoll. Doch ich wusste, dass es kein Entkommen gab. Der einzige Ort, an den ich gehen würde, war zurück in den Bungalow, in meine Prügelkammer.

Eines Tages, sagte ich mir, würde ich in dieser riesigen Stadt leben. Hier würde ich hingehen.

7

Willkommen in Warren Woods

Als wir ein gutes Jahr im Bungalow wohnten, kam unser Vater eines Tages mit der Nachricht, dass in der Nähe seiner Familie ein neues Zigeunerlager gebaut würde. Er hatte dort bereits einen Stellplatz gekauft, einen funkelnagelneuen Wohnwagen und einen neuen Laster, um uns alle dorthin zu verfrachten. Wir kehrten zu unseren Wurzeln zurück.

Und so packten wir unsere Sachen und zogen in unser neues Leben, nur wenige Meilen von Tory Manor, West Sussex entfernt.

Die Straße, die zu unserem neuen Zuhause führte, war lang und gerade, mit Bäumen auf beiden Seiten, die so hoch waren, dass ihre Äste sich über den Dächern der vorbeifahrenden Autos die Hand reichen konnten und auf einen kleinen Jungen wirkten wie ein riesiger dunkler Wald, von einer Straße durchteilt, die man aus seiner wuchernden Wildnis förmlich hatte heraushauen müssen.

Frankie klebte auf der linken Seite am Fenster, ich an der rechten. Ich fragte mich, ob wohl jemals jemand es gewagt hatte, in diesen Wald vorzudringen, um herauszufinden, wer darin lebte.

»Ich will nicht, dass ihr beide loszieht und durch den Wald streift«, sagte unsere Mutter und zupfte sich im Rückspiegel einen Klumpen ihrer schweren blauen Mascara aus den Wimpern, während sie gleichzeitig mit Henry-Joe auf ihrem Schoß hantierte. »Habt ihr mich verstanden?«

»Warum?«, fragte Frankie.

»Weil darin eine Hexe lebt«, gab unsere Mutter zurück.

»Hab ich mir schon gedacht.«

Hin und wieder kamen wir an einzelnen Häusern vorbei, die tief im Wald lagen, als hätten die Blätter sie verschluckt und würden sie nun langsam verdauen.

»Kennen wir irgendwen im Camp?«, fragte Frankie und kratzte sich unter ihrem Rüschenkleid.

»Ja«, sagte unser Vater. »Und solange es eurer Granny Ivy nicht gut geht, müssen wir hier wohnen und euch zur Schule schicken.«

»Was ist mit ihr, Dad?«, fragte ich.

»Es geht ihr einfach nicht gut, Mikey.«

Granny Ivy war immer krank. Ich dachte, es müsse etwas damit zu tun haben, dass sie kleinwüchsig war. Mittlerweile war ich schon größer als sie, und sie trug immer diese gruselige Gasmaske, die ihr half, zu atmen.

»Schule?«, rief Frankie. »Das ist doch was für Gorgias.«

»Ihr zwei müsst zur Schule gehen. Sonst werden Leute kommen und euch fortbringen, wenn ihr nicht geht«, sagte unsere Mutter und blickte von ihrer Schminktasche auf. Henry-Joe hatte sie sich unter den Arm geklemmt. »Ihr werdet mit den anderen Kindern aus dem Camp hingehen. Ihr werdet also nicht die Einzigen sein. Und ich melde euch wieder als Zwillinge an, dann seid ihr zusammen.«

Wir wussten, dass wir fast da waren, denn unsere Mutter hatte eine dicke Schicht korallenfarbenen Lippenstift aufgetragen und machte sich jetzt an eine weitere Lage ihrer blauen Mascara.

»Wann fangen wir an?«, fragte Frankie.

»Montagmorgen. Ich und eure Tante Nancy wechseln uns ab, euch alle hinzubringen und wieder abzuholen.«

»Ziehen Olive und Twizzel auch hierher?«

»Ja, verdammt!«, brüllte unser Vater. »Und jetzt zieht euch die Scheiß-Jacken an.«

Frankie zappelte aufgeregt, rutschte auf ihrem Hintern hin und her und strampelte mit den Beinen. Wir hatten unsere Cousinen nicht mehr gesehen, seit Frankie ihnen während eines Besuchs bei uns im Bungalow im Schlaf Limetten-Wackelpudding in die Unterhosen geschüttet hatte.

Der Blinker auf meiner Seite leuchtete auf, doch es dauerte noch eine Weile, bis wir die Einfahrt zu unserem neuen Zuhause erkennen konnten. Frankie kletterte über meinen Schoß, um besser sehen zu können.

Irgendwie war es ihnen gelungen, mit dem Bulldozer tief in den Wald vorzudringen und eine riesige freie Fläche zu schaffen. Das Camp war größer als alle, die ich jemals gesehen hatte; so groß, dass ich nicht erkennen konnte, wie weit es noch nach hinten ging. Es sah aus, als wäre ein gigantischer Meteor vom Himmel gefallen und hätte diese Fläche hier geschaffen. Nach der Dunkelheit des Waldes war es auf der Lichtung so hell, dass unsere Augen sich an das Licht erst gewöhnen mussten.

Der Eigentümer des Camps, ein Mann mit einem Gesicht wie ein Sack Kartoffeln, lehnte sich ins Autofenster, um uns zu begrüßen. Während er mit unseren Eltern redete, blickten Frankie und ich uns mit großen Augen um. Die Lichtung sah aus wie ein riesiger Sumpf. Kein einziger Grashalm, kein Baum, nur Schlamm und Wasser und einige hohe Säulen mit Metallstufen an der Seite und dicken Stromkabeln auf der Spitze.

Wir stiegen aus dem Auto, und ich stellte mich an die Mauer, die mindestens dreimal so hoch war wie ich. An ihr hing ein riesiges weißes Schild, auf das man mit geschmolzenem Gummi in großen roten Buchstaben »Willkommen, Traveller, im Warren Woods Caravan Park« geschrieben hatte.

Während unser Vater den Laster parkte, drückte unsere Mutter Henry-Joe ein wenig fester an ihre Brust und führte uns zu der leeren Parzelle, die von nun an unser Zuhause sein würde. Unser Vater watete durch ein Meer aus Schlamm zu uns zurück.

»Das ist es, ihr Kröten«, sagte unsere Mutter. Ich mochte es, wenn sie uns ihre Kröten nannte, denn das hieß, dass sie gute Laune hatte. Wir starrten auf das Stückchen Land. Außen herum hatte jemand eine rote Schnur gespannt, um den Standort unserer Mauern zu markieren. Der Boden innerhalb dieser Abtrennung war geebnet worden. Die Parzelle war so groß wie ein Feld, und mit einem dieser elektrischen Totempfahle, der daraus hervorragte, sah es aus, als wäre mitten darin ein riesiges Piratenschiff versunken.

Frankie befreite sich mit einem Freudenschrei aus Mutters Griff und machte genau drei Schritte, bevor sie mit dem Gesicht voran in den fußtiefen Schlamm fiel. Ein comicartiges Furzen ertönte, und ich machte mir beinahe in die Hose vor Lachen.

Unser neuer Wohnwagen war so groß, dass er in zwei Hälften geliefert wurde, und dennoch bot er nur einen Bruchteil von dem Platz, den wir im Bungalow gehabt hatten. Frankie und ich mussten uns wieder ein Zimmer teilen, und das war so klein, dass unser Vater kaum durch die Tür passte. Wir hatten auch wieder ein Etagenbett, und da ich derjenige mit der höchsten Unfallquote war, wurde ich nach unten verbannt.

Obwohl er brandneu war, unterschied sich der Wohnwagen

kaum von unserem letzten. Alles war braun, mit einem Klecks Orange und Holzimitat an den Wänden. Und sobald sie ihn zusammengesetzt und den Teppich verlegt hatten, waren Frankie und ich für die nächsten Tage dort eingesperrt wie zwei Gefangene. Es regnete nonstop, und unsere Mutter weigerte sich, uns nach draußen zu lassen, weil sie nicht wollte, dass wir ihr den neuen leuchtend pinkfarbenen Teppich mit Schlamm versauten.

Wir hatten einen Elektrokasten, der durch ein Kabel direkt mit dem Strommast verbunden war, und so hatten wir es warm und konnten Videos gucken. Was wir auch taten – den ganzen Tag. Unsere Eltern sahen wir erst, wenn sie im Dunkeln hereinkamen, entweder mit einem Eimer Kentucky Fried Chicken oder Fish and Chips. Wir hockten auf dem Sofa, schauten aus dem Fenster und sahen zu, wie die LKWs bergeweise Steine abluden, die mein Vater und die anderen Männer dann auf dem Matsch verteilten. Nur wenige Schritte von unserem Vater entfernt stand unsere Mutter mit Henry-Joe vor dem Bauch und einem großen schwarzen Schirm gegen den Regen.

Weitere Wohnwagen kamen und verschwanden in den Tiefen des Kraters, und weitere Männer erschienen, um beim Steineschleppen zu helfen. Das Camp nahm allmählich Formen an.

In der Zwischenzeit warteten zwei Dinge auf mich, die mir Angst machten: die Schule am Montag und – weit schlimmer – mein erster Abend im Boxclub ganz in der Nähe von Onkel Torys Haus drei Tage später. Jedes Mal, wenn mein Vater in den Wohnwagen kam, erinnerte er mich daran.

Eines Nachmittags kam er hereingepoltert und schaltete den Wasserkocher ein. Ich, einen Kissenbezug als Haube auf dem Kopf, war gerade damit beschäftigt, zu schreien, denn ich war ein Findelkind, das Olive, Twizzel und Frankie im Wald gefunden hatten. Er stand über mir; sein Blick riss mich in Stücke und gab mir das Gefühl, wertlos zu sein. Ich hätte es vorgezogen, wenn er mich zu Brei geschlagen hätte.

»Bereit zu kämpfen?«

Allein das Wort ließ meine Eingeweide in sich zusammenfallen. »Japp«, antwortete ich in dem Versuch, enthusiastisch zu klingen, was mir jedoch gänzlich misslang.

Ich zog mir die Haube vom Kopf und lief aus dem Zimmer. Da ich wusste, dass er vermutlich nach mir treten würde, presste ich beide Hände auf die Pobacken, als ich an ihm vorbeirannte, voller Zorn auf mich selbst, weil ich mich wieder hatte erwischen lassen.

Ich wünschte, ich könnte mehr so sein wie die Söhne meines Onkels, Tory und Noah: harte, kämpferische Jungs, die ihren Vater stolz machten. Ich war kein bisschen wie sie – und mein Vater wusste es. Ich war hoffnungslos als Boxer, und auch das wusste er. Noch immer gewann Frankie jeden Sonntag den Pokal, und ich dachte, vielleicht sollte er besser sie mitnehmen.

Zwei Tage später hatten wir unseren ersten Tag an der St Luke's Primary School, ein paar Meilen die Straße hinauf, zusammen mit einer Handvoll anderer Kinder aus unserem Camp. Das örtliche Schulamt hatte offensichtlich weniger Skrupel als das an unserem letzten Wohnort und erschien regelmäßig in den Zigeunerlagern, um dafür zu sorgen, dass die Kinder zur Schule gingen.

St Luke's wusste, dass wir kamen, und die Gorgia-Eltern dort hatten darauf bestanden, dass wir von ihren Kindern getrennt unterrichtet wurden. Am Ende einigte man sich auf einen Kompromiss: Vormittags wurden wir getrennt unterrichtet, doch nachmittags nahmen wir am regulären Unterricht teil.

Morgens saßen wir in einem eigenen winzigen Klassenzimmer, das gut ein ehemaliger Besenschrank hätte sein können, und wurden von unserer eigenen Lehrerin unterrichtet: Mrs McAndrew, eine Vision in Herbsttönen, mit Armen wie Orangensäcke und einer Frisur wie ein Vogelnest.

Neben Frankie und mir waren noch Olive und Twizzel, Jamie-Leigh Bowers und drei der fünf Donoghue-Kinder dabei.

Die Donoghues waren irische Traveller, die erst kürzlich ans hintere Ende unseres Camps gezogen waren und behaupteten, das neue Volk der Zigeuner zu sein. Einmal abgesehen von unserer Mutter waren wir eine dunkelhäutige Rasse. Sie dagegen hatten eine Haut wie Schweineschmalz, rotblondes Haar und waren übersät mit Sommersprossen.

Die meisten Nicht-Fahrenden schieben alle Fahrenden in dieselbe Ecke. Aber die Roma und die Irish Travellers haben nichts miteinander gemein. Beide Völker haben sehr stolze Ursprünge. Aber die Roma waren bereits seit Jahrhunderten da, bevor es die Irish Travellers gab. Viele Jahre lang dienten die Irish Travellers den Roma als Arbeiter. Doch mit der Zeit gingen sie ihrer eigenen Wege, wobei sie die Werte und die Lebensweise der Roma imitierten. Seitdem ist es den Irish Travellers gut ergangen, und sie haben eine tiefe Abneigung gegen die Roma entwickelt, die einst ihre Herren und Meister waren. Heutzutage halten die Roma immer die Augen offen, egal wo sie hinkommen, für den Fall, dass irgendwo Irish Travellers in der Gegend sind, die sie angreifen könnten. Die beiden Völker empfinden nichts als Verachtung füreinander, und der Krieg zwischen ihnen zerstört bereits seit langer Zeit die Kultur der Zigeuner.

Bei ihrem ersten Zusammentreffen schüttelte Tyrone Donoghue meinem Vater die Hand und sagte: »Wir Iren werden dieses Land hier übernehmen, Frank.«

Die Leute nahmen ihn nicht ernst, weil er so albern aussah. Er war ein kleiner, stolzer Mann mit einem Gesicht wie ein Frettchen. Doch trotz der generellen Feindseligkeit zwischen unseren beiden Völkern mochte mein Vater ihn auf Anhieb, und die beiden gingen oft abends zusammen in den Pub.

Die Kinder der Donoghues sprachen mit einem so breiten irischen Akzent, dass wir sie selbst nach zwei Wochen einfach nicht verstehen konnten. Und unsere Lehrerin hatte das gleiche Problem. Sie sprach mit uns allen, als wären wir behindert.

»Die Katze (lange Pause) saß (noch längere Pause) auf der Matratze. Seht ihr, Kinder?«

»Oh, verdammte Scheiße.« Jamie-Leigh war niemals um ein Wort verlegen.

»Bitte achten Sie auf Ihre Sprache, Miss Bowers!« Doch Mrs McAndrews sanfte Stimme hatte bei Jamie-Leigh keine Schnitte.

Sie war das hübscheste Mädchen, das ich je gesehen hatte, sie sah aus wie eine Zigeunerprinzessin. Ihr rabenschwarzes Haar floss ihr wie Öl bis auf die Hüfte hinunter, und ihre Augen waren von einem solch reinen Grün, dass sie aussah wie ein Engel. Und dann öffnete sie den Mund, und heraus kam das Vokabular einer fünfzigjährigen Hure.

Sogar in den gemischten Klassen, in die wir nachmittags eingeteilt wurden, zögerte sie keine Sekunde, Fragen zu brüllen, in jedem zweiten Satz zu fluchen und laut zu furzen. Sie war abscheulich, aber ich fand sie faszinierend. Ich beneidete sie so sehr, dass ich würgen musste. Hier war ich, halb stumm, das Kinn in den Ausschnitt meines Sweatshirts geschoben, die Haare nach vorn über die Augen gekämmt, stets bemüht, mich unsichtbar zu machen, während sie hoch erhobenen Hauptes herumspazierte und sich einen Dreck darum scherte, was andere Leute über sie dachten. Sie wusste, dass sie großartig war, und diese Leute würden sie nicht von etwas anderem überzeugen.

Jamie-Leigh, Frankie und ich waren in derselben Klasse. Frankie und ich gingen auch diesmal wieder als Zwillinge durch, auch wenn wir uns deutlich in der Größe unterschieden. Und Jamie-Leigh, die jünger war als ich, war irgendwie von ihrer Mutter Audrey reingeschmuggelt worden, damit sie in unserer Nähe war.

An unserem ersten Tag verkündete Mrs Kerr, die Nachmittagslehrerin, das Thema des aktuellen Terms.

Sie war Schottin, und ihre Rs rollten und kringelten über ihre Zunge. »Unser Thema in diesem Term ist das Alte Ägypten.«

»Was, wie die Pyramiden und so?«, fragte Frankie.

»Ja. Das und noch vieles mehr, Miss Walsh. Pharaos, Mumien, Flüche, der Nil – alles. Und jeder von euch wird sich das heraussuchen, was ihn oder sie am meisten interessiert, um es zu erforschen.«

Jamie-Leigh lehnte sich zu mir herüber und sagte: »Sie klingt wie diese Fotze Lorraine Kelly.«

Das brachte das Fass zum Überlaufen.

»Miss Bowers, Sie werden nachmittags Ihre Arbeit an meinem Schreibtisch erledigen. Ich benutze ihn nur selten, und ich bin mir sicher, Sie werden die Ruhe ebenso zu schätzen wissen wie ich. Nehmen Sie Ihre Sachen, Liebes.«

Mit einem »Ts« und einem Zungenschnalzen schleppte Jamie-Leigh sich auf den anderen Platz. Doch kaum saß sie am Lehrerpult, erkannte sie auch schon die Vorteile ihres neuen, hochrangigen Platzes: Er war ideal, um die Aufmerksamkeit der gesamten Klasse auf sich zu ziehen. Mrs Kerr würde es garantiert bereuen, ihren größten Störenfried in der Klasse dorthin gesetzt zu haben.

Während Jamie-Leigh sich in der allgemeinen Aufmerksamkeit sonnte, stand Frankie eher auf die diebischen Aspekte der Grundschulausbildung. Mit Jamie-Leigh im Schlepptau durchsuchte sie in den Pausen die Schubladen aller Schüler nach den Dingen, hinter denen alle her waren: Batman-Bügelbildchen.

Während Frankie und Jamie-Leigh hart schufteten, ging Mrs Kerr nach draußen und rauchte am Schultor eine Zigarette, bevor sie ihre Rollschuhe anzog und mit den älteren Kindern eine Runde über den Asphalt jagte. Sie muss über vierzig gewesen sein. Ich konnte mir nicht vorstellen, dass meine Mutter jemals so etwas tun würde, und die war gerade einmal sechsundzwanzig.

Den Großteil unserer Schulzeit verbrachten wir entweder damit, uns mit den Gorgia-Kindern zu streiten, oder Mrs McAndrew unsere Sprache beizubringen. Sie war weit mehr daran interessiert, von uns zu lernen, als uns etwas beizubringen. Romani ist eine sehr alte Sprache und wird auch heute noch von den Roma gesprochen, aber nur in Kombination mit Englisch. Romani nimmt etwa sechzig Prozent des heutigen Dialekts ein, denn viele Wörter sind im Laufe der Zeit in Vergessenheit geraten. Dementsprechend entspricht der englische Wortschatz eines Zigeuners häufig etwa dem eines fünfjährigen Kindes.

Ein paar Romani-Begriffe sind auch außerhalb der Zigeuner-Gemeinschaft bekannt. Das Wort *chavi* zum Beispiel bedeutet »kleiner Junge«, ist von der Außenwelt jedoch zu *chav* abgewandelt worden, was eine grobe, geschmacklose Person aus der Arbeiterklasse beschreibt. Und *kushti*, was »gut« bedeutet oder ein gutes Gefühl, wird von Del Boy in *Only Fools and Horses* verwendet. Doch der größte Teil unserer Sprache ist Außenstehenden unbekannt. Mrs McAndrew war ganz fasziniert und bat uns, ihr ein paar Begriffe beizubringen. Sie schrieb sogar ein Zigeunerlied:

> *Dordie, dordie, dik-ka-kye,*
> *Blackbird sing and poofter cry,*
> *Dordie, dordie, dik-ka-kye,*
> *Kecker, rocker, nixies.*

Die Übersetzung dieses kleinen Stückes zeigt, wie wenig Sinn es ergibt:

> *Überraschung, Überraschung, schau mal da,*
> *Die Amsel singt und die Tunte weint,*
> *Überraschung, Überraschung, schau mal da,*
> *Verrate nichts.*

Wie es schien, waren wir genauso schlecht darin, Lehrer zu spielen, wie sie. Ich habe keine Ahnung, warum sie das Wort »poofter« dort hineingeschrieben hat. Es ist kein Romani-Wort, aber vielleicht hat sie gedacht, es wäre eins.

8

Der Club

Mein Vater öffnete mir die Beifahrertür und schleuderte einen riesigen Lederbeutel hinter mir ins Auto.

Darin befanden sich ein Paar gebrauchte, nach Schweiß stinkende Boxhandschuhe und ein Paar eitergelbe, frisch gebügelte abgelegte Shorts von meinem Cousin Tory.

Frankie drückte ihr pausbäckiges Gesicht gegen die Scheibe, während mein Vater sich eine Zigarette anzündete und den Wagen startete. Er blickte über die Schulter, ließ den Rauch aus seinen Nasenlöchern quellen und setzte rückwärts aus unserer Parzelle.

»Bis gleich«, formte sie stumm mit den Lippen. Ich schluckte schwer und schloss die Augen. Schon die Fahrt jagte mir ebenso viel Angst ein wie das, was mich an ihrem Ende erwartete.

»Dein Großvater Noah wird da sein. Dein Onkel Tory, der kleine Tory und Noah, Nelson Collins, Onkel Joseph …«

Mein Vater war jetzt so richtig in Fahrt, doch mit jedem weiteren Namen sank mein Herz ein Stückchen tiefer. Ich sah ihm fest in die Augen, während er sprach, nickte eifrig und gab mein Bestes, Interesse vorzutäuschen. Dabei machte ich mir vor Angst fast in die Hose. Als wir langsamer wurden und in die Einfahrt des Boxclubs einbogen, hätte ich mich vor Angst beinahe übergeben.

Kaum war mein Vater aus dem Wagen gestiegen, versammelte sich auch schon seine Entourage um ihn. Ich zog den Lederbeutel vom Beifahrersitz und hievte ihn mir auf die Schulter. Er war so groß, dass ich sonst über ihn gestolpert wäre, aber auch so verdeckte er mein ganzes Gesicht.

Wie der Kofferjunge einer lokalen Berühmtheit stolperte ich neben meinem Vater her. Jeder, den wir sahen, blieb stehen, um mit ihm zu reden.

Drinnen trafen wir auf Tyrone Donoghue. »Na, Junge, willst wohl in die Fußstapfen deines Vaters treten, was?«, grinste er. Und zu meinem Vater: »Hab meinen Paddy jetzt seit 'nem Jahr hier.«

Tyrone hatte zwei Söhne, die er seltsamerweise beide Paddy genannt hatte. Der ältere Paddy war dreizehn und somit alt genug, um auf die weiterführende Schule zu gehen, auch wenn er nie eine besucht hatte und nicht mal seinen eigenen Namen schreiben konnte. Ich beobachtete ihn, wie er seine Sporttasche in den Club trug. Er wirkte sehr viel würdevoller als ich. Er hatte seine Sportsachen bereits an, seine Tasche sah aus, als wäre sie gerade mal so schwer wie ein Kopfkissenbezug, und seine Haare waren zu dicken gelben Stacheln hochgegelt.

Jemand bohrte seine Hand in meine freie Schulter. »Willst wohl ein Kämpfer werden wie dein Dad, was?« Ich drehte mich um und sah einen Mann mit einem Gesicht wie ein aufgerolltes Paar Socken. Ihm fehlte ein Ohr, und eins seiner Augen sah aus wie eine gekochte Zwiebel. Ich gab mir alle Mühe, ihn nicht anzustarren.

»Du kleiner Scheißer, erinnerst du dich nicht mehr an deinen Onkel Levoy?« Er lachte.

Ich kannte so viele Levoys, dass ich sie schon gar nicht mehr auseinanderhalten konnte, aber dieses Monster von einem Mann hätte ich niemals vergessen. Er war bekannt für die Brutalität, mit der er seine Feinde zu quälen pflegte.

Onkel Tory begrüßte uns am Haupteingang des Clubs. Von drinnen hörte ich dumpfes Knallen, Schlagen und das Peitschen der Springseile. Der Gestank, von dem ich jetzt weiß, dass es sich um eine Mischung aus Testosteron und Schweiß handelte, war so schwer, dass er sich wie ein Film über mein Gesicht legte.

Panik brach in mir aus. Ich fing an zu zittern. Übelkeit stieg mir die Kehle hinauf, und ich hatte das Gefühl, jeden Moment ohnmächtig zu werden.

»Bist du bereit?« Mein Vater sah erwartungsvoll auf mich herab.

»Japp.«

»Dann komm, ziehen wir dich mal um.«

Wir gingen hinein. Der Gestank wurde stärker, und das Zischen und Grunzen hallte von den Wänden wider. Widerstrebend folgte ich meinem Dad durch den Korridor, der so dunkel war wie ein alter Geisterzug, mit eitergelben Wänden und einem klebrigen, verfilzten Teppich auf dem Boden.

Als die Tür zur Umkleide sich quietschend öffnete, sah ich, dass Großvater Noah und Onkel Joseph dort mit einer Dose Bier in der Hand auf einer Bank saßen und Zigarren qualmten wie in einem Pub.

Mein Vater gesellte sich zu ihnen, während ich mich widerstrebend umzog und weit fort wünschte. Ich drehte mich zu ihnen um. Die gelben Boxershorts mit TORY WALSH in goldenen Lettern auf der Vorderseite reichten mir knapp bis zu den Achseln.

Joseph, eine exakte Kopie von Großvater Noah mit den gleichen stahlblauen Augen, grinste. »Siehst aus wie ein echter Boxer, Mikey. Sieht er nicht aus wie ein echter Boxer, Dad?«

Old Noah sah mich an. »Er sieht aus wie sein Dad damals, in seinem Alter. Ein echter kleiner Boxer. Wenn du den Kampf gewinnst, besorg ich dir ein Paar Boxershorts mit deinem Namen drauf.«

Mein Vater lächelte mir zu und kniete sich hin, um mir beim Zubinden der Stiefel zu helfen. Es war ihm wichtig, seinen Vater zu beeindrucken; ich spürte es an der Art, wie er allem zustimmte, was der alte Mann sagte.

»Wir sehen dich dann im Ring, Mikey«, sagte Old Noah. Joseph lächelte und formte ein stummes »Viel Glück«, als er aus dem Raum ging.

»Siehst du«, sagte mein Vater. »Sie sind alle hier, um zuzusehen, wie du deinen Gegner heute Abend fertigmachst.«

»Wie ist er so, Dad?«

»Ein Idiot, nur ein kleiner irischer Scheißer. Ein Treffer, mein Junge, und er geht zu Boden wie ein Sack Kartoffeln, ich garantier's dir.«

Da wurde mir klar, dass sie Paddy Donoghue ausgewählt hatten, um heute Abend gegen mich zu kämpfen. Ein Junge, der mehr als doppelt so alt und groß war wie ich.

»Aber er ist älter als ich, Dad.«

Der Griff meines Vaters um meinen Unterarm verstärkte sich und ließ das Blut in meine Fingerspitzen schießen. Er wirbelte mich zu sich herum. Ich war ihm so nah, dass ich die verbrannten Stellen vom jahrelangen Teerschaufeln auf seiner ledernen Haut sehen konnte. Sein Blick war eisig. »Scheißegal, ob er älter ist als du. Du wirst in den Ring gehen und diesen Jungen schlagen. Enttäusch mich nicht, sonst prügle ich dich bis nach Basingstoke.«

»Werd ich nicht, Dad.«

»Schwör's mir.«

»Bei meinem Leben, ich werde dich nicht enttäuschen.« Ich

gab mir alle Mühe, nicht zu heulen, während ich ihm das Unmögliche versprach.

Es folgte ein langes Schweigen. Wie der Odem eines schlafenden Drachen hing der Atem meines Vaters in der stickigen Luft, und ich konnte die Hitze seines Körpers spüren. Er steckte die Bänder meiner Handschuhe nach innen, stand auf und verließ den Raum, ohne mich noch einmal anzusehen.

Das Gespräch war beendet. Ich musste mit Paddy Donoghue in den Ring steigen, und ich *musste* gewinnen.

Der Kampf dauerte etwa fünfzehn Sekunden. Jede Sekunde entsprach einem Schlag von Paddy, und jeder einzelne davon landete mit einem dumpfen ledergebundenen Klatschen an meinem Kopf.

Man hatte mich mit einem sehr viel erfahreneren älteren Jungen in den Ring gesteckt, der mindestens einen Fuß größer war als ich und sich darauf freute, einem kleinen Walsh-Jungen die Seele aus dem Leib zu prügeln. Als Onkel Tory »Stopp!« brüllte, hatte ich bereits völlig die Kontrolle verloren. Meine schlecht sitzenden Handschuhe waren mir von den Fäusten gerutscht, und ich klammerte mich heulend an Paddy, um ihn daran zu hindern, mir den nächsten demütigenden Schlag gegen den Kopf zu verpassen.

Wir wurden auseinandergezogen. Mein ganzer Körper schmerzte, mein Kopf pochte, und ich hatte Blut im Gesicht. Ich versuchte vergeblich, die Tränen zurückzuhalten, als ich durch die Seile kletterte und an der Menge und meinem Vater vorbeilief, der sich weigerte, mich auch nur anzusehen.

Die Umkleide war leer. Ich konnte nicht aufhören zu weinen und fing an, mich selbst anzubrüllen. »Hör auf! Bitte hör auf!« Mir war, als würde ich jeden Augenblick ohnmächtig werden. Schließlich setzte ich mich hin und holte tief Luft. Dann begann ich langsam, mich anzuziehen. Schritte näherten sich, ich konnte hören, wie mein Vater sich draußen verabschiedete. Seine Stimme war leise. Zweifellos schämte er sich für die Vorstellung, die ich da eben gegeben hatte.

Am liebsten wäre ich einfach in der Umkleide geblieben, aber nach fünfzehn Minuten schwand meine Hoffnung, mein Vater würde hereinkommen und mir versichern, dass es nicht so schlimm war, wie ich dachte.

Es war Joseph, der hereinkam und mich auf der Bank sitzen sah. Er setzte sich neben mich, legte seinen riesigen Arm um mich und drückte mich an sich. »Alles in Ordnung?«

Kaum hatte er das gesagt, brach ich in Tränen aus.

»Keine Sorge, Mikey«, sagte er und rieb mir den Rücken. »Nicht weinen, mein Junge. Alles wird gut.«

Aber ich wusste, dass nichts gut werden würde.

Mein Vater öffnete die Tür und warf mir die Autoschlüssel zu. Ich schlich mich durch die Menge nach draußen und über den Parkplatz und stieg ins Auto, um dort auf ihn zu warten. Vom Wagen aus sah ich zu, wie er sich verabschiedete, eine Zigarette anzündete und einstieg.

Den ersten Teil der Heimfahrt verbrachte ich damit, aus dem Fenster zu starren. Ich hatte eine schreckliche Angst. Trotz der Stimme in meinem Kopf, die mich anschrie, still zu sein, entfuhr mir ein lautes Wimmern.

»Was ist los mit dir?«, knurrte mein Vater. Ich schüttelte den Kopf, um ihm zu sagen, dass nichts sei.

Er holte aus und schlug mir mit seiner riesigen Faust gegen das Ohr, während wir über die Straße schleuderten.

»Ich kann einfach nicht *(BAM!)* glauben *(BAM!)*, dass du mich *(BAM!)* so gedemütigt hast.«

»Bitte nicht, Dad, ich habe es wirklich versucht, bitte nicht.«

»Nicht was?« *(BAM!)*

Er hielt inne und sah zu, wie das Blut aus meiner Nase und in meinen Mund lief. Meine Lippen begannen, unkontrolliert zu zittern.

»Fängst du jetzt an zu heulen? Fängst du etwa an zu heulen, mein Junge?« Er schlug mir ins Gesicht. »Na, dann los.« Er schlug noch mal zu. Das Blut aus meiner Nase schmierte in mein Auge und spritzte auf die Scheibe.

Ich konnte die Tränen nicht zurückhalten, aber ich gab keinen Laut von mir. Mein Vater sah wieder nach vorn auf die Straße. »Eine kleine Schwuchtel, das ist alles, was du bist, mein Sohn«, sagte er. »Wer hätte gedacht, dass ich mal mit so einem wie dir enden würde.«

Als wir zu Hause ankamen, öffnete ich die Tür und rannte zum Wohnwagen. Ich wollte zu meiner Mutter, bevor mein Vater sie erreichte.

Sie lag auf dem Boden und guckte *Denver-Clan*, während Frankie ihr das Haar bürstete.

Beide schnappten nach Luft, als ich hereinkam.

»Was ist denn mit dir passiert?«, rief meine Mutter.

Mein Vater kam herein und stieß mich zur Seite. »Dein Sohn ist gerade vor versammeltem Publikum von einem Jungen geschlagen worden, der gerade mal halb so groß war wie er.«

Hatte er vergessen, dass er es gewesen war, der mir das angetan hatte? Er log!

Und meine Mutter glaubte ihm.

Sie sah mich an. »Geh ins Bett, Mikey. Geh mir aus den Augen.«

Frankie und ich kletterten ins Bett und zogen die Gardine

zum Flur zu, die jedoch jedes Wort durchließ, das gesprochen wurde. Ich hörte Wörter wie »peinlich«, »Blamage«, »Schwuchtel« und »nichtsnutzig«. Wieder und wieder.

»Was ist passiert?«, flüsterte Frankie.

Ich erzählte ihr von dem Kampf mit Paddy. Sofort verengten sich ihre Augen, und mit einer Stimme wie ein Nebelhorn brüllte sie: »Paddy Donoghue ist zu groß für Mikey, um gegen ihn zu kämpfen, Mum!«

Unser Vater stürmte über den Flur und riss die Gardine zur Seite.

Wir schrien und zogen die Bettdecken über den Kopf.

Er packte mich am Bein und zog mich aus dem Bett. Ich knallte zu Boden, und Frankie fiel vom oberen Bett, als sie versuchte, meinen Arm zu greifen. Der Teppich verbrannte mir den Rücken, als er mich an den Füßen ins Wohnzimmer zerrte. Ich trat und schrie, während Frankie mich an den Armen festhielt und die Fersen in den Boden rammte in dem Versuch, mich aus seinem Griff zu befreien. Henry-Joe fing an zu weinen, und Mutter ging Richtung Schlafzimmer. Ich streckte die Hand aus, um mich an ihrem Bein festzuhalten, aber es gelang mir nicht.

Mein Vater zeigte ins Schlafzimmer. »Frankie, hol eine Windel.«

Da sie nicht wagte, ihm nicht zu gehorchen, ging Frankie zu Henry-Joes Wickeltasche, nahm eine Windel heraus und reichte sie ihm.

»Steh auf.«

Ich konnte nicht. Mein ganzer Körper wurde von Krämpfen geschüttelt. Ich hatte alle Kontrolle verloren.

»Bitte, lass ihn in Ruhe«, schrie Frankie.

»Zieh ihm die Hose aus.«

Ich trat und schrie und weinte. Frankie zögerte. Dann griff sie nach meiner Hose und zog sie mir über die Beine, während er mich auf sein Knie setzte. Ich konnte kaum atmen, so wund war meine Kehle vom Schreien. Er zog mir die Windel über die Beine, hob mich hoch und schleuderte mich zu Boden.

»Du benimmst dich wie ein Baby, dann werde ich dich auch so behandeln. Ab ins Bett. Ich will deine hässliche Fratze nicht mehr sehen.«

Noch immer heulend watschelte ich in unser Zimmer, kletterte ins Bett und zog mir die Bettdecke über. Darunter war ich wenigstens allein.

Meine Eltern fingen an zu streiten, und Henry-Joe begann, wieder zu weinen.

»Er ist gerade mal sechs Jahre alt, Frank, was hast du dir dabei gedacht, ihn gegen diesen Donoghue-Jungen kämpfen zu lassen?«

»Ich war fünf, als ich in den Ring gestiegen bin. Dein Sohn ist eine verdammte Schande.«

»*Du* bist eine verdammte Schande!«, schrie sie.

Es gab einen dumpfen Knall, und sie fiel zu Boden. Frankie kam herein und schloss die Tür hinter sich. »Arschloch«, sagte sie leise und stieg auf die Leiter. »Verdammtes Arschloch.«

Als ich am nächsten Morgen wach wurde, lag ich in einer Pfütze. Ich hatte dringend aufs Klo gemusst, mich aber nicht getraut, an meinem Vater vorbei nach draußen auf die Toilette zu gehen. Eine Weile hatte ich darauf gewartet, dass er einschlief, aber er hatte bis spät in die Nacht vor dem Fernseher gesessen und das *Kettensägenmassaker* geguckt, und schließlich war ich völlig erschöpft und mit Schmerzen am ganzen Körper eingeschlafen.

Jetzt war ich in meinem Zimmer gefangen und überlegte verzweifelt, wie ich mein Malheur verstecken konnte. Aber mein Vater hatte sich schon halb durch einen Berg von Bacon-Sandwiches gearbeitet, und meine Mutter verlor langsam die Geduld. »Mikey, wenn ich dich noch ein einziges Mal rufen muss …«

Wenige Augenblicke später kam mein Vater ins Zimmer, mit gelben Augen, ein Bacon-Sandwich in der Hand. »Du hast genau drei Sekunden, deinen Arsch aus dem Bett zu bewegen. Eins, zwei …«

Ich sprang auf, und die Windel rutschte mir herunter. Mein Vater erstarrte und schob sich den Rest vom Sandwich in den Mund. Dann packte er mich am Arm und zog mich nach draußen.

Ich schrie und jammerte, als er mir befahl, mich auszuziehen. Als ich mich umblickte, sah ich eine kleine Gruppe bekannter Gesichter, die stehen geblieben waren, um zu sehen, was los war. Mein Vater hatte den Schlauch in der Hand, mit dem er immer die Autos abspritzte. Jetzt richtete er ihn auf mich.

Der Druck des Wasserstrahls auf meiner Haut fühlte sich an, als würde eine Herde Pferde über mich hinwegtrampeln. Das eiskalte Wasser donnerte mir gegen die Ohren und ins Gesicht. Dann richtete er es auf meinen Bauch. Ich übergab mich und fiel auf Hände und Knie.

Als er das Wasser endlich ausstellte, kroch ich zurück in den Wohnwagen. Meine Zähne klapperten wie wild, und ich musste anhalten, um mich noch einmal zu übergeben, weil ich so viel Wasser geschluckt hatte.

Ich kroch in mein Zimmer und machte mich für die Schule fertig.

9

Boot Camp

Als ich an diesem Morgen in die Schule kam, sagte Mrs Kerr, ich sähe nicht gut aus, und fragte, ob alles in Ordnung sei. Meine Ohren waren voller Wasser, und ich konnte noch immer das Geräusch des Wasserstrahls hören. Mein Kopf und mein ganzer Körper schmerzten, und mir war übel.

»Ja«, antwortete ich.

»Du bleibst heute hier bei mir, Schatz«, sagte sie mit sanfter Stimme.

Frankie und Jamie-Leigh gingen hinüber zu Mrs McAndrew.

»Ich weiß, dass du gerne malst«, sagte Mrs Kerr, »und ich könnte einen jungen Mann mit deinem Talent heute Morgen gut gebrauchen. Ich brauche nämlich jemanden, der mir ein Poster für die Klasse malt. Na, wie klingt das?«

Ich ging hinüber zu dem Tisch, auf den sie zeigte, wo sie einige Blätter Papier und ein Paket Stifte hingelegt hatte. Dabei bemühte ich mich, gegen niemandes Stuhllehne zu stoßen, und vermied es, den anderen in die Augen zu blicken. Ich hasste es, beobachtet zu werden, und konnte die Blicke der anderen Kinder auf mir spüren, als ob sie wüssten, wie abstoßend ich war.

Ich setzte mich und versuchte zu malen, aber es war mir unmöglich, mich zu konzentrieren. Ich musste zur Toilette, aber ich hatte Angst, wieder an den anderen Kindern vorbeizugehen oder Mrs Kerrs Aufmerksamkeit auf mich zu ziehen. Starr vor Angst machte ich mir in die Hose und fing an zu weinen.

Mrs Kerr nahm mich mit aufs Jungenklo und erklärte, sie würde nur rasch frische Unterwäsche aus der Fundkiste holen. Als sie zurückkehrte, kniete sie sich vor mich hin, um meine Schnürsenkel zu öffnen, und zog mir dann die Turnschuhe von den Füßen. Meine Finger waren zu schwach, um den Reißverschluss meiner Hose zu öffnen. Als sie mir die Hose ausziehen wollte, versuchte ich sie aufzuhalten.

»Mikey«, sagte Mrs Kerr. »Du brauchst dich nicht zu schämen. So was ist doch jedem von uns schon mal passiert.«

Sie öffnete den Reißverschluss, zog an meiner Hose und offenbarte ein paar Unterhosen mit rotem Saum – von meiner Mutter –, die mein Vater mich gezwungen hatte anzuziehen.

»Mikey, Schatz, wieso trägst du solche Unterhosen?«

»Mein Dad hat gesagt, ich soll sie anziehen.«

»Warum?«

»Weil ich gestern Nacht ins Bett gemacht habe.«

Sie entdeckte die Blutergüsse an meinen Beinen und hob meinen Pulli an, um ihrer Spur zu folgen. Ihr Gesicht war ernst. »Zieh diese Hose hier an, Schatz«, sagte sie.

Als ich umgezogen war, nahm sie meine Hand und führte mich ins Schulbüro.

»Mikey, es tut mir leid«, sagte sie. »Aber ich habe bereits deine Eltern angerufen und sie gebeten, dich abzuholen, weil ich dachte, es geht dir nicht gut und du solltest besser nach Hause gehen.«

Meine Mutter kam, um mich abzuholen. Sie sah mich kein einziges Mal an, während sie mich zum Auto führte. Mrs Kerr folgte uns und versuchte, zu erklären, dass das Malheur ihr Fehler gewesen sei, weil sie nicht bemerkt hatte, dass ich zur Toilette musste, doch meine Mutter ignorierte sie.

Auf dem Heimweg sprach sie kein Wort, und ich schwieg ebenfalls. Ich saß im Wohnwagen und aß eine Schale Corn Flakes, als mein Vater von der Arbeit kam.

»Was macht er denn um diese Zeit zu Hause?«

Ich betete, dass meine Mutter nichts sagte.

»Er hat sich wieder vollgepinkelt.«

Bevor ich den Löffel aus dem Mund nehmen konnte, hatte mein Vater schon zwei Schritte nach vorn gemacht und mir voll auf den Mund geschlagen, sodass ich mitsamt meinem Stuhl zu Boden fiel.

Von da an machte ich jede Nacht ins Bett. Und jeden Morgen, je nach der Laune meines Vaters, wurde ich in aller Öffentlichkeit ausgezogen und mit dem Schlauch abgespritzt oder bekam eine Tracht Prügel im Geräteschuppen. Die Waffen seiner Wahl reichten von einem Gürtel über einen Bambusstock bis hin zum Absatz seines Stiefels. Aber seine nackten Fäuste waren bei Weitem am schmerzhaftesten. Manchmal, wenn er die Zeit dafür hatte, unterzog er mich beiden Martyrien. Dann wurde ich nackt und klatschnass in den Schuppen geschleift, um dort geschlagen zu werden. An den Wochenenden hielt seine Wut den ganzen Tag über an. Er schlug mich mit allem, was er gerade in die Finger bekam – einer Schaufel, einem Besen, selbst glühend heißen Schaufeln voller Teer, wenn er mich mit zur Arbeit genommen hatte.

Eines Montags erklärte er, dass ich heute nicht zur Schule gehen würde.

»Du verbringst zu viel Zeit mit Weibern«, knurrte er. »Verzärtelt, das ist es, was du bist, mein Junge. Zu viel Zeit mit deiner Mutter und den ganzen Weibsbildern. Es gibt nur eine

Möglichkeit, dich wieder geradezubiegen. Dein Großvater will, dass du 'ne Weile zu ihm und Onkel Tory gehst.«

Wir stiegen in den Lastwagen. »Jedes Mal, wenn ich dich sehe, spielst du mit den Mädchen oder mit deinen beschissenen Puppenfiguren«, sagte er. »Wird Zeit, dass das aufhört.«

Er meinte meine bescheidene, aber stolze Sammlung von He-Man-Figuren, die meine Mutter mir gekauft hatte. Von heute an, sagte er, würden sie alle wegkommen. Ich müsse endlich ein Mann werden.

Einen Monat zuvor hatte er eine meiner Figuren aus dem Autofenster geworfen, nachdem er festgestellt hatte, dass sie Brüste besaß. »Das ist kein Mädchen, Dad!«, schrie ich. »Das ist Evil-Lyn!« Ich hatte meiner Mutter ewig in den Ohren gelegen, mir Skeletors teuflische Frau zu kaufen.

»Nun gut, Mikey«, hatte sie gesagt. »Aber wenn dein Vater sie sieht, rastet er aus.«

Sie behielt recht. Von dem Augenblick an, als er Evil-Lyn sah, war ihr Schicksal besiegelt. Mit gebrochenem Herzen starrte ich ihr nach.

Jetzt blickte ich wieder aus dem Fenster, während er auf mich einbrüllte, mich förmlich in Stücke riss und gemeine Dinge über meine Mutter sagte. Ich hoffte, er würde es bald leid werden oder wenigstens eine Atempause machen.

Es war Herbst. Ich betrachtete die verschwommenen Braun- und Rottöne, an denen wir vorbeirasten, und stellte mir vor, Evil-Lyn zu sein und zu fliehen, nachdem man mich aus dem Fenster geworfen hatte. Mein Mantel wehte, er knallte und peitschte über das Land, während ich meine teuflische Freude über meine Freiheit hinausbrüllte.

Ich lachte laut auf.

»Was machst du da?«

»Nichts.« Schon wieder ertappt, versank ich in meinem Sitz.

Auch wenn er den Rest der Fahrt über den Blick auf die Straße gerichtet hielt, fühlte es sich an, als würde er mich damit durchbohren.

Er hasste mich.

Meinem Großvater Noah gehörte der Schrottplatz gemeinsam mit Tory und Joseph. Torys Söhne, Tory und Noah, arbeiteten ebenfalls hier. Noch keine dreizehn Jahre alt, waren sie bereits zu Männern geworden und hatten alle Gedanken an Schule längst abgehakt.

Damals habe ich mich immer gefragt, warum mein Vater sich nicht seinem Vater und seinen Brüdern angeschlossen hatte, die alle zusammen wohnten und arbeiteten. Später dann verstand ich, dass seine Familie ihm in geschäftlichen Dingen nicht traute, und dass auch er selbst es nicht wollte – er war fest entschlossen, es allein zu schaffen und sich seinem Vater gegenüber zu beweisen.

Wir fuhren direkt hinter Onkel Joseph in den Hof. Mein Vater schaltete den Motor ab und sprang aus dem Wagen. »Wie geht's, alter Junge?«, rief er seinem Bruder zu. Dann wandte er sich an mich: »Steig aus.« Er zündete sich eine Kippe an, schlug die Autotür zu und richtete seine Hosenträger, während er auf seinen Bruder zuging.

Ich sprang aus der Fahrerkabine und folgte den beiden über den Hof ins Büro. Ich mochte den Raum nicht, mit seinem Gestank nach Öl und Testosteron, den schäbigen Postern mit halbnackten Frauen an den Wänden und alten Autoteilen überall auf dem modrigen Teppich.

Sie erwarteten mich ganz offensichtlich.

»Da kommt ja unser Champion«, feixte Onkel Tory.

Mein Großvater weitete ein saphirblaues Auge und richtete es auf mich wie den Lauf einer geladenen Waffe. »Geht's dir besser, Mikey?«

Ich wagte es nicht, den Mund aufzumachen aus Angst, wegen meiner hohen Stimme verspottet zu werden.

»Immer noch stumm, was?«, lachte Onkel Tory. »Was hast du mit ihm gemacht, Frankie?«

Ich fühlte mich schrecklich, weil mein Vater meinetwegen so grausam verhöhnt wurde.

Tory und Noah hockten auf umgedrehten Kisten und blätterten durch ein paar alte Ausgaben der *Daily Sport*. Ich setzte mich neben sie auf eine Kiste, die Onkel Joseph mir reichte. Er zwinkerte mir zu und legte die Hand auf mein Steißbein. Während sie weiterspotteten, rieb er meinen Rücken, wie Mrs Kerr es tat, wenn ich traurig war. Diese seltenen Momente der Zuneigung ließen mir immer Tränen in die Augen steigen, doch ich schluckte sie hinunter, um meinen Vater nicht zu blamieren.

»Was sollen wir jetzt mit dem Jungen machen, Frankie?«, fragte Tory.

Ich saß schweigend daneben, während sie den Plan für meine Woche in der Boot-Camp-Hölle diskutierten, und war fest entschlossen, mir ihren Respekt zu verdienen und meinem Vater ein wenig Vertrauen in mich zu geben.

Ich sah zu Tory und Noah hinüber, beide perfekte Exemplare dessen, was gute Zigeunerjungen sein sollten: hartgesotten, mit tiefer Stimme, geschmeidig, voller Energie und gut im Ring. All das, was ich nicht war.

Onkel Joseph ging ebenfalls nach draußen, als ich losgeschickt wurde, um für meinen Vater die Zigaretten aus dem Auto zu holen. Er hievte seinen massigen Körper auf den Fahrersitz seines eigenen Lasters und ließ den Motor an. Bevor er losfuhr, lehnte er sich noch mal aus dem Fenster. »Du musst einfach lernen, dich abzuschalten, Mikey. Ich mache es ständig. Du darfst ihnen nicht zuhören. Die haben doch keine Ahnung.«

Dankbar für seine Freundlichkeit, schenkte ich ihm ein Lächeln. »Bis später!«, rief ich, als er davonfuhr.

Zurück im Büro ertrug ich mehrere Stunden mit Diskussionen übers Boxen, bis ich es nicht länger aushielt und mich ins Auto setzte. Ich versteckte Skeletor unter dem Beifahrersitz. Nach einer weiteren Stunde wurde ich schließlich wieder reingerufen, um mein Schicksal zu erfahren.

In den nächsten Tagen würde ich mit Onkel Tory in seinem Laster mitfahren. Und jeden Tag nach der Arbeit würde ich in den Boxclub gehen, um zu trainieren.

Ich wusste nicht, was schlimmer war, ins Schrottgeschäft eingeführt zu werden oder im Club zu trainieren. Aber ich hatte keine Wahl. Das Einzige, worauf ich mich freute, war, die Schrottpresse in Aktion zu sehen. Ich wollte wissen, ob sie ein Auto wirklich auf die Größe eines Schuhkartons zusammenquetschen konnte.

Bevor er ging, nahm mein Vater mich zur Seite und bläute mir noch einmal die wichtigste Regel ein: »Sitz nicht stumm rum wie ein Fisch, so wie du es bei mir machst. Stell ihm Fragen. Sorg dafür, dass er sich *kushti* fühlt«, sagte er.

Am Nachmittag machten Großvater Noah und Onkel Joseph sich auf den Weg zum rosa Caravan, während ich mit Onkel Tory und den beiden Jungs nach Tory Manor fuhr.

Ich mochte das Haus nicht. Die Fenster und die geschwungene Haustür erinnerten mich immer an das verzerrte Gesicht eines Dämons, und auch in der Eingangshalle standen Lampen in der Gestalt von bronzenen Dämonen mit Hörnern, von denen jeder eine Kerze in der Hand hielt. Man erzählte sich, dass es in dem Haus spukte, und es fiel mir nicht schwer, das zu glauben. Ich hatte noch nie dort übernachtet und war auch jetzt nicht besonders heiß darauf.

In der riesigen Küche stand Tante Maudie und frittierte irgendwas. Der Geruch von Frittenfett hing in der Luft; sie kochte niemals etwas, wenn sie es nicht in den Bottich voll Fett tauchen konnte, der ununterbrochen in der Küche brodelte.

Neben ihr saß ihr uralter Papagei. Er war fast kahl, bucklig wie ein alter Geier und imitierte Maudies lange verstorbene Großmutter wie ein morbider Kassettenrekorder.

An meinem ersten Morgen – der, wie sich bald herausstellte, auch mein letzter in Tory Manor sein würde – wurde ich in aller Frühe von Tante Maudie geweckt, die mit Tee, Jammy Dodgers und einem Omelette, das aussah wie eine riesige Kröte, in mein Zimmer kam.

Onkel Tory war bereits wach und hatte die Jungs um sechs Uhr zu einer Joggingrunde mitgenommen. Als ich aufgegessen hatte, was ich von meinem Frühstück runterbekam, saß er schon bei laufendem Motor im Auto. Mir blieb keine Zeit mehr, mich zu waschen, wenn ich ihn bei Laune halten wollte. Ich war nur froh, dass er mich nicht schon für den Drei-Meilen-Lauf aus dem Bett geschleift hatte. Am Außenwasserhahn, den Onkel Tory benutzte, um sich die Schuhe abzuwaschen, spritzte ich mir ein wenig Wasser ins Gesicht.

»Morgen, Champ«, sagte Tory, als ich die Tür öffnete und einstieg.

»Morgen.« Meine Stimme hätte kaum quiekiger klingen können. Tory sah mich mit zusammengekniffenen Augen an. Ich räusperte mich und versuchte es noch einmal, diesmal mit einer so tiefen Stimme, dass ich husten musste.

Die Fahrerkabine war gigantisch. Wenn man aus dem Fenster schaute, fühlte man sich, als stünde man oben in einem zweistöckigen Haus. Das letzte Mal so weit oben war ich in Jamie-Leighs Denver-Clan-Spielhaus gewesen, das zwei Stockwerke und einen Balkon hatte, wo ich gestanden und »Fliegt, meine Hübschen, fliegt!« gerufen hatte.

Wir waren schon seit fünf Minuten unterwegs, und ich hatte immer noch kein Wort gesagt. Ich räusperte mich erneut. »Wohin fahren wir?«

»Schrott abholen.«

»Ah.«

Ich erinnerte mich an die Worte meines Vaters: »Sitz nicht stumm da wie ein Fisch. Sorg dafür, dass er sich *kushti* fühlt.« Also wagte ich einen Versuch. »Mein Vater sagt, du hast Frank Bruno getroffen.«

»Japp.«

»Wie ist er so?«

»Eine Schwuchtel.«

»Oh.«

Ich hatte oft gehört, wie mein Vater mit den Berühmtheiten prahlte, denen Onkel Tory in seiner Zeit als Boxer begegnet war. Das meiste davon waren typische Walsh-Übertreibungen, aber ich wusste, dass Tory sich bei einem Wettkampf mit Muhammad Ali angefreundet und dieser eine Einladung zum Dinner auf Tory Manor angenommen hatte, denn ich hatte das Fotoalbum, das Sammelalbum und die gerahmten Fotos gesehen: Muhammad und der kleine Tory, die sich mit erhobenen Fäusten gegenüberstanden, Muhammad und der kleine Noah, die sich mit erhobenen Fäusten gegenüberstanden, Muhammad, wie er im Wohnzimmer sitzt, Muhammad, wie er Old Noah die Hand schüttelt, Muhammad Hüfte an Hüfte – Daumen hoch – mit Onkel Tory selbst und neben einer reichlich verwirrten Granny Ivy. Damals war sie gerade zum siebten Mal durch die Führerscheinprüfung gerasselt und hätte sich nicht mal dafür interessiert, wenn der Papst zu Besuch gekommen wäre.

»Wen hast du noch so getroffen?«

Er schwieg einen Augenblick und begann dann, eine Liste von Namen herunterzurasseln, von denen ich die meisten gar nicht kannte. »Okay, nenn mir einen Star, und ich wette mit dir, ich habe ihn schon mal getroffen … Mikey?«

Ich hatte mich ausgeklinkt, während er sich durch seine Liste gearbeitet hatte, und schaukelte im Rhythmus des tanzenden Weihnachtsbaums, der am Rückspiegel baumelte, mit dem Kopf. Onkel Tory betrachtete mich fragend.

Ich kramte in meinem Gedächtnis nach irgendeinem Namen, der Onkel Tory beeindrucken würde. Unter seinem Blick begannen meine Handflächen zu schwitzen. Das Gesicht meines Vaters erschien vor meinem inneren Auge. Er starrte mich an und formte mit den Lippen Namen, die ich nicht entziffern konnte, weil ihm eine riesige Kippe zwischen den Lippen hing.

Der Augenblick der Wahrheit. »Na los«, knurrte Onkel Tory. Das hier war zu einem sadistischen Spiel geworden; einem Rätsel, das ich zu lösen hatte, auf Leben und Tod. Ich versuchte, an jemanden zu denken, der keine Comicfigur war oder eine der Zahlen, die mir wie sinnlose Invasoren im Kopf herumschwirrten. Plötzlich spürte ich, wie ein Energieschub sich aus meinen

Eingeweiden erhob. Eine Person, von der ich unbedingt wissen wollte, ob er ihr mal begegnet war. In meinem Kopf begann mein Vater zu brüllen: »Einen Mann, *EINEN MANN!*« Vor Aufregung hatte ich einen Kloß im Hals, als ich beinahe hysterisch und völlig gestört hervorstieß: »O mein Gott, hast du Madonna getroffen?«

Noch während ich sprach, erkannte ich meinen Fehler. Ich ließ mich in den Sitz zurückfallen und schlug die Hände vor den Mund. Doch es war zu spät. Die Bremsen ruckten eine knappe Sekunde lang und schleuderten mich gegen das Armaturenbrett. Onkel Torys Augen wurden trübe, und er sah mich an wie etwas, in das er hineingetreten hatte.

»Nein, ich habe …« Beinahe hätte er allein beim Aussprechen des Namens gewürgt. »Ich habe Madonna nicht getroffen.«

Ich hatte es vermasselt.

Wir fuhren nicht weiter, um seinen Auftrag zu erledigen, sondern direkt zum Schrottplatz, wo Onkel Joseph, Tory und Noah Reifen in einen brennenden Container warfen. Der ganze Platz war in dichten schwarzen Rauch gehüllt.

Onkel Tory lehnte sich über mich drüber und öffnete die Beifahrertür.

»Steig aus, Mikey.« Er winkte dem kleinen Tory und Noah. »Jungs, ich brauche euch.«

Joseph trat an die Fahrerseite und fragte in einem höflichen Flüsterton: »Solltest du heute nicht Mikey mitnehmen?«

Während ich aus dem LKW kletterte, sah ich Torys Lippen das Wort »Nichtsnutz« formen. Ich sprang die letzten Stufen hinunter und fiel zu Boden, wobei ich mir das T-Shirt kaputt machte, den Bauch aufratschte und Noah mit umriss.

Onkel Tory trug Joseph auf, meinen Vater anzurufen und ihm zu sagen, dass er mich abholen sollte.

Als Onkel Tory und die Jungs davonfuhren, starrte Onkel Joseph auf das Blut an meinem Bauch. »Du blutest«, sagte er.

Ich sah an mir hinunter. »Und ich hab mir das T-Shirt zerrissen.«

Er nahm mich mit hinein und schaltete die Heizung an. »Zieh dein Oberteil aus«, sagte er.

Da ich meinen Körper hasste, behielt ich mein T-Shirt an. Die Stäbe des alten Heizgerätes knackten und fingen an, zu glühen, und Onkel Joseph kehrte mit Pflastern und einem feuchten Lappen zurück. »Du blutest, Mikey. Zieh's aus.«

»Kann ich es nicht anlassen? Es ist kalt.«

»Mikey, von dem alten Ding ist doch sowieso nichts mehr übrig.« Er griff nach meinem T-Shirt, zog es mir über den Kopf und warf es auf den Boden. »Stell dich mal auf den Tisch da.«

Mithilfe eines alten Motors als Trittleiter kletterte ich auf den Tisch und stand bibbernd da, während er den nassen Lappen auf meine Wunde klatschte. Im Vergleich zu den anderen Blessuren, die ich schon gehabt hatte, war diese hier eine Kleinigkeit. Mein Bauch wabbelte, als Joseph mit dem Lappen darüberrieb. »Ich komme mir komisch vor«, kicherte ich.

»Schon in Ordnung«, lachte er. »Ich habe viel mehr davon als du.« Und mit diesen Worten schob er den Arm unter sein Shirt und wiegte seinen Bauch wie einen riesigen Sack Porridge.

»Hier, damit wird's besser.« Er nahm das alte Heizgerät und stellte es auf den Motorblock. Dann drehte er mich wie einen Kebab und tupfte das restliche Blut ab.

»Tut es noch irgendwo weh?«

»Nein.«

»Nirgendwo?«

»Nein, mir tut nichts weh.«

Er legte den Lappen beiseite, legte die Hand direkt unter die Wunde und drückte seine Finger in meinen Bauch. »Was ist hier?« Ich kicherte. »Nein.«

»Hör auf, zu kichern«, lachte er. Dann legte er seine Hand auf die andere Seite und wackelte mit den Fingern. »Hier?«

»Nein«, lachte ich und zog an seinem Handgelenk.

Er lächelte und ließ seine Hand nach unten gleiten. »Wie ist es hiermit?«

Wieder wackelte er mit den Fingern; ich spürte, wie ihre Spitzen meinen Penis kitzelten.

Jetzt packte ich sein Handgelenk mit beiden Händen und zog. »Nimm sie weg«, lachte ich.

Wieder kitzelte er meinen Penis und lachte.

»Wieso, Mikey? Fühlt sich das komisch an?«

»Ja!«, schrie ich und zog an seinem Arm.

Sein lachender Mund schloss sich abrupt, und er drückte mich gegen die Wand. Dann schob er seine Hand noch tiefer, umfasste sanft meinen Penis und massierte ihn wie einen Klumpen Lehm. Seine Augen verengten sich. »Auf welche Art komisch?«

Ich lockerte meinen Griff um seinen Arm. »Ich weiß nicht.«

Das Knacken des Heizkörpers war das lauteste Geräusch im ganzen Raum.

Ich konnte spüren, wie er seine Finger hoch- und runtergleiten ließ. »Darf ich ihn sehen?«

»Warum?«, erwiderte ich. Langsam fühlte ich mich unbehaglich.

»Ich möchte einfach sehen, wie er aussieht.«

Ich wusste nicht, was ich antworten sollte. Schließlich schürzte ich die Lippen und nickte.

Onkel Joseph nahm die Hand aus meiner Unterhose und zog mir langsam Schuhe und Socken aus, dann alles andere. Ich stand nackt auf dem Tisch und versuchte, im wärmenden Strahl der Heizung zu bleiben.

»Dreh dich um«, sagte Joseph und stupste mir gegen den Arm.

Ich tat es, fünfmal oder so, und fühlte mich dabei erst recht wie ein Kebab. Als ich mit dem Gesicht zur Wand stand, rief er mir zu, ich solle anhalten. Ich öffnete die Augen, starrte auf die eisig blaue Wand und stützte mich mit den Händen dagegen.

Er kam näher und seufzte. »Mikey, du bist der hübscheste Junge unter den Zigeunern.« Mit einem Finger strich er über meinen Po. Ich bekam Angst.

»Bin ich das?« Meine hohe, quietschige Stimme war wieder da, und er lachte leise.

»Ja. Die beiden Jungs können boxen, aber nur, weil man es ihnen von Anfang an eingetrichtert hat. Was du hast, kann man nicht lernen; du bist damit geboren worden. Eines Tages, wenn du hineingewachsen bist, wirst du sie alle krank machen. Vergiss das nicht.«

Ich war mir nicht sicher, ob ich verstand, was er damit meinte.

»Das werde ich, Onkel Joseph.«

»Wie sauber bist du, Mikey?«

»Ich bin gestern mit dem Schlauch abgespritzt worden.«

In der folgenden Stunde vergewaltigte er mich mit jedem Teil seines Körpers, das in meinen hineinpasste.

Als es vorbei war und ich mir meine Sachen wieder anzog, wedelte er mit dem Finger vor meinem Gesicht herum. »Hör zu, Mikey, was du heute mit mir gemacht hast, wenn er das herausfindet, wird er dich *umbringen*.«

»Aber ich …«

126

Er schlug mir sanft gegen die Seite meines Kopfes. »Wenn ich ihm erzähle, was passiert ist …«

Durch das Fenster hinter Josephs Schulter konnte ich sehen, wie mein Vater aus dem Wagen stieg, sich eine Zigarette anzündete und seine Hosenträger richtete.

»Bitte, sag ihm nichts!«

»Ich werde nichts sagen, wenn du nichts sagst. Schwöre mir, dass du nicht mit ihm darüber reden wirst, und ich lasse mir was einfallen, das dich *kushti* aussehen lässt.«

»Einverstanden!«

»Gut.« Er drehte sich auf seinem Stuhl um, als mein Vater durch die Tür trat. »Wie geht's, alter Junge?«

»Wie steht's, Mush, alles klar?«, antwortete mein Vater mit einem schmalen Lächeln.

»Kushti, Bruder, kushti.«

»Das seh ich.« Er wandte sich an mich: »Warum bist du nicht bei der Arbeit?«

Joseph lehnte sich in seinem Stuhl zurück, verschränkte die Finger und streckte die Arme. »Sprich nicht so mit dem Jungen, Frankie. Er war den ganzen Tag draußen und hat mir geholfen.«

»Wirklich?«, fragte mein Vater, beinahe schockiert über Josephs positive Aussage.

Ich nickte.

»Ja, hat er«, bestätigte Joseph.

»Warum ist er nicht bei Tory mitgefahren?«

»Weil er hier gebraucht wurde! Verdammte Scheiße, Frankie, du hast gesagt, du willst, dass der Junge herkommt und arbeitet, und genau das hat er getan.«

Wie erstarrt wartete ich, ob mein Vater ihm das abkaufen würde.

»Und er hat sich gut angestellt?«

»Besser als gut, Frank.«

»Dann bringe ich ihn euch nächste Woche wieder rüber.«

»Klar. Das würde dir gefallen, nicht wahr, Mikey?«

Ich glitt vom Stuhl und hielt mir dabei den Overall fest, den ich trug. Die beiden sahen mich an und warteten auf eine Antwort. Ich zwang mich zu einem Lächeln.

»Ja.«

10

Das böse Bowers-Mädchen

In den folgenden Jahren verbrachte ich jede Woche einen Tag auf dem Schrottplatz. Joseph hatte angeboten, mich »auszubilden«, und Onkel Tory und mein Vater waren nur zu glücklich, mich ihm zu überlassen. Onkel Tory zog mit dem kleinen Tory und Noah in seinem Laster los, und ich war für Stunden Onkel Joseph ausgeliefert.

Jede Woche nahm er mich mit ins Hinterzimmer, befahl mir, mich auszuziehen, und wiederholte den Albtraum von Neuem. Er legte mich mit dem Rücken auf Old Noahs Schreibtisch und schob mir seine Faust in den Mund, während er masturbierte. Gerade wenn ich das Gefühl hatte, mein Kiefer müsste jeden Augenblick brechen, zog er sie heraus und füllte meinen Mund mit dem klebrigen Zeug, das aus ihm herausquoll.

Im Laufe der Wochen probierte er immer wieder etwas Neues, schmerzhafte Experimente, nach denen ich nicht mehr schlucken oder sitzen oder auch nur tief einatmen konnte. Manchmal trat und schlug und kratzte er mich. Wenn Tory oder mein Großvater im Büro waren, nahm er mich mit raus in seinem Laster, wo er mir befahl, mich auszuziehen und mich selbst zu befriedigen oder ihm einen zu blasen, während wir zu unserem nächsten Ladepunkt fuhren. Es gab keine Möglichkeit, ihm zu entkommen.

Ich konnte nicht Nein sagen. Nicht nur, weil er viel größer und massiger war als ich, sondern auch, weil er alle Macht hatte.

Wenn ich nicht tat, was er wollte, würde er es meinem Vater erzählen, und wir wussten beide, dass allein die Andeutung, ich hätte »Schwierigkeiten gemacht«, mir eine ordentliche Tracht Prügel beschert hätte.

Einmal habe ich versucht, meinem Vater zu sagen, was vor sich ging. Es war am gleichen Tag, an dem ich versucht hatte, Josephs Avancen abzuwehren. Er rächte sich, indem er meinem Vater sagte, ich sei faul und frech gewesen.

Auf der Heimfahrt im Auto verpasste mein Vater mir eine.

»Frech! *(BAM)* Faul! *(BAM).«*

Ich beschloss, meinem Vater alles über Joseph und das, was er getan hatte, zu erzählen. Doch als ich ihm zögernd berichtete, was vor sich ging, explodierten seine Augen förmlich vor Zorn über meine grässlichen »Lügen«. Er fing an, mein Flehen niederzubrüllen, und als es ihm nicht gelang, mich zum Schweigen zu bringen, schlug er mir seine Faust in den Mund und dabei die Lippe durch die Zwischenräume meiner Zähne. Er wollte es nicht hören, und es verschlimmerte meine Strafe nur noch. Da wusste ich, dass ich es niemals irgendjemandem verraten konnte. Ich war ganz allein.

Noch immer machte ich jede Nacht ins Bett und wurde jeden Morgen in den Schuppen geschleift. Falls ich noch zusätzliche Schrammen und Blutergüsse hatte, so bemerkte mein Vater es gar nicht. Und es war ihm auch egal.

Im Beisein der übrigen Familie verhielt Joseph sich, als seien wir Freunde und teilten ein Geheimnis miteinander; er zwinkerte mir zu, scherzte und tat so, als bedeutete mein Schweigen, dass mir gefiel, was er mit mir anstellte.

Ich saß in der Falle. Doch es war nicht Joseph, vor dem ich mich am meisten fürchtete. Es war mein Vater und, was er mit mir veranstalten würde, wenn ich nicht tat, was Joseph von mir verlangte. Solange ich mitspielte, berichtete er meinem Vater, dass ich hart gearbeitet und mich gut benommen hätte. So waren die Regeln.

Im Camp waren Frankie und ich nicht mehr allein. Immer mehr Parzellen wurden fertiggestellt, weitere Familien zogen hinzu, und wir Kinder waren bald unzertrennlich. Ein Jahr nachdem wir dorthin gezogen waren, war das Camp fertig, und es schien, als wären wir endlich irgendwo angekommen, wo wir bleiben konnten.

Jedes Mal, wenn man ins Camp zurückkehrte, fühlte man sich, als würde man eine andere Welt betreten: Es war wie eine richtige exotische Stadt aus Wohnwagen, erdacht und erbaut von Zigeunern für Zigeuner. Frischer Beton bedeckte mittlerweile den Schlamm, und eine Straße aus tiefschwarzem Asphalt floss geradezu ein Mal quer hindurch. Am Haupteingang kräuselten sich die Enden der Mauer wie gefrorene Wellen, und auf der Spitze einer jeden Betonwelle stand der lebensgroße Steinkopf eines Wildpferds und blickte wie ein Wächter mit trüben Augen auf die Menschen unter ihm. Und im Camp selbst waren die einzelnen Parzellen nicht länger mit rotem Band abgegrenzt, sondern mit roten Ziegelmauern, fast zweieinhalb Meter hoch, die jede Parzelle wie gigantische Theatervorhänge umgaben.

Wir gingen immer noch auf die St Luke's, gemeinsam mit Jamie-Leigh Bowers, unseren Cousinen Olive und Twizzel und ein paar anderen Kindern aus dem Camp. Keins der anderen Kinder ging gern zur Schule, und auch ich tat so, als fände ich es schrecklich, aber in Wirklichkeit brauchte ich die Schule als meine Zuflucht. Wenn ich dort war, musste ich nicht zu Hause sein oder bei Joseph.

Unsere Eltern betrachteten die Schule als einen Ort, an den wir gehen mussten, weil das Gesetz es so verlangte. Es war ihnen egal, ob wir dort etwas lernten oder nicht. Nur meine Mutter sah es anders. Sie wollte, dass ich lesen und schreiben lernte, ebenso wie Mrs Kerr, die mich immer wieder ermutigte und versuchte, mir zu helfen, wenn ich bei ihr Unterricht hatte.

Seit dem Malheur im Klassenzimmer und der Sache mit der Unterhose hatte sie sich für mich eingesetzt und meine künstlerischen Fähigkeiten gefördert, und sie half mir, wenn der Schulhofschläger, Scott Leemer, es auf mich abgesehen hatte. Sie zwinkerte mir sogar zu, als wir für eine Standpauke zum Rektor gerufen wurden.

Ich liebte Mrs Kerr. Sie war die Einzige, die mir so etwas wie Zärtlichkeit und Zuneigung entgegenbrachte. Einen Menschen zu haben, der an mich glaubte und mich ermutigte, alles zu sein, was ich sein wollte – das war das Wundervollste, das mir je passiert war.

Meine schulische Ausbildung war lückenhaft, um es positiv auszudrücken, aber ich lernte das Alphabet gut genug, um das Aussehen und den Laut der einzelnen Buchstaben zu kennen und ein paar kurze Wörter zu schreiben: *dog, cat, run*. Doch am liebsten mochte ich den Kunstunterricht. Menschen zu zeichnen faszinierte mich, und ich konnte ganz ordentliche Bleistift-Porträts erstellen.

Ich hätte mir gewünscht, ich könnte jeden Tag zur Schule gehen, doch obwohl ich eigentlich an vier Tagen pro Woche gehen sollte, waren es am Ende oft nur einer oder zwei. Meist hatte ich irgendwelche Aufgaben im Haus zu erledigen oder wurde noch einen weiteren Tag auf den Schrottplatz geschickt, während die Mädchen zu Hause blieben und lernten, den Haushalt zu führen.

An den Tagen, an denen wir in die Schule gingen, wurden wir von den anderen Kindern entweder ignoriert oder gepiesackt. Nur während der Mittagspause hatten wir unsere Ruhe, weil wir unseren eigenen Tisch hatten. Keiner wagte es, sich zu uns zu setzen aus Angst, sie könnten verflucht oder ausgeraubt werden oder sich mit irgendeiner monströsen Zigeunerseuche anstecken.

Auch unter den Lehrern bildete Mrs Kerr eine einsame Ausnahme. Selbst die Frauen in der Kantine hassten uns. Jeden Tag sorgten sie dafür, dass wir uns als Letzte zum Essen anstellen durften, was bedeutete, dass wir nur noch das bekamen, was die anderen Kinder übrig gelassen hatten. Die Frauen hinter der Theke funkelten uns böse an, während sie uns die angetrockneten Reste auf die Teller klatschten. Eine Scheibe Spam Fritter, also in Teig ausgebackenes Schweinefleisch, ohne Teig war ein seltener Genuss.

Mrs Bannerman war die Chefin der Kantinenladys. Wir nannten sie Schweinekopf, und es passte zu ihr. Sie kämmte sich die orange gefärbten Haare über die kahlen Stellen an ihrem Kopf und blickte immer sauertöpfisch drein.

Einmal, als Jamie-Leigh, Olive und Twizzel aus der Schlange an der Essensausgabe zurückkamen, zeigte Twizzel lachend auf Olives Tablett.

»Hast du 'ne Feder im Arsch, oder was?«, fragte Frankie und ertränkte ihr Essen in Tomatensauce.

»Guck mal, was die alte Fotze mir zu essen gegeben hat.«

Wir beugten uns über ihr Tablett und betrachteten etwas, das entfernt an eine Raucherlunge erinnerte. Olive nahm eine

Gabel und stupste den schwarzen Klumpen an, der in den Teller hineinsank wie eine schmelzende Hexe. »Schweinekopf hat s' ihr gegeben!«

Wir öffneten unsere Joghurtbecher, leckten die Deckel ab und diskutierten, wo wir nach der Schule spielen wollten. Frankie wollte sich die Irrenanstalt näher anschauen, die neben unserem Camp lag. Sie zielte mit ihrem leeren Joghurtbecher auf mich wie mit einer Kanone. »Du musst mitkommen, Mikey. Ich lass mich nicht allein von Dad umbringen.«

»Ich wollte sowieso mitkommen«, erklärte ich.

Zustimmender Jubel erklang rund um den Tisch herum.

Dann erschien Mrs Bannerman. »Was ist denn hier los?«

»Nichts«, antwortete Twizzel und verengte die Augen.

»Gut. Dann nehmt euer Besteck und esst. Vorausgesetzt, ihr wisst, wie man mit Besteck umgeht.« Sie funkelte uns böse an und marschierte davon.

»Alte Fotze«, knurrte Jamie-Leigh durch die Zähne und ließ ihren Löffel in den Joghurtbecher fallen. Sie zog die Backen ein, gab ein schlürfendes Geräusch tief aus ihrer Kehle von sich und spuckte einen glibberigen grünen Schleimklumpen in ihren Joghurtbecher.

»Miss, mein Joghurt ist nicht in Ordnung.«

Schweinekopf drehte sich um und kam zurück an unseren Tisch. Sie riss Jamie-Leigh den Becher aus der Hand, nahm einen sauberen Löffel und rührte die Pampe langsam um, bevor sie sich einen vollen Löffel in den Mund schob.

»Also, mir schmeckt er, Miss Bowers. Nächstes Mal sind Sie vielleicht nicht mehr so pingelig.«

Sie stolzierte davon, und wir lachten, dass uns die Tränen kamen.

In der Pause nach dem Mittagessen trafen wir uns in der Mädchentoilette, damit die Mädels heimlich eine Zigarette rauchen konnten. Die meisten von ihnen, einschließlich Frankie, waren mit zehn Jahren bereits erfahrene Raucherinnen.

Einmal wurde Olive, die an dem Tag Wache schob, von Mrs Bannerman erwischt, die sofort die Verfolgung aufnahm. Olive kam in die Mädchentoilette gerannt, um uns zu warnen, und öffnete dabei die Tür mit so viel Schwung, dass die Jamie-Leigh gegen die Zähne schlug. Jamie-Leighs Kopf fiel nach hinten. Sie hatte überall Blut im Mund. Sofort rammte sie sich den Arm ins Gesicht, um nicht zu schreien, und lehnte sich gegen die Tür, durch die nur Sekunden später Mrs Bannerman gestürmt kam.

»Aaahh! Mein Zahn!«

Ich stand einfach da, mit offenem Mund, in tiefster Ehrfurcht vor Jamie-Leighs Durchtriebenheit.

»Sie alte gemeine Hexe. Schauen Sie nur, was Sie getan haben!«, schluchzte sie.

Mrs Bannerman wich schockiert zurück; sie schlug die Hände vor den Mund und lugte vorsichtig um die Tür herum, hinter der Jamie-Leigh stand und einen Zahn in einer kleinen Blutlache in der Handfläche hielt. Das Blut rann ihr zwischen den Fingern hindurch und den Arm hinunter. In diesem Moment kamen zwei weitere Kantinenmitarbeiterinnen herein und bedachten Mrs Bannerman mit einem vorwurfsvollen Blick, bevor sie Jamie-Leigh zur Schulkrankenschwester eskortierten.

Als wir an diesem Nachmittag unsere Plätze auf dem Teppich in Mrs Kerrs Klassenraum einnahmen, war Jamie-Leigh noch immer bei der Krankenschwester und wartete darauf, dass ihre Mutter kam und sie abholte. Die Schulsekretärin kam herein und warnte Mrs Kerr vor, dass Jamie-Leighs Mutter nun da sei.

Sekunden später hallten die Absätze von Tante Audreys Stilettos über den Korridor. Schwungvoll trat sie ins Klassenzimmer, warf ihr schwarzes Haar zurück und die Nerzstola über ihre Schulter. Wie üblich trug sie mehr Diamanten als Klamotten. Sie musterte Mrs Kerr wie eine Kobra. »Wo ist meine Jamie-Leigh?«

Mrs Kerr erhob sich von ihrem Stuhl. »Oh, hallo Mrs Bowers.«

»Ach, verpissen Sie sich«, fauchte Tante Audrey. Ihre Stimme klang wie eine Gabel, die man über einen Teller zog.

Mrs Kerr versuchte sie aus dem Raum zu lotsen, doch da entdeckte Tante Audrey uns auf dem Teppich. »Hey, Kinder!«, kreischte sie und winkte mit einer diamantenbesetzten Hand.

Mrs Kerr führte Tante Audrey zu Jamie-Leigh und kehrte dann zurück, um die Anwesenheitsliste durchzugehen. Sie musste sehr laut sprechen, um die wüsten Beschimpfungen zu übertönen, die über den Korridor hallten, als Tante Audrey sah, was mit ihrer Tochter geschehen war.

Nach diesem Ereignis verboten uns die Lehrer, die Pausen im Gebäude zu verbringen, also verlegten wir unser mittägliches Rendezvous in ein kleines Ziegellabyrinth, das vom Schulhof her nicht einsehbar war und jede Menge Möglichkeiten bot, um sich zu verstecken – und zu rauchen.

Wir blieben unter uns, denn meist endete unser Kontakt zu Gorgia-Kindern mit einem Austausch von Spott, Beleidigungen und Essensresten. Und manchmal kam es auch zu ernsten Handgreiflichkeiten. Hauptziel aller Vorurteile waren meist die Mädchen. Und sie mussten immer das letzte Wort haben. Egal wie groß, hässlich oder bedrohlich der Kerl war, unsere Mädchen gaben niemals klein bei.

Auch ich bekam meinen Teil an Spott und Beleidigungen ab, aber solange die Mädchen nicht dabei waren, hörte ich einfach nicht hin. Doch wenn sie beteiligt waren und es ernst wurde, musste ich einspringen und ihre Ehre verteidigen. Als Junge war das meine Pflicht. Ich hasste Gewalt, doch sie schien mich zu verfolgen. Zu Hause, bei der Arbeit und jetzt sogar in der Schule, immer gab es jemanden, der mich verprügeln wollte.

Ich hatte eine wichtige Lektion über das Kämpfen gelernt, und seltsamerweise nicht von meinem Vater, sondern von meiner Mutter.

»Schlag nie als Erster zu. Schikaniere niemals andere Kinder. Sei nie auf Streit aus. Aber wenn dich jemand schlägt, und es tut weh, dann hat er es verdient, zurückgeschlagen zu werden.«

Daran versuchte ich mich zu halten. Und wenn ich tatsächlich einmal zurückschlagen musste, hatte ich einen großen Vorteil – die kleinen Monster, die uns piesackten, wussten nicht, dass meine Schmerzgrenze weit höher lag als ihre.

Bald fand ich heraus, dass hinter den meisten, gegen die ich kämpfen musste, nicht mehr steckte als heiße Luft. Sie tyrannisierten jeden, der Angst vor ihnen hatte, aber wenn man sich wehrte, zeigte sich schnell, was für Feiglinge sie waren.

Der Schlimmste von ihnen war Scott Leemer. Die meisten Kinder bewunderten ihn entweder wegen seiner Schmalzlocke à la Danny Zuko aus *Grease* und seiner Gangsterart oder hielten sich fern von seiner Gang aus kleinen Schlägertypen. Seine rechte Hand hieß Jenny Hardy, die nur dem Namen nach ein Mädchen war und von uns allen fast ebenso gefürchtet und gehasst wurde wie Scott selbst.

Während einer der Pausen fingen sie mich im Labyrinth ab. Die Gang, allesamt älter als ich, umstellte mich und bildete einen Kreis. Dann trat Scott vor, gab einem anderen Kind seine Jacke und begann herumzuhüpfen und die Fäuste gegeneinander zu schlagen wie ein Boxer im Comic.

Ich dachte mir, wie albern er aussah im Vergleich zu den Jungs im Boxclub.

Er täuschte ein paar Schläge vor, um mich zurückzucken zu lassen. »Hab gehört, du bist ein ganz Harter, Zigeuner.«

Scott trat auf mich zu und stieß mich fest mit beiden Händen nach hinten, sodass ich zu Boden fiel. Immer mehr Kinder versammelten sich um uns. Ich sah die Mädchen durch die Menge lugen; sie sahen ziemlich mitgenommen aus. Frankies Gesicht war rot und nass von Tränen, und ihre Lippe blutete. Ihre hübschen Zöpfe waren herumgezerrt und aufgelöst worden.

»Bring ihn um!«, schrie sie.

Ich sah zu Scott hinüber, der mit den Armen in der Luft ruderte und die Menge anfeuerte wie ein Profi. »Soll ich es tun?« Er lachte.

Sie johlten und kreischten und schüttelten in primatenhafter Begeisterung die Fäuste, durstig nach Zigeunerblut.

Über dem Lärm konnte ich die Mädchen rufen hören: »Bring ihn um, Mikey, bring ihn um!«

Ich wusste, als der einzige Zigeunerjunge auf dieser Schule war es meine Pflicht, für die Mädchen zu kämpfen und für die Ehre unserer Kultur, egal was kam. Scott war viel größer als ich. Mein Herz schlug wie wild, und mein Mund war staubtrocken. Doch ein Gedanke übertönte alles andere: Wenn ich verliere, wird mein Vater es garantiert erfahren. Und die Schläge von diesem Jungen hier waren nichts im Vergleich zu dem, was ich von ihm zu erwarten hätte.

Mit einem Mal sah ich rot. Ich stellte mir vor, ich wäre wieder mit Paddy im Ring; die Menge brüllte und jubelte um uns herum. In diesem Augenblick trafen mich die ersten beiden Schläge von Scott. Sie nahmen mir die Luft, und ich krümmte mich zusammen. Er trat zurück, höhnisch und spöttisch, und lief im Kreis herum, um sich abklatschen zu lassen. Eine Träne lief mir über die Wange.

Die Menge begann zu brüllen: »Zigeuner raus, Zigeuner raus!«

Scott wandte sich wieder mir zu. Ich sah mich um und entdeckte Frankie, Olive und Twizzel, die von einigen der größeren Jungen festgehalten wurden, während ein paar andere Jamie-Leigh festhielten, damit Jenny Hardy ihr ins Gesicht schlagen konnte.

Ich drehte mich wieder zu Scott um. Er lachte. Dann hob er die Fäuste, und ich tat es ihm gleich. Wir umkreisten einander, bis er seine Faust küsste und ausholte. Der Chor wurde lauter, als er sich mir zuwandte, um mir den Rest zu geben.

»Ihr stinkenden ... Zigeuner ... Arschlöcher. Kommt her und ruiniert unsere Schule. Ihr macht mich krank.« Er schlug mir in den Bauch. Zu mir nach vorn gebeugt, bot er mir die perfekte Gelegenheit. Mit beiden Händen griff ich in seine Haare.

Die Menge stöhnte, als Scott aufschrie und auf die Knie fiel. Er brüllte und versuchte meine Arme zu packen, bohrte die Fingernägel in meine Hände, aber ich hielt ihn fest.

Ich sah die gelb unterlaufenen Augen meines Vaters vor mir und spürte den stechenden Schmerz des Bambusstocks auf meiner Haut. Ich dachte an Joseph, wie er vor Lust stöhnte, ohne sich darum zu kümmern, welchen Schmerz und welche Angst er in mir entfachte.

Mit einer Kraft, von der ich gar nicht gewusst hatte, dass ich sie besaß, hob ich Scott hoch und begann, ihn an den Haaren im Kreis herumzuwirbeln, schneller und schneller. Er schrie, so laut er konnte, aber nichts konnte mich jetzt mehr aufhalten. Wut schoss durch meine Adern, und ich wirbelte ihn herum, bis ganze Büschel von Haaren sich unter meinen Händen lösten und er rückwärts in die völlig verstörten Zuschauer krachte.

Als die Menge auseinanderbrach und davonlief, rannte Jenny Hardy auf mich zu. Ihr Gesicht war eine einzige wütende Fratze. Ich holte aus und donnerte ihr meine Faust gegen die Brust, sodass sie zu Boden fiel. Kaum war sie gelandet, sprangen Jamie-Leigh, Frankie und die anderen Mädchen auf sie und zerrten und kratzten an ihrem Gesicht, ihren Haaren und Kleidern, ihrem ganzen Körper wie ein Rudel wütender Wölfinnen.

Scott hockte schluchzend mit einem Büschel Haare in der Hand auf dem Boden. »Sieh nur, was du mir angetan hast!«, rief er.

Ich ging davon, zitternd vor Erschöpfung. Aber ich fühlte mich großartig. Dann kamen die Kantinenfrauen angerannt, und wir wurden alle zum Rektor geschickt.

Der Größe nach zu urteilen, hatte Mr Wadsworths Büro noch nie so viele ungehörige Kinder auf einmal aufnehmen müssen. Wir Zigeuner waren natürlich nicht zum ersten Mal dort. Tatsächlich kannten wir sein Büro so gut wie unsere Klassenzimmer, denn wir waren beinahe jeden Tag da, weil wir wieder irgendwas angestellt hatten.

In einer Ecke saß Dotty Quinlan, von der man sich erzählte, sie sei vom Blitz getroffen worden, und die immer Ärger bekam, weil sie gern mit Fäkalien malte. Sie saß an ihrem üblichen Platz, die Knie zusammengepresst, im Trägerkleidchen, mit einer riesigen Brille und Haaren wie ein strohgedecktes Cottage. Sie sprach nie ein Wort mit uns, sondern vergrub nur den Kopf im Ausschnitt ihres Kleides wie eine alte Schildkröte.

Mr Wadsworth war so wütend, dass er die Fähigkeit verloren hatte, in verständlichen Sätzen zu sprechen. Das Einzige, das ich von dem verstand, was er hinter seinem Schreibtisch stehend brüllte, war: »*Habt ihr das verstanden?*«

In diesem Augenblick beschloss Jamie-Leigh, einen kolossalen Furz in den Raum zu entlassen. Sie lachte laut auf und zeigte ihre neuen spitzen Schneidezähne, während das Echo ihres Furzes von ihrem Stuhl abprallte. Der gesamte Raum brach in lautes Gelächter aus, und Mr Wadsworth schlug die Hände vors Gesicht, während wir uns die Lachtränen abwischten.

Es war offensichtlich, dass unser Rektor im Krieg der Gorgias gegen die Zigeuner am Ende seiner Weisheit angekommen war. Das Problem würde sich niemals lösen lassen, egal wie gut wir Zigeunerkinder uns auch benahmen, egal wie sehr wir uns bemühten, keinen Ärger zu machen. Es würde immer jemanden geben, der es auf uns abgesehen hatte, und da wir stolz darauf waren, Zigeuner zu sein, würden wir das niemals unbeantwortet lassen.

11

Kevin

Eines Tages kam Tyrone Donoghue mit einem jungen Obdachlosen zurück ins Camp, den er vor Harrods aufgabelt hatte, dem Edelkaufhaus in London. Zigeuner und Traveller finden ihre Arbeiter – die *dossas* – nicht selten auf den Straßen der großen Städte, vor allem in London, und nehmen sie mit nach Hause, damit sie ihnen bei den täglichen Arbeiten helfen und bei allen möglichen zwielichtigen Geschäften, die sie sich vielleicht gerade ausdenken. Ein Obdachloser kann kaum ablehnen, wenn jemand mit Harrods-Tüten in der Hand ihm einen Platz zum Schlafen und ein regelmäßiges Einkommen anbietet.

Und so wurde Kevin hinten in Tyrone Donoghues Lieferwagen verfrachtet und nach Warren Woods gebracht. Die Angst auf seinem Gesicht war noch deutlicher zu erkennen als der Schmutz, als er aus dem Wagen stieg und sah, dass wir alle ihn anstarrten wie ein Alien. Und genau das war er. Ein großer, schlaksiger Junge mit einem ordentlichen Seitenscheitel und Klamotten, die ihm zu klein waren. Er war kein Zigeuner und gehörte somit automatisch in eine andere Welt. Und es dauerte auch nicht lange, bis er am eigenen Leib erfuhr, wie unmenschlich Traveller wie Mr Donoghue einen einfachen Gorgia behandelten. *Dossas* rangieren in der Rangordnung eindeutig unter Zigeunern und Travellern und wurden im Allgemeinen mit Verachtung behandelt. Aber die Grausamkeit, mit der Mr Donoghue Kevin behandelte, übertraf das alles um ein Vielfaches.

Schon nach nur wenigen Tagen musste Kevin hinten in dem Lieferwagen schlafen, der ihn hergebracht hatte, und wurde täglich von Mr Donoghue, dessen Frau und fünf Kindern terrorisiert. Kevin wagte es nicht, Nein zu sagen oder sich gegen die grausamen Anordnungen zur Wehr zu setzen, und verbrachte zwölf Stunden am Tag damit, zu streichen, Autos zu waschen, bissige Hunde spazieren zu führen und zu füttern, Ziegelsteine, Zement, Dreck und Mörtel zu schaufeln, alleine Asphalt zu verteilen und sogar wie ein Shire Horse die Donoghue-Kinder in einem Wagen durch die Gegend zu ziehen.

Er tat alles, was man ihm auftrug, und trotzdem wurde er regelmäßig geschlagen. Mr Donoghue verprügelte ihn schon, wenn er bei der Arbeit bloß einen schlechten Tag gehabt hatte. Die Kinder bewarfen ihn mit Steinen, und Mrs Donoghue weigerte sich, ihm einen von ihren Tellern zu geben, sodass er aus einem der Hundenäpfe essen musste.

Als Freund und regelmäßiger Pub-Kumpan von Mr Donoghue bekam mein Vater mit, was für ein schreckliches Leben Kevin unter den Donoghues führte.

Eines Tages fragte er Mr Donoghue, ob er sich Kevin für einen Vormittag ausleihen könnte. Er war seinen bescheidenen Werkzeugschuppen leid und brauchte jemanden, der ihm half, einen größeren zu bauen.

»Klar, Frank. Und wenn er irgendwelche Schwierigkeiten macht oder den Arsch nicht hochkriegt, bringst du ihn zu mir«, sagte Mr Donoghue.

Kaum außer Sichtweite von seinem Besitzer, brach Kevin zusammen und flehte meinen Vater an, ihn zu retten. »Ich werde umsonst für dich arbeiten, Frank, aber bitte hilf mir.«

»Ich werd's versuchen, mein Junge. Ich werd's versuchen«, flüsterte mein Vater.

Er schlug ihm freundschaftlich auf den Rücken und warf mir einen bösen Blick zu, als die beiden sich an die Arbeit machten.

Überrascht sah ich ihnen nach. Offenbar war es Kevin gelungen, irgendwie zu meinem gnadenlosen, grausamen Vater durchzudringen. Wie erwartet, betäubte mein Vater Mr Donoghue an diesem Abend mit Whiskey und bot ihm einhundert Pfund, damit Kevin von nun an für ihn arbeitete. Mr Donoghue willigte ein, und sie bekräftigten es mit einem Handschlag.

In der folgenden Stunde gaben sie die hundert Pfund gleich wieder aus, und Frankie und ich wurden am nächsten Morgen davon wach, dass Kevin unser Fenster putzte. Wir winkten ihm zu. Er winkte zurück, und trotz der Blutergüsse und einer dicken Lippe strahlte er übers ganze Gesicht.

Der neue Werkzeugschuppen, den wir den Stall nannten, wurde zu Kevins neuem Zuhause. Meine Mutter kaufte ihm ein Bett und einen Kleiderschrank sowie einen Kühlschrank, einen Herd und eine Lampe, die über ein Verlängerungskabel mit unserem Elektrokasten verbunden waren. Es dauerte nicht lange, und er gehörte zur Familie. Mein Vater spendierte ihm sogar einen funkelnagelneuen Satz Klamotten und einen Haarschnitt und versprach ihm einen angemessenen Lohn, sodass er etwas zur Seite legen und eines Tages auf eigenen Beinen stehen konnte.

Mein Vater hatte Kevin gerettet, doch zugleich hatte Kevin auch ihn gerettet. Seine Unschuld und Bedürftigkeit hatten in meinem Vater eine Seite geweckt, die wir noch nie bei ihm gesehen hatten. Zum ersten Mal in seinem Leben gab es einen Menschen, der ihn nicht als Monster betrachtete. Er war ein Held. Und ohne Zweifel genoss er jeden einzelnen Augenblick.

Zwei glückliche Wochen vergingen. Dann kaufte mein Vater einen Fernseher für Kevin, und der kletterte auf das Stalldach, um die Antenne zu montieren.

An diesem Nachmittag spielten Frankie und ich mit Olive, Twizzel und Jamie-Leigh bei uns vor dem Wohnwagen »Er ist verknallt in ein Bitta-Mädchen«, was im Grunde nichts anderes war als ein Fangenspiel mit Küssen.

Mitten im Gerangel gab es plötzlich eine Explosion. Funken sprühten, gefolgt von einem Zischen und Knistern, und Kevin fiel polternd vom Dach und direkt vor unsere Füße. Sein Körper schlug auf den Betonboden, und er stieß eine Atemwolke von durchsichtigem Rauch aus. Der Geruch von verbranntem Fleisch erfüllte die Luft. Später erfuhren wir, dass Kevin mit seiner Antenne an das Stromkabel gekommen war, das über dem Stall verlief.

Als wir uns von unserem Schreck erholt hatten, liefen wir zu meiner Mutter und erzählten ihr, was passiert war. Und dann liefen Jamie-Leigh und ich zu den Nachbarn, hämmerten gegen die Türen und riefen um Hilfe.

Der Krankenwagen brauchte fünfundvierzig Minuten.

Kevin hatte nicht den Hauch einer Chance.

Wir Kinder waren völlig geschockt. Kevin war von einer Macht in die Luft gehoben und dann zu Boden gedonnert worden, von der wir noch nicht einmal gewusst hatten, dass sie existierte. Unseren Freund vor unseren Augen sterben zu sehen war eine Erfahrung, die wir niemals verstehen oder vergessen würden. Noch jahrelang sprachen Olive, Twizzel, Jamie-Leigh, Frankie und ich jedes Mal davon, wenn wir uns sahen.

Am Tag nach dem Unfall räumten meine Mutter, Henry-Joe, Frankie und ich Kevins Zimmer aus. Meine Mutter fand einen Brief, und als sie ihn las, begann sie zu weinen. Sie setzte sich auf Kevins Bett und legte Henry-Joe neben sich. Es war eine Geburtstagskarte an Kevins Mutter.

Der schuldbewusste Mr Donoghue und mein Vater bezahlten eine wunderschöne Beerdigung. Als Trauergäste kamen wir, die Donoghues und, zu unserer Überraschung, Kevins Mum.

Ich kann noch immer ihre Stimme hören, ihre Worte bedingungsloser Liebe für ihren einzigen Sohn, und den einen Satz, den sie wieder und wieder sagte: Es tut mir leid. Was genau, werden wir niemals erfahren.

12

Das Monster im Wald

Mein achter Geburtstag fiel auf einen Samstag, und das hieß: keine Schule und kein Vater bis zum Abend, weil er arbeiten musste. Bei uns gab es keine Geburtstagsfeier, aber wir brauchten auch keine, denn es gab immer jemanden zum Spielen, und einen Tag lang frei zu sein war genug für mich. Ich erwartete keine Geschenke. Mädchen bekamen Geschenke, Jungs bekamen nur ein bisschen Geld.

Frankie und ich spielten mit den anderen Mädchen in ihrem schon ziemlich mitgenommenen Spielhaus, als Sadies Kopf über der Mauer zur Nachbarparzelle erschien. Sadie war ein Junge und wie ich in eine Familie von Boxern geboren worden. Sein Vater, fasziniert von dem Johnny-Cash-Song »A Boy Named Sue«, in dem ein Junge aufgrund seines blöden Namens zu einem echten Kämpfer wird, hatte beschlossen, das Gleiche bei seinem eigenen Sohn zu versuchen.

Leider ging der Schuss nach hinten los, denn Sadie war der tuntigste Zigeunerjunge, der jemals einen Fuß in einen Wohnwagen gesetzt hatte. Als seinem Vater klar wurde, dass er nicht nur niemals ein wahrer Boxer werden, sondern in absolut gar nichts einem echten Zigeuner entsprechen würde, war er so entsetzt, dass er Sadie verbot, den Caravan zu verlassen, damit niemand ihn zu Gesicht bekam.

Mit etwa fünfzehn besaß Sadie die Stimme, die Frisur, das

Verhalten, die Klamotten und sogar die Figur einer üppigen Leinwand-Sirene. Wenn sein Vater nicht zu Hause war, kam er aus seinem Wohnwagen, kletterte auf den Stromkasten und streckte den Kopf über die Mauer zwischen unseren Parzellen in der Hoffnung, jemanden zum Reden zu finden. Seine Haare wurden immer als Erstes sichtbar. Er hatte die bauschigste Frisur, die wir je gesehen hatten, und es machte ihm offensichtlich Spaß, sie zu präsentieren. Sie erschien also über der Mauer, gefolgt von Sadies dick geschminktem Gesicht.

Er legte sich auf die Lauer und wartete auf meine Mutter, die jeden Tag herauskam, um ihr geliebtes Mosaikpflaster zu fegen, das mittlerweile unsere gesamte Parzelle bedeckte. Sie hatte kein Problem mit Sadie, aber irgendwann war sie seine ständigen Unterbrechungen leid und wartete, bis sein Vater nach Hause kam, weil sie wusste, dass Sadie dann nicht mehr rausdurfte.

Sadie ließ sich davon nicht beeindrucken und konzentrierte sich von nun an auf uns Kinder. Vom Fenster aus konnte er sehen, wenn wir herauskamen, und dann streckte er den Kopf über die Mauer, um mit uns zu quatschen, während wir spielten. Er muss sehr einsam gewesen sein, aber darüber haben wir damals gar nicht nachgedacht.

Bevor er an meinem Geburtstag über der Mauer erschien, hatten wie ihn ein oder zwei Wochen lang nicht gesehen.

»Hey Leute! Habt ihr mich vermisst?«, fragte er mit aufgesetztem amerikanischen Akzent.

»Mikey hat heute Geburtstag, Sadie.«

»Ooohh, wirklich? Wie alt bist du denn?«

Frankie, die mit dem Po in der Luft am Tor entlangkroch, antwortete an meiner Stelle. »Er ist acht.«

»Meiner war letzte Woche – ich bin siebzehn geworden«, strahlte Sadie. »Und, was macht ihr heute, um ihn zu feiern?«

»Spinnen fangen«, antwortete ich.

»Was hast du denn an deinem Geburtstag gemacht?«, fragte Jamie-Leigh und riss ihrer Beute die letzten Beine aus.

»Meine Mum hat mir eine Reise nach Amerika geschenkt, mit meiner Tante Julie – wollt ihr die Fotos sehen?«

»Ja, zeig mal.«

Sadie strahlte. »Bin gleich wieder da.«

Bevor wir fliehen konnten, war er schon wieder zurück und hievte sich über die Mauer. Er trug eine hauteng beigefarbene Schlaghose und hielt ein großes, in roten und pinkfarbenen Stoff eingeschlagenes Buch in der Hand, auf dem mit blauen Pailletten SADIE stand.

Während wir uns um ihn versammelten und so taten, als würde es uns interessieren, blätterte er durch die Seiten, von denen jede einzelne wunderschön dekoriert und mit Fotos seiner Reise bestückt war, die meisten davon Nahaufnahmen von ihm selbst vor dem Schloss in Disneyland. Er erzählte uns die Geschichte zu jedem Foto, bis wir keine Lust mehr hatten, höflich zu sein, und davonliefen.

Sadie kam fast jeden Tag heraus, um mit uns zu reden. Und wenn er eingeschlossen war und nicht hinaus konnte, öffnete er sein Fenster und ließ in voller Lautstärke seine neuesten Platten laufen, während er mitsang und am Fenster posierte.

Die Leute im Camp verhielten sich Sadie gegenüber nicht sehr freundlich. Er war das Opfer endloser Beleidigungen und er wurde verhöhnt und verspottet, besonders von den Männern, und sein Vater machte kein Geheimnis daraus, wie sehr er sich für seinen Sohn schämte. Viele Jahre lang benutzten die Leute seinen Namen als Beleidigung für jeden mit seiner »Art«. Trotzdem kam Sadie nie auf die Idee, sich zu verändern, um sich das Leben leichter zu machen. Er war, wie er war. Punkt. Und obwohl ich es niemals laut gesagt hätte, bewunderte ich Sadie, der auf seine eigene Art genauso mutig und tapfer war wie jeder andere im Camp.

Zwei Monate nach meinem Geburtstag wurde meine Mutter ins Krankenhaus gebracht und kehrte eine Woche später mit einem Baby zurück. Unser Bruder hatte seidenweiche Haut und Augen wie mein Vater: große, schwarze, glänzende, vollkommen leer blickende Steine. Eines Morgens schaute ich in seine Wiege und betrachtete ihn, während er schrie. Ich griff nach der Milchflasche und schob sie ihm in den Mund. Er saugte stumm, mit geballten Fäusten, während ich auf ihn hinunterblickte. Hier war er. Hier war der Sohn, der ich hatte sein sollen: der Junge, der ein echter Kämpfer werden und meinen Vater stolz machen würde.

Als meine Eltern hereinkamen und mich bei ihm sahen, rasteten sie aus. Ich war unwürdig, auch nur in seiner Nähe zu sein. Mein Vater packte mich bei den Haaren und warf mich aus dem Schlafzimmer, bevor er mir die Tür ins Gesicht schlug.

Jimmy. Ein echter Walsh.

Alle Hoffnungen meines Vaters ruhten auf seinem neuen Sohn. Er hatte es aufgegeben, aus mir einen echten Boxer machen zu wollen, und Henry-Joe gehörte meiner Mutter, wurde von ihr beschützt und betüddelt. Aber Jimmy würde ein Champion sein. Keiner von uns zweifelte daran.

Dennoch wurde ich weiterhin jede Woche in den Boxclub geschleift und dazu gezwungen, meine Trainingseinheiten zu absolvieren und jegliche Demütigung zu ertragen, die mein Vater mir in den Weg warf.

Jede Woche wurde ich gewogen und dann durch eine Hardcore-Trainingseinheit gejagt: Sit-ups, Liegestütze, Klimmzüge an einem alten Türrahmen, Seilspringen, Schlagtraining an einem alten Sandsack und dann Sparring mit Onkel Tory, der zwei Pads mit jeweils einem kleinen roten Punkt hochhielt, den ich so schnell und so oft treffen musste, wie ich konnte.

Auch wenn ich das Ganze abgrundtief hasste, war ich bald ziemlich fit – nicht so wie Tory und Noah, aber ich konnte den Unterschied zwischen mir und den meisten anderen Jungen im Boxclub sehen. Auch sie hatten ihre Trainingsroutine, aber sie machten nicht einmal halb so viel wie ich. Ich wollte es mir nicht eingestehen, und ich habe es niemals jemandem gesagt, aber an den Sandsäcken konnte ich die Wut rauslassen, vor allem mit Onkel Joseph hinter mir, der mir dabei ständig über die Schulter schaute, oder Onkel Torys Gesicht zwischen den Schlagpads. Jeder Schlag gegen diesen Sack war ein weiterer Schlag in ihre Gesichter.

Mein Bauch wurde hart, und meine Beine sahen aus wie die eines Fußballspielers. Doch in den Augen der Walsh-Männer bedeutete fit zu sein nicht automatisch, dass man auch kämpfen konnte. Nach dem Desaster bei meinem ersten Kampf hatten mein Vater mein Onkel und mein Großvater beschlossen, dass ich erst wieder kämpfen würde, wenn ich zwölf Jahre alt und somit bei den Zigeunern zum Mann geworden war. Und dafür zumindest war ich dankbar. Wenn die Boxkämpfe anfingen, versammelten sich die drei Männer mit den anderen um den Ring. Onkel Tory erklärte mir, ich könnte es mir nicht leisten, bloß zuzusehen, und schickte mich zum Sparring mit meinem Cousin, dem kleinen Noah.

Zu diesem Zeitpunkt hatte Noah beschlossen, dass er keine Lust mehr hatte zu boxen. Er war vierzehn und interessierte sich mehr dafür, wo er nach dem Training mit seinen Freunden hingehen würde. Sie gingen alle in die nächste Stadt, um Gorgia-Frauen aufzugabeln. Sobald die Luft rein war, zogen Noah und ich also unsere Boxhandschuhe aus und gingen nach draußen, wo wir unsere Abneigung gegen das Boxen teilten.

Zwischen Schule, meinen Pflichten zu Hause, Boxclub und Schrottplatz blieb mir nicht viel Freizeit. Aber wenn ich ein wenig Zeit für mich hatte, zog ich am liebsten mit dem Fahrrad los. Für keins der Kinder im Camp wurde jemals ein passendes Fahrrad gekauft. Die meisten von uns schepperten auf einem herum, dass mehrere Nummern zu groß für uns war. Fahren funktionierte ganz gut, nur das Bremsen war ein Problem. Wenn man an den Bremsen zog, führte das ausnahmslos dazu, dass man über den Lenker flog.

Frankie, Olive und Jamie-Leigh hatten den Dreh raus, abzuspringen und das Rad dann von selbst an der nächsten Mauer zum Halten kommen zu lassen.

Twizzel und ich jedoch, die Jüngeren, waren noch nicht ganz so versiert darin, bei der Fahrt abzuspringen. Aber wir fanden bald heraus, dass es ebenso effektiv war, in einen Zaun zu fahren.

Mike, ein Freund meines Vaters, verdiente sein Geld damit, dass er die Fahrräder LKW-weise vor dem nächsten Sportverein klaute und sie dann sonntags auf irgendwelchen Märkten wieder verkaufte. Wir Kinder in den Camps dienten ihm als Versuchskaninchen; wir sollten jedes Rad testfahren und ihn anschließend über dessen Zustand und Verkäuflichkeit unterrichten.

Und dafür zahlte er uns jede Woche fünf Pfund, die wir uns teilten. Wir konnten unser Glück kaum fassen.

Die Straße zu unserem Camp war etwa zwei Kilometer lang, und eine Zeitlang fuhren wir dort. Doch nach einer Weile beschlossen wir herauszufinden, was hinter unserem Camp lag.

Östlich und westlich des Camps lagen die verbotenen Zonen. Auf der östlichen Seite lag ein vernachlässigtes Stück Land, auf dem nur ein einsamer Wohnwagen stand. Er war bereits halb vom Stamm einer riesigen alten Eiche verschluckt worden, der aussah wie eine Kralle.

In dem gammeligen Caravan lebte eine Frau, von der wir sicher waren, dass sie eine Hexe sein musste, gemeinsam mit zehn schwarzen Höllenhunden. Sie hatte dort in Frieden gelebt, bis wir Zigeuner auftauchten. Obwohl sie selbst eine Außenseiterin war, hatte sie nichts als Verachtung für uns übrig und hetzte ihre Hunde auf jeden, der es wagte, ihrem Grundstück zu nahe zu kommen. Und diese Viecher bellten nicht nur, sie bissen auch zu.

Also wandten wir uns nach Westen, wo hinter dem Abwasserkanal noch eine andere abgeschiedene Gemeinschaft lebte. Dort befand sich ein Heim für Menschen mit schwerer geistiger Behinderung. Die Patienten durften sich auf dem Gelände frei bewegen, aber nur bis zu den mit Stromdrähten gesicherten Mauern, die das Heim umgaben. Es hieß Oak Place und lag tief im westlichen Teil des Waldes, verborgen vor dem Rest der Welt. Wir waren uns einig, dass es unbedingt genauer untersucht werden musste, und eines Abends, nachdem wir unser Abendessen hinuntergeschlungen hatten, sprangen wir auf unsere geklauten Räder und fuhren los, um uns mit den anderen auf der einzigen leerstehenden Parzelle im Camp zu treffen. Als wir dort ankamen, war die Truppe bereits versammelt, und Dolly und Colleen, die Donoghue-Schwestern, ließen eine Zigarette aus der Packung rumgehen, die sie ihrer Mutter geklaut hatten.

Jamie-Leigh sog den Rauch ein wie ein Profi und blies ihn durch die Nase wieder aus. Frankie sprang vom Rad, ließ es in einen Schuttstapel rollen und marschierte mit ausgestreckter Hand auf Jamie-Leigh zu. Ich krachte in den Schutthaufen und kletterte hinaus, um mich zu der Gruppe zu gesellen.

Frankie nahm einen langen Zug von der Zigarette, die Augen genüsslich geschlossen, als wäre es die Frucht des Lebens. »Wehe, du sagst es Dad«, drohte sie mir. Als ob ich das tun würde. Mit ihren fast elf Jahren war sie bereits eine alte Raucherin, so wie die anderen. Die vier Mädchen ließen ehrfürchtig die Zigarette im Kreis gehen. Schließlich kamen Olive und Twizzel den Weg hinunter, Hand in Hand, in identischen blutroten Mantelkleidchen.

»Lasst mir was übrig!«, rief Olive.

Ein Stück hinter ihnen kam der neue Rekrut und einzige weitere Junge der Gruppe, Horace. Er hatte das Glück, der Schulbehörde entgangen zu sein, und verbrachte seine Tage damit, sich mit Süßigkeiten vollzustopfen und Actionfilme zu gucken.

Horace' Gesicht war eine einzige Maske aus Sommersprossen, und sein Haar eine leuchtend rote Masse aus Stroh. Seine Eltern, Tante June und Onkel Horace, hatten beide schwarze Haare und olivfarbene Haut.

Tante June, die von allen außer ihrem hingebungsvollen Ehemann geächtet wurde, verbrachte ihre Tage damit, ihren Wohnwagen mit noch mehr pinkfarbenen Details zu verschönern oder im trägerlosen Bikini mit High Heels an den Füßen den Wagen einzuseifen.

Ihr seltsamer Geschmack zeigte sich auch im Kleiderschrank des kleinen Horace, den sie mit Jogginganzügen und Jockeystiefeln füllte; heute trug er Limettengrün, mit einem leuchtend pinkfarbenen Streifen auf der Brust.

»Okay«, sagte Colleen im selben Atemzug, mit dem sie den Rauch einsog. Sie rang dem Filter noch zwei weitere Züge ab und drückte die Kippe aus. »Dann los.«

Dolly, die Größte von uns, kletterte zuerst über die Mauer, um dem Rest von uns auf der anderen Seite beim Runterspringen zu helfen. Von unserer Seite war es nicht schwierig, auf die Mauer zu kommen, aber auf der anderen Seite schien sie deutlich höher zu sein. Dolly kletterte hinüber, ließ sich wie ein Baumstamm auf der anderen Seite hinunterrollen und kniete sich unten neben der Mauer auf alle viere. »Wenn ihr mir den Rücken brecht, seid ihr tot«, rief sie.

Wir anderen, außer Jamie-Leigh, die einfach hinübersprang und wie ein Frosch auf der anderen Seite landete, kletterten über die Mauer und ließen uns an der anderen Seite wieder hinunter, wobei wir Dollys breiten Rücken als Trittleiter nutzten.

Als wir alle auf der anderen Seite angekommen waren, arbeiteten wir uns durch den Wald, wobei wir unter Spinnweben und Zweigen hertauchten, die uns ins Gesicht peitschten, oder uns zwischen ihnen hindurchzwängten.

»Kennt einer von euch *Predator*?«, fragte Horace.

»Oh, halt bloß die Klappe, ich hab auch so schon Schiss genug«, sagte Dolly, die voranging.

Twizzel, Horace und ich bildeten die Nachhut.

»Worum geht es da?«, fragte Twizzel.

»Also, da ist dieses Alien, okay, und es lebt im Wald oder so, und es bringt die Menschen um und reißt ihnen den Kopf ab und so ...«

Wir sangen, fluchten, kämpften und kicherten uns tiefer in den dunkler werdenden Wald, bis der schmale Pfad schließlich in eine Lichtung mündete.

Die Mädchen kramten Colleens Kippen hervor und zündeten sie an.

»Wo sind wir?«, zischte Twizzel.

Offenbar waren wir auf einen alten Campingplatz gestoßen. In seiner Mitte befand sich eine alte Feuerstelle, auf der ein leeres Fass lag. Drum herum lagen drei dicke Baumstämme als Bänke.

Jamie-Leigh nahm Frankie an der Hand und ging vorsichtig näher heran, um zu sehen, was in dem Fass war. Sie linste hinein und sprang zurück. »O mein Gott«, schrie sie. »Da liegt ein Menschenarm drin.«

Frankie trat vor und sah hinein. »Das ist ein Eichhörnchen, du Dummkopf.«

Wir liefen herbei, um ebenfalls in das Fass zu schauen. Was auch immer darin lag, es war so verwest, dass es alles hätte sein können, von einem Hund bis zu einer großen Ratte. Doch alles in allem betrachtet, schien Frankie recht zu haben, es war ein Eichhörnchen, das wohl in das Fass gekrochen war und nicht wieder hinausgefunden hatte.

Wir blickten uns um. Sechs dunkle Trampelpfade führten von der Lichtung weg, jeder davon so geheimnisvoll und furcht-erregend wie die anderen.

»Woher wissen wir, über welchen wir gekommen sind?«, fiepte Colleen.

Das war leicht. Dolly hatte aufs Klo gemusst und direkt neben dem Eingang zu unserem Pfad einen ordentlichen Haufen deponiert. Twizzel, Horace und ich hatten einen anderen Pfad hinuntergeschaut. In der Ferne war etwas, das aussah wie ein großes Haus zwischen Bäumen. Twizzel zeigte den Weg entlang. »Lasst uns den hier nehmen.«

Die anderen kamen zu uns herüber.

»Da geh ich nicht rein«, sagte Dolly und schauderte.

»Kein Problem. Kommt, wir lassen den alten Hosenscheißer hier«, sagte Frankie, hakte sich bei Jamie-Leigh unter und hüpfte mit ihr den Pfad entlang.

Dolly und Colleen pflanzten sich auf einen der Baumstämme am Lagerfeuer. Dolly brach einen Zweig ab und stocherte damit durch die Bretter des Fasses in dem toten Eichhörnchen herum. »Ich geh da nicht weiter. Wir bleiben hier und begraben es.«

Wir anderen folgten Frankie und Jamie-Leigh. Als wir uns unterhakten und den dunklen Pfad entlangliefen, durchzuckte mich ein Schauer von Angst und Vorfreude.

Twizzel kicherte leise und sang: »Löwen, Tiger und Bären, oje!«

»Halt die Klappe!«, knurrte Olive und riss Twizzel an einem ihrer Zöpfe.

Als wir das Gebäude erreichten, das wir gesehen hatten, stellten wir fest, dass es kein Haus war, sondern ein Heuschober, der an den Seiten offen und offensichtlich schon länger nicht mehr benutzt worden war. Die wenigen Heuballen, die dort noch lagen, waren auseinandergerissen und hingen windschief zu Boden. Von Frankie und Jamie-Leigh keine Spur.

»Sehr witzig, Mädels«, rief Olive. »Kommt schon, die anderen wollen nach Hause.«

Stille. Ein Schwarm Krähen flog laut krächzend über uns hinweg.

»Das ist nicht mehr witzig, ihr beide«, rief Olive.

»Ich finde, wir sollten sie hierlassen und nach Hause gehen«, sagte Twizzel.

»Aber was, wenn ihnen wirklich etwas passiert ist?«, fragte ich. Langsam bekam ich Angst. Horace klammerte sich an meinen Arm.

Twizzel stieß mir in die Rippen. »Was soll denn passiert sein, Mikey? Meinst du, ein Monster hat sie erwischt?«

»Oder der Predator«, ergänzte Horace.

»Oh, halt die Klappe, Karottenkopf, so was gibt es gar nicht. Olive, komm. Ich geh nach Hause.«

Olive arbeitete sich tretend und fluchend durch die Heuballen. Ihr Polyesterkleid zog das Heu an wie ein Magnet, und bald sah sie aus wie eine Vogelscheuche. Je mehr sie versuchte, das Zeug abzustreifen, desto fester klebte es an ihr. »*Ich weiß, dass ihr da drin seid!*«, rief sie. Ihre Stimme hallte mit einem donnernden Echo von der Decke wider.

Als es verhallt war, herrschte für einen Moment Stille. Dann ließ das scharfe Knacken eines Zweiges uns grell aufschreien. Ich sah zu Olive. Sie stand noch immer unter dem Dach und starrte uns drei voller Entsetzen an. Jamie-Leigh und Frankie kamen hinter der Scheune hervorgesprungen und warfen ein Bündel Heu über Olive. Doch die war noch immer wie erstarrt. Die beiden Mädchen folgten ihrem Blick und erstarrten ebenfalls.

»Könnt ihr mal aufhören?«, sagte Twizzel. »Was zur Hölle macht ihr da?«

Plötzlich sagte eine Stimme hinter uns: »Uas chua Heuja maach ia da?«

Wir drehten uns um und sahen einen sabbernden Mann mit schiefem Gesicht und hängenden Schultern.

Meine Kehle füllte sich mit Eis. Keiner von uns wagte es, sich zu rühren. Der Mann verzog die noch intakte Gesichtshälfte zu einem faulzahnigen Lächeln und stand schwankend vor uns wie eine schaurige Marionette. Dann hinkte er vorwärts, streckte eine schlaffe Hand aus und strich damit über Horace' Wange.

Mit einem Mal veränderte sich sein Lächeln zu einer Grimasse: Er packte Horace mit seinen knochigen Händen und drückte ihm die Kehle zu. Horace röchelte und schrie und riss an den riesigen Händen des Mannes. Doch der begann, ihn wie wild zu schütteln und dabei aus tiefster Kehle zu jaulen.

Wir sprangen auf die beiden zu. Twizzel und ich rissen an seinen Händen, während die anderen ihm gegen die Beine traten und schlugen. Als wir den Mann endlich von Horace weggezogen hatten, sackte Horace zu Boden. Wir packten ihn und rannten über den Pfad zurück zur Feuerstelle.

Dolly und Colleen rauchten und stocherten gegen das Eichhörnchen, das mittlerweile ausgestreckt auf dem Boden lag.

»*Weg hier!*«, schrie Jamie-Leigh und stürmte zurück zur Mauer.

Als wir wieder im Camp waren, schworen wir uns, nie wieder einen Fuß in diesen Wald zu setzen.

Auf dem Rückweg zum Wohnwagen konnten wir meinen Vater pfeifen hören. Es war Dienstag, mein Trainingsabend im Boxclub. Ich betete, dass er nicht schon länger auf uns gewartet hatte.

Doch als wir ankamen, stand mein Vater schon mit einem Bambusstock in der Hand neben dem Auto. »Ich pfeife seit einer Stunde nach euch.«

»Tut mir leid, Dad.«

»Wo wart ihr?«

»Wir sind über das Tor geklettert, drüben an der leeren Parzelle.«

Er marschierte auf uns zu und hob den Stock. Frankie sprang zur Seite und rannte zu ihrem Spielhäuschen.

»Ihr wart beim Irrenhaus, was?«

»Nein!«

Er schlug zu und traf mich an der Rückseite meiner Beine. Der Schmerz lief wie kochendes Wasser über meine Schenkel. Schreiend und meine Beine haltend wälzte ich mich auf dem Boden, während er erneut ausholte. Und noch einmal. Und wieder und wieder.

Sein Gesicht war rot, die Adern standen ihm wie Knoten an der Stirn hervor, während er auf mich einschlug. Mein ganzer Körper füllte sich mit einem brennenden Schmerz, als der Bambusstock mir über Arme, Beine, Finger, Rücken und Gesicht fuhr.

Ich wusste, dass er vor allem wütend war, weil ich zu spät zum Training kam, nicht, weil wir nach Oak Place gegangen waren.

Schließlich hielt er keuchend inne und befahl mir aufzustehen. Aber ich hatte solche Schmerzen, dass ich nicht hochkam. Da ließ er den Stock fallen und nahm mich unter den Arm. Ich schrie, als er mich fluchend zum Stall schleifte und so fest mit dem Fuß trat, dass ich wie ein Fußball vom Boden abhob. Ich flog in die Wäsche, und er schlug die Tür hinter mir zu.

»Du willst so leben wie ein Hund?« Er schlug den Riegel vor die Tür. »Bitte sehr.«

Frankie kam an die Tür gerannt und rüttelte am Türriegel.

»Wenn du die Tür aufmachst, bring ich ihn um.«

Sie ließ davon ab, und ich blieb in der Stille zurück.

Es war stockdunkel. Ich setzte mich auf den Boden. Ich konnte die frisch gewaschene und getrocknete Wäsche riechen. Es war ein angenehmer Geruch. Mein Vater sperrte mich oft hier ein. Vermutlich dachte er, hier im Dunkeln eingesperrt zu sein würde mir Angst machen, so wie es ihm Angst gemacht hatte, wenn sein Vater ihn eingesperrt hatte, als er klein gewesen war. Doch im Gegensatz zu ihm fürchtete ich mich nicht im Dunkeln. Es beruhigte mich, den Staubpartikelchen zuzusehen, die durch die wenigen winzigen Lichtstrahlen schwebten, wenn sie durch die Wände und die Tür drangen.

Ich kroch hinüber zum Trockner, der in der Ecke vor sich hin rumpelte, und lehnte mich dagegen. Er rumpelte durch die Striemen auf meinem Rücken und tröstete mich.

Als es draußen dunkel wurde, ging im Hof das Licht an. Der Riegel vor der Tür wurde geöffnet, und meine Mutter kam herein, einen Korb voll Wäsche in dem einen, Henry-Joe, der die Arme um ihren Hals geschlungen hatte, auf dem anderen Arm.

»Was machst du denn hier, du kleiner Hosenscheißer?«, scherzte sie. »Ich dachte, du bist mit deinem Dad im Club.«

Ich richtete mich auf. »Nee, er hat mich hier eingesperrt.«

»Nun ja«, lachte sie, »wahrscheinlich bist du hier drin besser aufgehoben als dort.«

Sie hockte sich vor den Trockner und stellte den vollen Korb neben sich. Henry-Joe tauchte in den Wäscheberg und wälzte sich selig darin. Ihr Blick glitt über mein Gesicht. »Was ist denn mit dir passiert?«, rief sie und sprang auf die Füße. Sie fasste mich unter dem Kinn und drehte meinen Kopf hin und her. Dann zog sie meinen Pulli hoch. Die Striemen von dem Bambusstock quollen aus meiner Haut wie Zornesadern.

Sie fluchte. »Verdammter Mistkerl. Was glaubt er denn? Soll ich dich so zur Schule schicken?«

»Muss ich jetzt zu Hause bleiben?«

»Was? *Nein*«, sagte sie. »Das ist doch der einzige Ort, an dem du dem alten Mistkerl aus den Augen bist.«

13

Das Schicksal der Munchkin-Königin

An dem Abend, als Großvater Noah aus dem Krankenhaus entlassen wurde, fuhren wir alle nach Tory Manor, um seine Rückkehr zu feiern. Seit Monaten war er krank gewesen und hatte Probleme mit dem Atmen gehabt, und am Ende hatte er einen Bypass gebraucht.

Am Nachmittag davor zogen Frankie und ich los, um Dolly und Colleen das Haus des Heuschobermanns und die Stelle zu zeigen, an der Horace beinahe seinen letzten Atemzug getan hätte. Diesmal waren wir vorbereitet. Wir hatten mehrere Säcke mit Tannenzapfen und Steinen mitgebracht, aber es gab keine Spur von dem Monster.

Enttäuscht drehten wir um und nahmen einen der anderen sechs Wege, die von der Lichtung abgingen, und dieser brachte uns direkt nach Oak Place.

Schockiert stellten wir fest, dass das, was wir uns wie ein Gefängnis für Geisteskranke vorgestellt hatten, in Wirklichkeit ein hübsches kleines Dorf war. Wir sahen strohgedeckte Cottages, Ställe mit freundlichen Eseln und sogar eine Ganztags-Disko. Ein Zaun umgab die gesamte Anlage, und an ihm entlang folgten wir dem Sound von schmalzigen Popsongs zu einer großen, vorne offenen Halle, in der ein paar von den Behinderten sich zu Michael Jacksons »Beat It« in irgendwelche Breakdance-Moves schmissen.

Es wurde einstimmig beschlossen, dass wir alle hineingehen und mittanzen würden, und es gelang uns tatsächlich, unbemerkt durch das Tor hineinzuschleichen. Erst nach etwa einer Stunde, in der wir uns herrlich amüsierten, wurden wir schließlich von vier kräftigen Wärterinnen mit rasierten Schädeln und Schlagstöcken in der Hand vom Gelände eskortiert.

Völlig außer Atem und kreischend vor Lachen liefen wir durch das Tor. Doch als wir im Camp ankamen, hörten wir schon unseren Vater nach uns pfeifen und wussten, dass wir zu lange fort gewesen waren.

Als wir über die Mauer kletterten, stand er da, schnaubend wie ein wütender Bulle, mit dem gefürchteten Bambusstock in der Hand. Frankie versuchte ihr Glück als Erste. Sie duckte sich, doch er erwischte sie mit dem Stock am Hintern, als sie an ihm vorbeirannte. Sie lief weiter und hielt sich dabei mit beiden Händen den Po, während sie weinend nach Hause lief.

Ich versuchte, es ihr gleichzutun, doch als ich ihm ausweichen wollte, stolperte ich und landete direkt vor seinen Füßen. Wie ein Huhn in den Fängen eines Fuchses stellte ich mich tot und hing schlapp in seinen Armen, während er mich in den Prügelschuppen schleifte, wo er mich wie wild mit dem Stock durchpeitschte und anschließend zu unserer Mutter, Frankie, Henry-Joe und Jimmy in den Wagen setzte.

Als wir die kleine Straße nach Tory Manor hinauffuhren, sahen wir, dass jeder einzelne Baum mit Ballons, gelben Bändern und falsch geschriebenen Schildern geschmückt war, auf denen »WILKOMEN ZUHAUSE« stand.

Die ganze Fahrt über hatten Frankie und ich zu hören bekommen, dass man unseretwegen zu spät kommen würde, und der Anblick der Dekoration ließ meinen Vater noch einmal loslegen. Mit Tränen in den Augen brüllte er uns an, was für eine Schande es war, dass wir nicht schon früher dort gewesen waren, um zu helfen.

»Und das nur, weil ihr zu diesem beschissenen Irrenhaus musstet«, brüllte er.

Frankie, die hinter ihm saß, wackelte mit den Schultern und bewegte stumm die Lippen zu seinen Worten.

Meine Mutter rollte mit den Augen. »Verdammt, Frank, würdest du bitte aufhören? Du hast ihnen die Flausen aus dem Leib geprügelt und die ganze Fahrt über dafür gesorgt, dass wir uns mies fühlen. Was willst du denn noch?«

Als wir ausstiegen, ertönte »Tie a Yellow Ribbon« aus einem Lautsprecher in Granny Ivys Fenster. Bis Großvater Noah etwa eine Stunde später ankam, hatten wir das Lied noch dreißig Mal gehört, und es war eine wahre Erleichterung, als es endlich ausgeschaltet wurde, nachdem der alte Mann am Arm seines ältesten Sohnes seinen Auftritt gehabt hatte.

Die folgende Stunde verbrachten wir damit, seinen Geschichten vom weißen Licht zu lauschen und seine eklige, aber äußerst eindrucksvolle Narbe zu bewundern.

Joseph bot an, mehr Alkohol zu besorgen, und fragte mich, ob ich ihm helfen wollte. Ich wollte Nein sagen, aber mein Vater bestand darauf.

»Komm schon, Mikey«, sagte Joseph. »Ich nehme den Rolls-Royce von deinem Großvater.«

Ich hatte noch nie auch nur in die Nähe von Großvaters Auto kommen dürfen, und so erwartete ich mindestens einen Whirlpool, als ich einstieg. Tatsächlich gab es im Innern nichts Besonderes, abgesehen von den blau getönten Scheiben, durch die man von außen nicht hineinsehen konnte.

Perfekt für Joseph.

Er parkte den Wagen am Friedhof und schlängelte sich wie eine gigantische Nacktschnecke durch den Spalt zwischen den Vordersitzen zu mir auf die Rückbank. Dann befahl er mir, mich auszuziehen, doch bevor ich auch nur den Pulli über den Kopf ziehen konnte, wurde ich schon zum Heckfenster umgedreht, während er sich durch meine Kleidung arbeitete.

Während er mich keuchend leckte, fragte er mich immer wieder, ob mir gefiel, was er da tat. Ich weigerte mich, Ja zu sagen, aber ich wagte es auch nicht, Nein zu sagen. Also brummte ich etwas vor mich hin und starrte nach draußen. Ich zählte die Grabsteine, die um das Auto herumstanden. Eine Frau saß auf einer Bank. Selbst wenn ich mich an die Scheibe gedrückt hätte, hätte sie mich nicht sehen können. Von außen waren diese Fenster wie massive Wände.

Als Joseph seinen Gürtel öffnete, dachte ich an die Schule, an die Irrenanstalt und an die Herz-OP meines Großvaters; an alles, nur nicht an Joseph, der sich hinter mir einen runterholte. Seine Bewegungen wurden unrhythmischer, und ich spürte die klebrigen Kleckse auf meiner Wirbelsäule, als er auf meinen Rücken abspritzte.

Wir fuhren auf den Parkplatz eines Spirituosengeschäfts, und Joseph erkundigte sich wie nebenbei nach meinen Blutergüssen und Striemen. »Wie oft schlägt er dich?«, fragte er. »Und warum? Was macht er sonst noch? Wie kann ich dir helfen?«

Ich sah ihm in das selbstgefällige Gesicht. Er würde nie etwas für mich tun. Im Gegenteil, er hätte selbst kein Problem damit, mich zu verprügeln, wenn ich mich ihm verweigerte.

Als Joseph und ich uns im Laden anstellten, fragte ich, ob ich am Auto warten könnte. Ich stellte mich neben das große blaue

Monster und übergab mich, würgte Teile meines Onkels wieder hervor: seinen Geschmack, seinen Geruch. Ich heulte und würgte und heulte weiter.

Als Joseph um die Ecke kam, wischte ich mir über den Mund.

»Alles in Ordnung?«

»Japp.«

Er hatte es gar nicht bemerkt. Er hatte bekommen, was er wollte. Auf der Rückfahrt hielt ich mich an der Tüte mit den Flaschen fest und starrte nach vorn.

Er sah mich mit einem schiefen Lächeln an und drehte die Musik auf. Irgendein »Jesus liebt mich«-Gedudel drang aus den Boxen unter den Sitzen. Joseph schlug im Takt auf das Lenkrad und sang mit.

Er liebte mich nicht. Und er würde mir nicht helfen. Warum sollte er? Er bekam genau das, was er wollte. Die Erkenntnis, dass ich in der Falle saß, ließ erneut Übelkeit und Angst in mir aufsteigen.

Großvater Noah erholte sich prächtig. Sein repariertes Herz funktionierte einwandfrei. Er behauptete sogar, er könne mit beiden Füßen zugleich über einen Zaun springen.

Dann starb Ivy, und sein Herz brach erneut.

In dieser Nacht versammelten sich unzählige Menschen vor dem rosa Wohnwagen. Die Nachricht verbreitete sich rasch. Leute aus dem ganzen Land wollten der großen Königin der Roma die letzte Ehre erweisen.

Es war eine wunderschöne Nacht, und niemand bemerkte, als ich mich davonstahl und zum Koi-Teich lief. Die Sterne strahlten so hell, dass ich die Energie unter ihrer Haut leuchten sehen konnte, und der Vollmond ließ Scherben von Licht auf den Hunderten von Autos und Lastern reflektieren, die das gesamte Gelände zuparkten.

Einer der Karpfen trieb seit mittlerweile vier Tagen auf der Wasseroberfläche. Hin und wieder kam ein anderer Fisch und nahm sich einen Bissen von ihm. Er war schneeweiß; ein großer Geist von einem Fisch.

Ich saß neben dem Teich und dachte an die Geburtstage und Weihnachtsfeiern, die wir im rosa Wohnwagen gefeiert hatten. Wie wir hektisch unsere Geschenke geöffnet hatten – Granny Ivy hatte meiner Mutter jedes Jahr das Geschenk, neu verpackt, wieder zurückgeschenkt, das die ihr im Jahr zuvor gegeben hatte. Ich dachte an Joseph, wie er mit seinem massigen Körper die ganze Couch ausfüllte, an einem Stück rohem Bacon lutschte und mit seinem Bauchnabel spielte; Frankie und ich, die bezahlt wurden, um Lieder zu singen; wie wir auf den Stufen zum Wohnwagen saßen und den unzähligen Verwandten beim Feiern zuhörten. Ich erinnerte mich, wie Tante Prissy vorsichtig das Geschirr polierte, während Granny Ivy hinter ihr auf einem Hocker stand und ihr glattes schwarzes Haar kämmte.

Durch die Schönheit der Stille um mich herum drang die gigantische Welle eines Trauerlieds vom Wohnwagen herüber.

Granny Ivy war tot.

Eine massige Gestalt erschien in der Dunkelheit. Es war Joseph. Schweigend sah ich zu, wie er zu Boden krachte. Er heulte auf wie ein verwundetes Tier.

»Mum, oh Mum.«

Meinen riesigen Onkel so hemmungslos weinen zu hören war schrecklich. Ich ging zu ihm, um ihn zu trösten. Er kam auf die Knie und klemmte mir mit seinem Griff die Arme an die Seiten.

»Bitte, wein doch nicht«, sagte ich.

Er lehnte sich ein wenig zurück und sah mir ins Gesicht. Seine tränennassen Augen leuchteten.

»Ich liebe dich, Mikey.« Sein Griff verstärkte sich. »Bitte, verlass mich niemals.«

Ich stand da wie vom Donner gerührt.

»Deine arme Granny ist tot.« Seine Stimme war von Trauer verzerrt.

Ich begann zu schluchzen. Während er weiterweinte, hob ich die Arme und wiegte seinen Kopf. »Das werde ich nicht, Onkel Joseph, bei meinem Leben, das werde ich nicht.«

Ich weinte für Joseph, meine Großmutter und mich.

Als ich in den Wohnwagen zurückkehrte, war Granny Ivys riesige Sauerstoffflasche endgültig abgeschaltet worden, doch sie saß noch immer in ihrem Sessel. Sie war kleiner im Vergleich zum letzten Mal, als ich sie gesehen hatte; ihr winzigen Beine und rosa Mokassin-Slipper hingen einen Fuß breit über dem Boden wie bei einem kleinen Mädchen, und man hatte ihr ein Küchenhandtuch mit einem dicken Knoten um den Kopf gebunden, um zu verhindern, dass ihr Mund offen stand. Sie sah aus wie eine winzige Dragqueen.

Wie wundervoll sie war. Wie stark, es so weit zu schaffen. Ich erinnerte mich an ein Foto von ihr in einem Vergnügungspark mit einem riesigen Eis. Es war so groß wie ihr gesamter Oberkörper, und sie musste es mit beiden Händen festhalten.

Ich dachte an ihre sanfte, kindliche Stimme und wie sie Geschichten aus unserer Vergangenheit erzählte. »Wir sind vor vielen Jahren aus Ägypten hierhergekommen! Wer, denkt ihr, hat geholfen, diese spitzen *cuvas* zu bauen, eh?« Sie meinte die Pyramiden.

Granny Ivy hatte mich geliebt. »Hör ihnen nicht zu, wenn sie böse Sachen über dich sagen«, hatte sie zu mir gesagt. »Komm du nur ins richtige Alter, mein Junge, und ich verspreche dir, dann wirst du es allen zeigen. Du wirst noch so einige Herzen brechen, mein Schatz.«

Sie würde mir schrecklich fehlen.

Zwei Tage später lieferte das Leichenhaus sie durch das vordere Fenster des Wohnwagens zurück, in einem prachtvollen Sarg, der drei Mal so groß war wie sie selbst. Man hatte das gesamte Wohnzimmer leergeräumt, wo sie nun feierlich aufgebahrt wurde. Die Seide unter dem geöffneten Deckel ihres Sarges war eine handgearbeitete Darstellung des *Letzten Abendmahls*.

Die Autos auf dem Gelände blieben, und in den folgenden Tagen kamen noch mehr. Wir wurden in Onkel Torys Haus einquartiert. Die Kinder schliefen zusammengequetscht wie die Flöhe in Cousin Noahs Zimmer, die Erwachsenen schliefen gar nicht.

Es dauerte fast drei Wochen, bis der Deckel des Sargs geschlossen wurde und Granny Ivy schließlich ihre letzte Ruhe fand. Schon nach der ersten Woche hatten ihre Gesichtszüge angefangen einzufallen. Ihr geliebter Noah und ihre Söhne trugen den Sarg zwei Meilen weit, gefolgt von einer Kolonne aus mehr als hundert Autos; sie kam sogar ins Radio, weil der Verkehr in einem Umkreis von mehreren Meilen zum Erliegen kam.

14

Wir ziehen weiter

Ich war elf, als mein Vater unsere Parzelle in Warren Woods verkaufte. Es war das Ende einer Ära und ein guter Zeitpunkt zu gehen.

Auch viele der anderen Bewohner hatten beschlossen weiterzuziehen und verkauften ihre Parzellen zu einem guten Preis an die irischen Traveller, die wie eine Flutwelle gekommen waren und Mr Donoghues vielfach wiederholte Prophezeiung erfüllten. Bei ihnen lebte nicht nur *eine* Familie auf jedem Stellplatz, sondern so viele, wie draufpassten, und innerhalb weniger Wochen nach Ankunft der ersten Familien zeigte das Camp die Narben ihrer Invasion: niedergetrampelte Zäune und Berge von Müll und alten Autoteilen.

Unsere Parzelle war fast sofort verkauft und brachte meinem Vater das Geld ein, das er brauchte, um unsere Abreise vorzubereiten. Er kaufte zwei Wohnwagen, einen für sich und unsere Mutter, Henry-Joe und Jimmy, den anderen für Frankie und mich. Sie kamen von einer Firma, die sich fast ausschließlich auf die Bedürfnisse von Zigeunern spezialisiert hatte. Roma war ihr Markenname, und sie hatten ihre Hausaufgaben gemacht. Ihre Wohnwagen waren riesige Monster und sahen aus wie kleine Paläste: schrill, auffällig und extrem kitschig. Wir konnten uns kaum bewegen vor lauter Edelstahl, Spiegelschränken und Chrom. Jede einzelne Oberfläche bestand aus weißem, poliertem Holz, in dem man sich spiegeln konnte, und jeder einzelne Schrank besaß eine Glastür, damit die Frau des Hauses ihr Crown-Derby-Porzellan präsentieren konnte.

Zigeuner sind nur selten arm, und da sie meist nicht längere Zeit an einem Ort leben, haben sie weniger Möglichkeiten, ihr Geld auszugeben. Also investieren sie es in auffälligen Schmuck, Designerwohnwagen, Designerklamotten und kaufen sich jedes Jahr ein neues Auto. Die Frauen, denen wenig anderes zu tun bleibt, als zu putzen, tun das perfekt geschminkt, in Jimmy Choos und Minikleidern von Gucci. Auch wenn die obligatorischen Gummihandschuhe, die hochgebundenen Haare und die Kippe zwischen den Lippen das Bild ein wenig trüben.

Mein Vater freute sich darauf, wieder auf der Straße zu leben. Meine Mutter hatte keine Wahl, er traf die Entscheidungen, aber sie schien damit zufrieden zu sein. Der Plan lautete, quer durchs Land zu ziehen, von Ort zu Ort, bevor wir uns ein Quartier für den Winter suchten.

Am Abend nach unserem letzten Schultag weinte ich mich in den Schlaf. Es gab noch so viel zu lernen. Und ich wollte Mrs Kerr nicht verlieren.

In unserer letzten Woche war die ganze Klasse ins Naturhistorische Museum gefahren, um eine Ausstellung über das Alte Ägypten zu sehen. Wir Zigeunerkinder durften nicht an den Schulausflügen teilnehmen. Unsere Eltern trauten den Lehrern nicht, also landete jeder Elternbrief zu diesem Thema sofort im Mülleimer. Dieses Mal fuhr Mrs Kerr nach Warren Wood, um meine Mutter um Erlaubnis zu bitten, weil sie wusste, wie gerne ich mitgefahren wäre. Ein mutiges Unterfangen.

»Ich kann Ihnen versichern, wie begeistert Ihr Kleiner von

diesem Thema ist, Mrs Walsh. Und ich würde ihn sehr gerne mitnehmen«, sagte sie.

Meine Mutter lächelte höflich. »Nein.«

Und das war's. Mrs Kerr gab sich widerstrebend geschlagen und ging. Meine Mutter sah ihr nach. »Neugierige alte Hexe«, murmelte sie.

In Wahrheit hatte Mrs Kerr jede Chance auf das Vertrauen oder die Zustimmung meiner Mutter vergeben, als sie uns mit einem Elternbrief nach Hause geschickt hatte, in dem sie um Erlaubnis bat, uns ein Aufklärungsvideo zu zeigen.

Mutter hatte gemeinsam mit Granny Bettie vorne im Auto gesessen, als ich ihr den folgenschweren Brief reichte. »Wofür ist das?«, quäkte die alte Bettie, als meine Mutter das Blatt auseinanderfaltete.

»Sexualkunde«, erklärte ich enthusiastisch.

Im Bruchteil einer Sekunde und mit der Präzision einer Ninja-Kämpferin schlug Granny Bettie mir mit einem Karateschlag gegen den Hals.

»Wag es ja nicht, dieses Wort noch einmal in meiner Gegenwart in den Mund zu nehmen, du kleine Fotze.«

Ich war verwirrt. Schließlich hatte ich keine Ahnung, was Sex war, und brachte es ganz sicher nicht mit dem in Verbindung, was Onkel Joseph jede Woche mit mir machte.

In diesem schmerzhaften Augenblick erhielt ich meine erste Lektion über Worte, die niemals in Gegenwart einer Zigeunerin ausgesprochen werden durften. Jedes Wort mit einer sexuellen Konnotation war verboten, ebenso wie jegliche Andeutung auf »Frauenprobleme«, wenn ich nicht einen Schlag gegen den Hals kassieren wollte. Ausnahmen waren Worte wie »fuck« und »Fotze«, die trotz ihrer Vulgarität durch das Netz der Tabu-Wörter gefallen waren. Männer und Frauen gleichermaßen benutzten sie ständig. Wenn Frankie und ich unsere Mutter fragten, was es zu essen gab, dann bellte sie fast immer »Schweinefotze«, bevor sie sich stumm dafür schalt. Wir nervten sie ständig, nur um sie dazu zu bringen, dieses Wort zu sagen.

Es scheint seltsam, dass die meisten sexuellen Begriffe verboten waren, obwohl die meisten Zigeuner, Männer wie Frauen, in beinahe jedem Satz vulgäre Wörter verwendeten. Aber so war die Regel.

Mrs Kerrs Versuch, uns sexuell aufzuklären, ging so schief, dass ihr Name von diesem Tag an besudelt war, und als dann der Ausflug ins Naturhistorische Museum anstand, war ihr Versuch von Anfang an zum Scheitern verurteilt. Nicht nur, dass sie abgewiesen wurde, ich bekam außerdem Schläge dafür, dass ich sie angeblich dazu aufgefordert hatte, zu uns nach Hause zu kommen, auch wenn ich nicht einmal gewusst hatte, dass sie kommen würde.

Wenige Tage später nahm Mrs Kerr mich in der Mittagspause zur Seite. Sie wühlte in ihrer Handtasche und erklärte, sie habe eine Überraschung für mich – sie hatte mir einen kleinen blauen Skarabäus-Talisman von der Ausstellung mitgebracht.

Es war das schönste Geschenk, das ich jemals bekommen hatte, aber es war mir beinahe unmöglich, mit so viel Freundlichkeit umzugehen.

»Vielen Dank«, flüsterte ich und versuchte vergeblich, meine Tränen zurückzuhalten.

Sie legte den Arm um mich und zog mich an sich. »Sehr, sehr gern geschehen, mein Schatz.«

Ein paar Tage später verließ ich endgültig die Schule, ohne die Gelegenheit zu haben, mich von ihr zu verabschieden. Ich bin danach nie wieder zur Schule gegangen. Damals war ich fast elf, und man erwartete von mir, dass ich arbeitete wie andere Zigeuner.

Oft wünsche ich mir, Mrs Kerr noch einmal zu sehen und ihr für alles zu danken, was sie für mich getan hat. Jedes Mal, wenn ich jemanden mit einem schottischen Akzent sprechen höre, muss ich an sie denken.

Während meine Eltern unsere Wohnwagen abreisebereit machten, schlich ich mich in den Stall. Nach Kevins Tod war er verfallen und zu einem bloßen Lagerraum verkommen, denn jeder im Camp schwor, dass Kevins Geist dort herumspukte. Doch das beunruhigte mich nicht; ich hatte Kevin gemocht und konnte mir nicht vorstellen, dass sein Geist mir jemals etwas Böses antun würde.

Anstelle von Kevins Möbeln standen dort jetzt Müllsäcke, das Werkzeug meines Vaters und der Wäschetrockner meiner Mutter. Dieser Ort war zugleich meine Zuflucht und meine Folterkammer. Mein Vater nutzte den Stall noch immer, um mich zu verprügeln, wenn ich ins Bett gemacht hatte.

Auch nach vier Jahren war es noch immer so schlimm, dass ich es hasste, zu schlafen. Den ganzen Abend über weigerte ich mich, auch nur einen Schluck zu trinken, und saß jedes Mal zwanzig Minuten auf dem Klo, bevor ich ins Bett ging. Dort lag ich dann mit offenen Augen und betete, es möge nicht wieder passieren. Irgendwann schlief ich dann doch ein, egal, wie sehr ich mich dagegen wehrte, nur, um bald darauf in einer Pfütze zu erwachen. Das bedeutete Schläge im Stall, dann öffentliches Ausziehen, gefolgt vom Abspritzen mit dem Schlauch. Doch trotz der Assoziation mit der Brutalität meines Vaters mochte ich den Stall, denn hier konnte ich allein sein.

Meine Mutter war die Einzige, die tagsüber hier hereinkam. »Und, was treibst du so?«, fragte sie mich dann immer mit einem Lächeln, wenn sie einen Korb nasser Sachen hereinbrachte, und ich hielt dann jedes Mal meine He-Man-Figuren hoch.

»Oh! Und, wer gewinnt heute, die Guten oder die Bösen?«, fragte sie dann.

»Die Bösen.«

Ich sah ihr zu, wie sie einen Patsy-Cline-Song summend die Wäsche in den Trockner lud.

»Nicht auf den Knöpfen hier rumdrücken«, sagte sie dann und eilte mit ihrem leeren Korb, noch immer singend, an mir vorbei nach draußen. Es waren immer traurige Lieder, und sie hatte eine Stimme, die einem tief in die Seele bis zu den am sorgfältigsten verborgenen Gefühlen dringen konnte.

Der alte Wäschetrockner spendete mir Trost, und ich liebte ihn sehr. Ich lehnte mich gegen ihn, schlang die Arme um seinen metallenen Körper und spürte seine rumpelnde Wärme. Doch jetzt zogen wir fort, und ich verlor mein Versteck. Im Wohnwagen gab es keine Möglichkeit, meinem Vater zu entkommen, und keinen freundlichen Wäschetrockner. Ich wollte mir alles noch einmal fest ins Gedächtnis einprägen, bevor mein Vater den Stall am nächsten Tag auseinandernahm.

Ich fragte mich, wo mein Vater mich von nun an schlagen würde, wenn wir unterwegs waren. Würde er eine Art Zelt aufstellen? Eins war klar: Den Schlauch würde ich nicht vermissen. Und Joseph. Ich würde nicht länger jede Woche auf diesen grässlichen Schrottplatz gehen. Ich hasste den Schrottplatz, und ich hasste Joseph. Plötzlich wurde mir bewusst, dass weiterzuziehen vielleicht das Beste war, das mir passieren konnte.

Wir fuhren nicht allein. Die Ersten, die sich dem Konvoi anschlossen, waren die beiden Schwestern meiner Mutter, Nancy und Minnie, mit ihren Familien.

Tante Minnie, die Königin des Ladendiebstahls, hatte mir erst neulich meinen allerersten Blick auf einen weiblichen Busen geschenkt, indem sie eine von ihren Brüsten herausgeholt und damit vor mir herumgewackelt hatte. Sie sah Cruella De Vil sogar noch ähnlicher als früher in ihrem knallbunten Sweatshirt, das ein Designerteil sein sollte und auf dessen Rückseite in dicken Goldbuchstaben »Chanel« stand, was der ganzen Sache eher abträglich war. Sie und ihr Mann Jaybus hatten mittlerweile drei Kinder; die zwei Jungs waren weit nach Romaine geboren worden.

Tante Nancy war von Granny Bettie eingeredet worden, sie sei die »Brigitte Bardot« der Familie, obwohl sie in Wirklichkeit eine exakte Kopie ihrer eher reizlosen Mutter war, nur mit einem dickeren Hintern und blondgefärbten Haaren, die sie in einem Sturzhelm-Vokuhila trug, wobei die hinteren Haare so lang waren, dass sie sich draufsetzen konnte. Ihr Mann, Onkel Matthew, war der einzige männliche Zigeuner, der das Geschirr abwusch; sie hatten zusammen vier kleine Kinder.

Onkel Matthew brachte noch seinen zuverlässigsten *Dossa* Kenny mit, einen sorgenvoll dreinblickenden Mann mit einem Gesicht so flach wie Hexentitten und einem Schwung in den Augenbrauen, der Jack Nicholson vor Neid hätte erblassen lassen.

Der Rest des Konvois bestand aus den üblichen Mitläufern: zwei frisch verheirateten Pärchen mit je einem Baby und den berüchtigten Finneys – Julie-Anne, Sam und deren Kindern. Sie waren wie die Adams Family in einem Wohnwagen.

Julie-Anne war eine berühmte Boxerin. Sie war so groß wie ein Traktor und wurde Big Band Binney genannt, weil sie einmal in der Öffentlichkeit nicht einen, sondern gleich vier Männer vermöbelt hatte, die gedacht hatten, sie könnten sich auf einer Hochzeitsfeier mit ihrem Mann Sam anlegen. Sam war etwa so groß wie Julie-Annes Arm, hatte ein Gesicht wie ein viktorianischer Serienmörder und einen Mund voll spitzer schwarzer Zähne. Er wurde nur selten herausgefordert, aber wir kamen oft von der Arbeit nach Hause und stellten fest, dass Binney sich eine neue Kerbe im Bettpfosten verdient hatte, während sie darauf gewartet hatte, dass die Wäsche trocknete. Sie und Sam hatten acht Kinder: fünf Mädchen, alle Julie-Annes Ebenbild, und drei Jungen, die alle so aussahen wie Sam.

In letzter Minute schloss sich auch noch Jimmy, der jüngste Bruder meiner Mutter, dem Konvoi an. Er hatte gerade eine Frau geheiratet, die doppelt so alt war wie er. Mit fünfunddreißig wäre Rayleen zu einem Leben als alte Jungfer verdammt gewesen, wenn nicht der einundzwanzigjährige Jimmy eingesprungen wäre.

Am Tag vor der Abreise fuhren wir noch einmal nach Tory Manor, um uns von der Familie meines Vaters zu verabschieden. Von der Sekunde an, in der wir dort auftauchten, klebte Joseph an mir, aber ich achtete darauf, möglichst bei den anderen zu bleiben, und gab ihm keine Gelegenheit, mich für ein letztes Abschiedsfummeln fortzuziehen. Nicht, dass er es nicht versucht hätte. Während die Familie plauderte, trat er von hinten an mich heran, stieß mich an, rollte mit den Augen, zwinkerte und nickte, um mir zu signalisieren, dass ich kurz mit ihm mitkommen sollte.

»Komm«, flüsterte er.

Ich sah ihn an und wandte mich dann an Tante Maddie. »Tolle Schuhe, Tantchen.«

»Oh, danke!«, quietschte sie, hob den Fuß und schlenkerte damit herum. Sie trug Stilettos mit durchsichtigen Riemchen und einer dicken Plastiksohle voll Wasser, Regenbogenglitzer und einem winzigen goldenen Modell des Eiffelturms in jedem Absatz.

Beleidigt verschwand Joseph in seinem Wohnwagen.

Es fiel mir schwer, unsere kleine Gang zurückzulassen, aber wir waren uns sicher, sie bald wiederzusehen. Ihre Familien versprachen, von Zeit zu Zeit zu uns zu stoßen, und wir dachten, wir würden herkommen und sie besuchen.

Doch die meisten von ihnen würden wir nie wiedersehen.

Ein gutes Jahr später starben unsere Cousinen Olive und Twizzel bei einem Autounfall. Olive, die damals erst dreizehn war, fuhr wie so viele Zigeunerkinder in ihrem Alter bereits Auto. Sie saß am Steuer, Twizzel neben ihr, als ihr Wagen von einem LKW gerammt wurde. Beide Mädchen waren sofort tot. Ich vermisste sie sehr.

Auch die Donoghue-Mädchen und Horace haben wir nie wiedergesehen. Horace' Vater starb, kurz nachdem wir losgezogen waren, und der Junge musste die Rolle als Mann in der Familie übernehmen. Dann setzte sich seine Mutter mit dem *Dossa* ab, sodass Horace sich um seine Großmutter kümmern musste. Die Einzige, die ich wiedersah, war Jamie-Leigh, die Zigeunerprinzessin mit dem hübschen Gesicht und dem vulgären Mundwerk. Ich liebte Jamie-Leigh für ihren Mut und ihr Selbstvertrauen und vermisste ihren Humor und ihre Energie sehr. Nie hätte ich gedacht, dass drei Jahre vergehen würden, bevor ich sie wiedersah.

Als wir schließlich losfuhren, bestand unser Konvoi aus sieben Kastenwagen, fünf PKW, elf Wohnwagen, allesamt silbern, und zwei riesigen Kippladern; beide waren in orangefarbenen, gelben und schwarzen Streifen lackiert und bis zum Rand mit Waschmaschinen, Toilettenzelten, Vordächern, Hundehütten, Hunden, Werkzeugen zum Asphaltieren und Wäschespinnen beladen. Mein Vater fuhr in seinem Laster und zog den größeren Caravan, während meine Mutter den PKW mit dem kleineren Caravan lenkte. Ich sorgte dafür, dass ich bei ihr mitfuhr.

Wir waren ein Konvoi dreckfressender, rauborstiger, typischer Zigeuner, und nicht wenige der Fahrer, denen wir auf dem Weg nach Norden begegneten, starrten uns entsetzt an. Der Plan lautete, jeweils ein paar Wochen in den einzelnen Camps zu bleiben, dann weiterzuziehen und schließlich bei Wintereinbruch wieder in den Süden zurückzukehren.

Man erzählte sich, die Zigeuner im Norden seien deutlich friedlicher als die im Süden. Darüber war ich sehr erleichtert. Wir würden meilenweit vom Boxclub und all jenen entfernt sein, die den Namen Walsh verehrten. Vielleicht, so betete ich, würde ich nicht mehr kämpfen müssen.

Zigeunercamps gibt es überall. Die meisten liegen abgeschieden, verborgen am Ende unscheinbarer Nebenstraßen. Ein paar liegen mitten in einer Gemeinde, doch die meisten von ihnen existieren nicht lange, weil die Leute sich über sie beschweren. Wir hofften, eher abgeschiedenere Camps zu finden, doch schon als wir loszogen, zeigten sich die ersten Probleme.

Die irischen Traveller hatten nicht nur Warren Woods übernommen, sie schienen überall zu sein. Wir nannten sie *hedgemumpers*, ein Zigeunerwort für Leute, die in Bezug auf ihre Lebensbedingungen nicht sehr wählerisch sind. *Hedgemumpers* schlagen ihr Lager überall auf: neben der Autobahn und sogar mitten auf einem Parkplatz. Diese Sorte von Travellern hatte unser öffentliches Image in den Dreck gezogen, indem sie überall Müll und Chaos verbreiteten und alles mitnahmen, was nicht niet- und nagelfest war. Es gab nur sehr wenige Roma, die sich so verhielten.

Wir reisten nach Norden in der Erwartung, dort in etablierten Roma-Camps willkommen zu sein. Doch wir hatten uns getäuscht. Aus Angst, dass wir zu der immer größer werdenden Gruppe irischer Traveller gehören könnten, weigerten die Eigentümer der Camps sich, ihre Tore zu öffnen. Mein Vater und die anderen Männer versuchten sie davon zu überzeugen, dass wir Roma waren, doch sobald sie hörten, dass wir aus dem Süden kamen, misstrauten sie uns. Zu dieser Zeit kamen auf jeden Roma in Südengland fünf Irish Traveller, und sie waren davon überzeugt, dass wir ebenfalls welche in unserem Konvoi hatten.

Selbst Camps, die wir im Voraus gebucht hatten, wiesen uns ab, als wir ankamen. An unserem ersten Tag, nachdem wir viele Stunden gefahren waren, wurden wir von vier Camps fortgeschickt. Die Leute im letzten Camp, bei dem wir es versuchten, ließen uns nicht einmal ausreden und brüllten schon »Haut ab!«, als sie uns nur sahen.

Wir hatten keine andere Wahl, als uns den *Hedgemumpers* anzuschließen. In dieser Nacht campierten wir an einem verlassenen Truck Stop direkt außerhalb einer großen Stadt. Jede Familie suchte sich einen Platz, und innerhalb weniger Minuten waren die Stützen runtergekurbelt und die Hunde aus dem Auto gelassen. Während die Frauen in die Büsche gingen, um sich zu erleichtern, marschierten die Männer mit ein paar leeren Eimern zur nächsten Tankstelle, um Wasser zu holen.

Ich sprang hinten auf die Ladefläche unseres Lasters, um nach unserer Trittleiter für den Eingang zu suchen. Der Himmel wurde dunkler, und die blau und rosafarben zerschrammten Wolken wanden sich wie Lava um die untergehende Sonne. Außer den Straßenlaternen gab es kein elektrisches Licht. Weit und breit war niemand zu sehen. In der Ferne konnte ich den Strom blinkender Lichter auf der Autobahn ausmachen, und ich atmete den Gestank von Benzin und Abgasen ein.

Da ich allein war, öffnete ich meine Hose und pieselte auf den Asphalt unter dem Lastwagen.

Plötzlich tauchte Onkel Matthews *Dossa* von irgendwoher auf, und ich sprang erschrocken zurück. Mit glühenden Wangen wandte ich mich ab, um die Trittleiter vom Boden der Ladefläche aufzuheben.

»Brauchst du Hilfe?«

»Schon okay, ich hab's schon.«

Als ich die Trittleiter über den Rand der Ladefläche schob, nahm er sie mir ab und stellte sie auf den Boden.

»Danke.«

»Schaffst du's alleine runter?«

Er griff nach oben und hob mich runter, obwohl ich es auch alleine geschafft hätte. »Du musst Franks Sohn sein. Du siehst genauso aus wie er«, sagte er lächelnd. »Also musst du der kleine Frankie sein.«

»Nein, das ist meine Schwester. Ich bin Mikey.«

Er wischte sich die Hand an seinem Pulli ab und reichte sie mir. »Ich bin Kenny. Ich arbeite für deinen Onkel Matthew.«

Ich nahm seine Hand, und er schüttelte meine. Es war das erste Mal, dass mir jemand die Hand zur Begrüßung gegeben hatte.

»Also, wir sehen uns, Mikey. Ich muss die Stützen an dem Wohnwagen hier runterfahren.«

Er ging davon, und ich sah ihm nach.

Er und ich waren vermutlich die am meisten verachteten Mitglieder des Konvois. Und dennoch hatte er sich mir gegenüber höflich und nett verhalten. Und damit hatte er einen einsamen, verlorenen Ort tief in meinem Innern berührt. Es fühlte sich an, als hätte ich einen Freund.

Kurz darauf kehrten die Männer und Frauen zurück. Die Männer machten ein Lagerfeuer, und die Frauen kochten. Wir saßen alle um das Feuer herum, und es gab Geschichten, Lieder, Scherze, Diskussionen und ein Bier nach dem anderen.

Nach einem letzten kollektiven Toilettengang zogen die Frauen sich in ihre Wohnwagen zurück, und es dauerte nicht lange, bis das Gespräch der Männer sich dem Feind zuwandte: den irischen Travellern. Ich saß da und lauschte, während einer nach dem anderen seine Sorge teilte und von Angriffen auf Zigeuner berichtete. Das Feuer erhellte ihre Gesichter, während sie von Box-Champions erzählten, die von großen Gruppen irischer Traveller überfallen, erstochen, erschossen oder zu Krüppeln geschlagen worden waren.

Die schlimmste Geschichte kam von Onkel Matthew: Einer der Zigeuner-Ältesten war auf der Hochzeit seiner Tochter überfallen worden. Man hatte ihn zwischen zwei Autos gebunden und in Stücke gerissen.

Als Onkel Matthew geendet hatte, war nur das Knistern und Knacken des Feuers zu hören. Die Gesichter der Männer wirkten leer. All diese grässlichen Geschichten hatten ihnen bewusst gemacht, wie ernst die Lage geworden war. Die Bedrohung durch die irischen Traveller betraf uns alle.

Irgendwann löste Kenny die Stimmung, indem er ein paar Stücke Kohle aus dem Feuer zog und damit jonglierte. Lautes Gelächter erschallte, als einer nach dem anderen versuchte, es ihm nachzumachen. Ich schlug die Hände vors Gesicht und lachte über den Versuch meines Vaters. Er quiekte wie ein Schwein, als er versuchte, mit nur einem einzigen Stückchen Kohle zu jonglieren, und sich dabei in Panik das glühende Stück ins Gesicht warf. Es war ein heiteres Ende dieses Abends.

Als die Versammlung sich auflöste, setzte Kenny sich neben mich.

»Wie isses, Walsh?«, lallte er. Ich konnte den Alkohol in seinem Atem riechen.

»Du bist betrunken.«

Er nickte und nahm einen langen Zug von seiner Zigarette. »Ich will dir was zeigen.« Er deutete nach oben auf eine Ansammlung von Sternen. »Schau mal, da oben … Kennys Topf.«

»Was?«

»Die Sternengruppe da oben. Siehst du sie?«

Es war der Große Wagen. Aber woher hätte ich das wissen sollen? Von diesem Augenblick an war es für mich »Kennys Topf«.

Wir saßen vor der verlöschenden Glut des Feuers, und Kenny erzählte mir von seiner Frau und seiner kleinen Tochter. »Willst du ein Foto sehen?«

Er griff in seine Hemdtasche und zog ein altes Portemonnaie heraus, und aus diesem drei kleine Fotos, die er mir reichte. Zuerst konnte ich nichts erkennen. Der Schein des Feuers beleuchtete nur eine dicke Schicht Fingerabdrücke. Schließlich erkannte ich das Porträt von jemandem, der aussah wie ein Serienmörder. Rose West.

»Das ist meine Frau … Ist sie nicht wunderschön?«

Was sollte ich sagen?

»Sie ist umwerfend.«

Die anderen beiden Fotos zeigten einen glücklicheren, weniger gequält aussehenden Kenny mit einem kleinen Mädchen auf dem Schoß. Die Ähnlichkeit zwischen Vater und Tochter war verblüffend.

»Wo sind sie jetzt?«

Er seufzte tief und zündete sich eine neue Zigarette an.

»Ich weiß es nicht. Sie hat mich vor über einem Jahr verlassen und die Kleine mitgenommen.«

Er hob die Kippe an die Lippen und hielt einen Moment lang inne. Dann stieß er einen leisen Klagelaut aus. Ich folgte meinem Instinkt und tat etwas sehr Ungewöhnliches: Ich legte die Arme um ihn. Und er weinte, bis mein Hals nass von Tränen war.

Später lag ich in meinem Bett und starrte an die Decke.

Donner grollte. Ein Gewitter zog auf. Blitze erhellten den Himmel, und es begann zu regnen – riesige Tropfen, so groß wie Steine, die in einem immer schnelleren Sambarhythmus auf das Blechdach schlugen.

Hinter der Schiebetür konnte ich Frankie im Schlaf murmeln und fluchen hören. Ich dachte an Kenny, meinen neuen Freund, auch wenn mir klar war, dass er nicht wirklich wusste oder verstand, was ich durchmachte.

Ich war ein verkorkster Junge, und er war ein *Dossa*; beide waren wir Ausgestoßene. Aber Kenny behandelte mich wie einen Menschen, er interessierte sich dafür, was ich dachte, und sprach über andere Dinge als Boxen und Geld. Er gab mir das Gefühl, und wenn auch nur für einen kurzen Moment, dass ich von Bedeutung war, und dafür liebte ich ihn.

15

Ein zwölf Jahre alter Mann

In den nächsten Monaten reisten wir durchs Land. Wir fanden ein paar Zigeunercamps, die uns reinließen, und blieben dort einige Wochen, während mein Vater und die anderen Männer arbeiteten.

Ohne die *Dossas*, die unten im Süden für ihn gearbeitet hatten, blieben meinem Vater nur noch zwei Mann: ich – und er selbst. Ich war fast zwölf Jahre alt und galt somit unter Zigeunern als »erwachsen«. Es war an der Zeit, mit ihm loszuziehen und mein Handwerk zu lernen.

Kein Zigeuner in dieser Zeit war ein gelernter Bauarbeiter oder Handwerker. Doch auch ohne Ausbildung oder besondere Fertigkeiten konnten sie gut von ihrer Arbeit leben.

Manche waren deutlich professioneller als andere, aber es war eine Seltenheit, wenn ein Zigeuner für irgendjemanden gute Arbeit leistete, besonders wenn Geld den Besitzer wechselte, bevor die Arbeit erledigt war; in diesen Fällen würde der Kunde mit ziemlicher Sicherheit überhaupt nichts bekommen. Und in manchen Fällen, bei dem Zustand, in dem sich die Arbeiten befanden, die ich miterlebt hatte, war es vermutlich sogar besser so.

Die Spezialität meines Vaters war es, Einfahrten neu zu asphaltieren, also war dies das »Handwerk«, das auch ich lernen würde. An meinem ersten Tag, halb versunken in einem XL-Arbeitsoverall und nicht einmal in der Lage, eine Schaufel richtig zu halten, kam ich nicht umhin zu denken, dass ich nur hier war, weil er keine andere Wahl hatte. Er wollte ebenso wenig mit mir zusammenarbeiten wie ich mit ihm. Aber es gab keine Alternative, also mussten wir uns irgendwie arrangieren. Wobei mein Vater gar nicht vorhatte, wirklich zu arbeiten, wie sich bald herausstellte. Seine Rolle war es, den Vorarbeiter zu spielen, mit den Kunden zu sprechen und mich rumzukommandieren.

Unsere Arbeitstage bekamen bald einen Rhythmus. Glücklicherweise hatte ich zu diesem Zeitpunkt aufgehört, ins Bett zu machen, sodass mir der Schmerz und die Demütigung, in aller Öffentlichkeit geschlagen zu werden, erspart blieben. Stattdessen wurde ich um sechs geweckt, um die Teerfässer zu füllen, sie auf den Laster zu rollen und festzuzurren. Dann musste ich nachsehen, welches Werkzeug wir an diesem Tag brauchen würden, und sicherstellen, dass alles bereit war. Wenn wir dann losfuhren, ging es zuerst zum nächsten Steinbruch, wo ich etwa eine Tonne rosafarbenen Kies auf die Ladefläche des Lasters schaufeln musste. Siebzig Prozent davon waren Staub, und ich musste dafür sorgen, dass der gut abgedeckt war, weil schon ein leichter Regenschauer alles ruinieren konnte. Jeden Morgen, wenn wir vom Steinbruch wegfuhren, war ich von Kopf bis Fuß, von den Wimpern bis zu den Zehen, von einer dicken Schicht leuchtend rosafarbener Paste bedeckt.

Anschließend hielt mein Vater bei einem Bäcker, um sich mit Puddingtörtchen und süßen Teilchen zu versorgen. Er hatte Diabetes, aber er schummelte wie der Teufel. Seine erste Kommunikation in meine Richtung war das widerwillige Angebot, mir etwas aus einer der Bäckertüten zu nehmen. Es war die größte Annäherung an ein »Guten Morgen, wie geht es dir?«, die wir zustande brachten. Ich aß einen Donut oder ein Iced Bun, während er schwer atmend an mehreren süßen Teilchen lutschte.

Nach dem Zuckerschock war er bereit zur Jagd. Während ich schon wieder völlig erschöpft zu den Klängen seiner Roy-Orbison-/Doris-Day-Kassette einschlief, durchforstete mein Vater die Straßen nach neuen »Kunden«. Wir kurvten durch die einzelnen Ortschaften und suchten nach einer geeigneten Wohngegend, in der die Häuser Einfahrten hatten. Wenn mein Vater ein potenzielles Objekt gefunden hatte, verwandelte er sich in einen wahren Performance-Künstler, mit einer Eloquenz, die einem professionellen Shakespeare-Darsteller in nichts nachstand.

Der alte Teufel war lebhaft, charmant und liebenswürdig und wirklich erstaunlich. Er begrüßte die Hauseigentümer so vertraut, dass sie das Gefühl hatten, ihn bereits zu kennen. Nachdem er ein paar Minuten mit ihnen geplaudert hatte, fand er genau den richtigen Augenblick, um sie auf sein »Tagesangebot« hinzuweisen. Er hätte, so erklärte er ihnen, in der Nähe ein Projekt gehabt und überschätzt, wie viel Teer er dafür bräuchte. Und statt ihn nun zu verschwenden, würde er die Einfahrt des Kunden für den lächerlichen Betrag von zehn Pfund neu teeren.

Nur diejenigen, die knapp bei Kasse, geizig oder naiv waren, fielen darauf herein, aber von denen schien es genug zu geben. Und genau dort wurde mein Vater zum Jäger; er prahlte damit, dass er einen leichtgläubigen Rentner meilenweit riechen könne.

Er nutzte die Einsamkeit älterer Menschen aus und machte ihnen glaubhaft, dass sein »Sonderangebot« allein daher rühre, dass sein eigener Vater ihre Einfahrt vor Jahren geteert habe. Da sie keine Ahnung hatten, ob er die Wahrheit sagte oder nicht, entschieden die meisten sich, ihm zu glauben, und nickten fröhlich.

Und so machten wir uns an die Arbeit. Ich kratzte das Unkraut weg, während mein Vater den verdünnten Teer in der Einfahrt verteilte. Dann musste ich eine Schubkarre mit dem rosa Kies füllen und ihn so gleichmäßig und so dünn wie möglich darüberstreuen.

Mein Vater gab die Befehle, und ich gehorchte. Ansonsten sprachen wir nicht miteinander. Er erwartete von mir, dass ich wusste, was zu tun war; wir hatten keine Zeit für Fehler, denn wir mussten die Arbeit erledigen und verschwinden, so schnell es ging.

Wenn wir fertig waren, sah die Einfahrt gut aus. Aber wir wussten, dass sich der Kies mit dem ersten Regenschauer in Matsch verwandeln und nichts als eine ausgewaschene Kraterlandschaft zurücklassen würde. Also wurden die Opfer sofort herausgerufen, um ihre wunderschöne neue Einfahrt zu bewundern. Dann nannte mein Vater ihnen den wahren Preis, den er auf zehn Pfund pro Quadratmeter erhöhte. Wenn sie protestierten, behauptete er, dass es ihr Fehler sei, wenn sie ihn von Anfang an falsch verstanden hätten.

Nach der Arbeit musste ich die Teerfässer wieder neu füllen, die er gekauft hatte oder manchmal von einer Baustelle an der Autobahn hatte mitgehen lassen. Nicht selten verbrachte ich den ganzen Abend auf der Ladefläche des Lasters und verteilte ein Fass voll Teer auf drei leere, bevor ich alle vier mit dem Wasserschlauch auffüllte, um mehr Fläche damit bedecken zu können.

Am Ende des Abends fiel ich völlig erschöpft ins Bett, nur um die gleiche Prozedur am nächsten Tag zu wiederholen, nicht selten sieben Tage die Woche.

Alle in unserem Konvoi verdienten ihr Geld auf ähnliche

Weise. Manche machten das Gleiche wie mein Vater, andere verkauften Teppiche, deckten Dächer, setzten Fenster ein oder erledigten irgendwelche anderen Arbeiten, die so hingebogen werden konnten, dass es gut genug aussah, um den Leuten das Geld aus der Tasche zu ziehen.

Bevor wir in den Norden gezogen waren, hatte mein Vater nebenbei noch geklaute Autos verkauft. Zusammen mit Wayne, einem seiner *Dossas*, der früher ein professioneller Autodieb gewesen war, fuhr mein Vater mit uns durch die nächste Stadt und hielt Ausschau nach geeigneten Autos. Aufgemotzte Vans und alles mit Babyschühchen, Boxhandschuhen, Hufeisen oder Rosenkränzen am Rückspiegel wurden in Ruhe gelassen, denn das waren geheime Zeichen, die besagten, dass der Wagen einem Zigeuner gehörte. Mein Vater und Wayne suchten nach Luxusautos, in denen jemand möglicherweise eine Handtasche oder Kreditkarte zurückgelassen hatte. Wenn sie eins fanden, wurde Wayne losgeschickt, um das Auto zu knacken und uns darin nach Hause zu folgen.

Am nächsten Tag brezelten Wayne und meine Mutter sich als reiches Pärchen auf und marschierten durch die teuren Boutiquen, wobei sie so viel wie möglich aus den Kreditkarten herausholten, die sie mit dem Auto gestohlen hatten. Am Abend zuvor hatten sie die Unterschriften auf den Karten geübt und sich auf ihre Rollen vorbereitet. Mein Vater ließ sie jedes Haushaltsgerät und jedes Kleidungsstück kaufen, das sich zu Geld machen ließ. Er folgte ihnen durch die Geschäfte und zeigte auf die Dinge, die er haben wollte. Wayne hatte verbrannte Lippen und Finger von seiner endlosen Raucherei. Aber sauber geschrubbt und in dem Armani-Anzug, den sie mit einer zuvor geklauten Kreditkarte gekauft hatten, ging er beinahe als Gentleman durch; ganz im

Gegensatz zu meinem Vater, der aussah wie der Pate im Gulli, egal was er anzog. Das rosafarbene Kostüm meiner Mutter – mit Bleistiftrock, riesigen Schulterpolstern und einem weißen Hut mit breiter Krempe – hätte direkt von Krystle Carrington in ihrer Lieblingsserie stammen können.

Während die beiden die gestohlenen Kreditkarten zum Glühen brachten, wurde das Auto »abkassiert«, wie mein Vater es nannte, also unkenntlich gemacht und weiterverkauft.

Als wir in den Norden zogen, entschied Wayne sich, nicht mitzukommen, und so war der Autohandel für meinen Vater nur noch eine gelegentliche Einnahmequelle, und sein Hauptgeschäft wurde das Teeren. Wir arbeiteten uns durch ein Wohnviertel nach dem anderen, bis es dort nichts mehr zu holen gab oder einer der Kunden die Polizei alarmierte.

Als wir schon einige Monate unterwegs waren, schaufelte ich mir gerade ein paar wohlverdiente Bohnen auf Toast in den Mund, als ein Fremder in unsere Parzelle marschiert kam. Er war jung und massig, mit einer riesigen Wampe, die unter seinem Oberteil herausquoll, und fettigen Haaren, die ihm ins Gesicht hingen. Er stellte sich in die Tür unseres Wohnwagens.

»Bist du Franks Sohn?«

Mir blieb der Toast im Hals stecken, und mein Herz begann wie wild zu schlagen, als mir bewusst wurde, was jetzt kommen würde. Der Ruf der Walshes war also doch nicht im Süden geblieben. Das hier war mein erster Herausforderer.

»Japp.«

Ohne ein weiteres Wort hob er die Fäuste; seine fettigen Locken wippten ihm auf die Stirn, und sein Bauch wabbelte, als er herumtrippelte und mit den Fäusten in die Luft schlug. »Steh auf«, zischte er.

Mein Vater, Frankie und Tante Minnie kamen aus dem anderen Wohnwagen, alle drei mit einer Zigarette im Mund. Mit ihren dreizehn Jahren durfte Frankie nun auch in der Öffentlichkeit rauchen.

Ich stellte meinen Teller ab. »Was hab ich getan?«

Der Junge antwortete nicht; er wabbelte einfach weiter und winkte mir, zu ihm zu kommen.

»Wo kommst du her, Mush?«, fragte mein Vater ihn.

Der Junge hielt inne und verbeugte sich dann wie vor einem König. »Liverpool, Onkel. Ich bin Basher Bills Sohn.«

Mein Vater hob kurz das Kinn zum Zeichen, dass der Name ihm was sagte.

»Na, zumindest ist der kleine Mistkerl höflich«, murmelte Tante Minnie.

»Wie alt bist du?«, fragte Frankie.

»Siebzehn.«

»Verpiss dich, du Hosenscheißer, der Junge ist noch nicht alt genug«, sagte Tante Minnie.

Doch mein Vater riss mich aus dem Stuhl. »Nimm die Arme hoch, Mikey.«

Tante Minnie rollte mit den Augen. »Frank, er ist noch ein Kind.«

Mein Vater sah sie nicht einmal an.

»Mikey, wenn du nicht aufstehst und gegen den Jungen da kämpfst, tret ich dich bis nach Dover.«

Ich trat einen Schritt vor, und der Junge fing wieder an, zu hüpfen. Widerstrebend ging ich ebenfalls in Position und stürzte mich auf ihn. Direkt in seine Faust. Vier oder fünf Schläge später lag ich am Boden, und der Kampf war beendet. Ich blutete nicht. Ich weinte nicht. Ich öffnete nicht mal den Mund. Ich stand auf, klopfte mich ab und setzte mich wieder in den Wohn-wagen. Frankie und Tante Minnie folgten mir.

Mein Vater gratulierte dem Jungen widerwillig und schüttelte ihm die Hand. Dann, als der Junge stolz lächelte, holte er aus und schlug ihm die Faust in den Mund. Der Junge flog gegen die Seite seines Vans und glitt zu Boden. Dann stand er auf und kletterte wie ein panischer Hase hinein.

»Und jetzt geh und bring diese fette Fotze von deinem Vater hierher«, rief mein Vater.

In einer Staubwolke raste der Van vom Platz.

Mein Vater steckte den Kopf durch das offene Fenster des Wohnwagens und rieb sich den Staub aus den Augen. »Komm raus.«

Ich zögerte. Ich kannte diesen Blick. Er war wütend und suchte jemanden, an dem er sich abreagieren konnte. Er schnaubte. »Komm. Raus.«

Sobald ich mich zögernd erhob, kam er zur Tür gestürmt.

»Lauf, Mikey!«, rief Frankie.

Ich sprang zur Tür in der albernen Hoffnung, vor ihm davonrennen zu können. Nur Sekunden später traf mich die Spitze seines Stiefels am Steiß. Ich fiel, mit dem Gesicht voran, nach vorn, und mein Kinn knallte auf den Beton.

Er lachte. »Na los, wein doch mal ein bisschen für deinen alten Dad.«

Blut hustend kroch ich aus unserer Parzelle und humpelte davon.

»Du bist zu nichts zu gebrauchen, nicht mal als Hund!«, rief er mir hinterher.

Ich lief schneller und rannte zum nahe gelegenen LKW-Park-platz, wo Kennys Wohnwagen stand. Als einfacher *Dossa* war es ihm nicht gestattet, mit uns im Camp zu wohnen. Eine Wunde in meinem Gesicht pumpte ihr Blut über meine Wangen nach hinten, als der Wind um meine Ohren blies. Mein Mund füllte sich mit Blut, aber ich konnte die Lippen nicht bewegen, um es auszuspucken.

Ich ließ mich gegen Kennys Wohnwagen fallen und klopfte ans Fenster. Blut lief mir aus den Mundwinkeln. Ich hämmerte gegen die Tür und probierte, sie zu öffnen. Sie war verschlossen. Von drinnen kam keine Antwort. Kenny war noch mit Onkel Matthew bei der Arbeit.

Also drehte ich mich um und kroch zwischen die Reifen unseres Lasters, wo ich mich wie eine Kugel zusammenrollte und hoffte, mein Vater würde nicht kommen und nach mir suchen.

Ich hielt den Atem an. Hielt meinen Zorn zurück. Meine Tränen. Ich hielt alles hinter meinen Zähnen zurück, verschloss es hinter meinem Kiefer, in meinem Hals, meiner Kehle und meiner Brust. Dabei kniff ich die Augen zu, um die Tränen zu stoppen.

Ich hasste mich. Ich hasste mein Leben. Hasste das, was ich geworden war – ein Punchingball, ein Hund, ein Sklave und ein Versager. Eine Witzfigur für meinen Vater, seine Familie und alle Zigeuner.

Ich muss hier weg, dachte ich. Ich gehöre nicht hierher. Aber wo sollte ich, ein zwölfjähriger Junge, hin? Dieses Leben hier war alles, was ich kannte. Ich saß in der Falle.

Bei dieser Erkenntnis konnte ich die Tränen nicht länger zurückhalten. Ich verkrampfte den Mund und schluchzte wütend. Blut rann mir die Kehle und das Kinn hinunter, als ich versuchte, wieder zu Atem zu kommen. Ich spürte, wie ein Stück Knorpel sich in den Nasengang saugte, und bald wurden meine

Angst, meine Wut und meine Trauer von Wellen des Schmerzes übertönt.

Ich grub die Fingernägel in meine Unterarme. Nachdem der erste Schock abgeklungen war, erkannte ich, dass meine Nase gebrochen war und meine beiden Schneidezähne sich durch die Haut unter meiner Unterlippe gebohrt hatten und so meinen Mund verschlossen. Mit der Zunge tastete ich die Klumpen in meinem Mund ab und löste die Haut, die zwischen meinen Zähnen hing.

Dann hörte ich den Sound von UB40 und schwere Reifen über den Splitt auf der Straße knirschen. Meine Mutter kam mit Henry-Joe und Jimmy aus der Stadt zurück. Kurze Zeit später hörte ich Schritte und schrilles Flüstern zwischen einzelnen Zügen an einer Zigarette.

Meine Mutter und Tante Minnie.

Sie liefen über den Parkplatz und riefen leise meinen Namen. Dann entdeckte mich meine Mutter. Leise schnalzend beugte sie sich zu mir herunter. »Lass mich mal sehen.«

Sie hob meinen Kopf, und der Schmerz ließ mich leise zischen. Ein Blutklumpen traf sie am Hals. Sie flitschte ihn weg wie einen Moskito.

»Minnie, komm her«, sagte sie. »Halt mal sein Kinn fest.«

Meine Mutter zog an meinen Lippen, und ich schrie durch die Zähne, die weiterhin feststeckten.

Die beiden Frauen griffen mich bei den Armen. Als ich auf die Füße kam, versuchte Tante Minnie, mir den Dreck von den Klamotten zu klopfen. »Oh, die schönen Sachen, Bettie – schau nur.«

»Die Sachen sind jetzt egal. Hilf mir, seinen Mund aufzukriegen.«

Wir gingen zurück, und die beiden Frauen beugten sich schützend über mich.

»Dein Vater ist mit Onkel Jaybus im Pub«, sagte meine Mutter. »Du brauchst keine Angst zu haben.«

Am Wohnwagen angekommen, legten sie mich neben den Außenwasserhahn auf den Boden. Dann versuchten sie, meine Lippen zu bewegen, wobei sie sich gegenseitig auf die Hände schlugen und rumdiskutierten, als versuchten sie, einen Zauberwürfel zu lösen.

Nach einigen vergeblichen Minuten ließ meine Mutter von mir ab. »Hol mir die Dose aus dem Schrank«, sagte sie.

Tante Minnie lief in den Wohnwagen, um nach Mums Zauberdose zu suchen. Ich war mir nicht sicher, ob ihr übliches Einreiben mit einer Schnecke oder einem Stück blutigem Fleisch in diesem Fall helfen würde. Sie wischte sich die roten Hände an ihrem Sweatshirt ab und sah mich nachdenklich an, während wir beide zuhörten, wie Tante Minnie eine Schranktür nach der anderen öffnete und dabei vor sich hin fluchte.

Meine Mutter betrachtete den Betonboden und reichte mir einen alten Handfeger. »Halt ihn fest und drück ihn, wenn es richtig schlimm wird, okay?«

Ich nickte und umklammerte den Handfeger mit beiden Händen. Dabei versuchte ich, an alles andere zu denken als die schrecklichen Schmerzen. Ich starrte in die Augen meiner Mutter, nur wenige Zentimeter von meinen entfernt: schwarz und glänzend wie heißer Teer. Sie konzentrierte sich auf meine Wunde, runzelte die Stirn, und dann, mit einem einzigen heftigen Ziehen, befreite sie meine Zähne.

Tante Minnie kam mit der Dose, und während meine Mutter darin herumwühlte, zog meine Tante eine Zigarettenschachtel aus ihrem Ausschnitt, nahm eine Kippe heraus und zündete sie an. Sie nahm ein paar Züge und warf die Kippe wieder weg, bevor sie sich hinhockte und aus Pflastern und Klebeband ein paar Klammerpflaster bastelte, während meine Mutter die Wunde mit Watte und Desinfektionsmittel betupfte.

Es dauerte Wochen, bis mein Gesicht geheilt war, doch wenn ich gehofft hatte, diese erste Herausforderung sei eine einmalige Sache gewesen oder dass mein Vater es aufgeben würde, mich zum Kämpfen zu zwingen, dann musste ich bald feststellen, wie sehr ich mich irrte.

Wir zogen stetig weiter, und überall, wo ich hinkam, warteten die Herausforderer. Jungs in meinem Alter waren selten an einer Freundschaft interessiert, und jedes Camp schien mindestens eine Gruppe allzu selbstsicherer junger Böcke zu haben, die sich unbedingt etwas beweisen mussten, und ich musste gegen jeden kämpfen, der vor unserer Tür auftauchte.

Ich gewann keinen einzigen Kampf, und das machte meinen Vater so wütend, dass er nach jedem verlorenen Kampf auf mich eintrat, wenn ich am Boden lag, um sich dann mit meinen Herausforderern, deren Vätern und überhaupt jedem anzulegen, der sich darauf einließ.

Bald lebte ich in ständiger Furcht vor einer Konfrontation, egal ob mit einem Herausforderer oder mit meinem Vater. Wenn wir von der Arbeit kamen, bemühte ich mich, ihm aus dem Weg zu gehen, und jeden Abend, wenn Onkel Matthew vom Parkplatz zu seinem Wohnwagen ging, machte ich mich auf den Weg zu dem einzigen Ort, an dem ich mich willkommen fühlte: Kennys Wohnwagen.

16

Nimm mich mit

Wenn man einen Zigeuner so richtig wütend machen und einen ernsten Streit heraufbeschwören will, nennt man ihn eine Schwuchtel. Auch außerhalb der Welt der Zigeuner wird diese Bezeichnung oft als Beleidigung benutzt, aber für Zigeuner, die sich stolz als wahre Männer betrachten, kann es keine schlimmere Herabsetzung geben.

Ich hatte mich daran gewöhnt, dass mein Vater mich eine Schwuchtel nannte, um seine Verachtung auszudrücken. Hundertmal am Tag lachte, spie und schrie er mir ein ganzes Wörterbuch voll »Homo«-Beschimpfungen ins Gesicht, und noch bevor ich zehn Jahre alt war, hatte Frankie begonnen, es ihm gleichzutun. Zu hören, wie sie lachte, wenn sie diese Worte sagte, trieb einen Pfeil in mein Herz und eine tiefe Kluft zwischen uns.

Zum ersten Mal öffnete sich diese Kluft während eines Streits um eine Dose Cola. Frankie hatte sich nicht damit zufriedengegeben, mich als Tunte zu bezeichnen, sondern gelacht und mich Joseph genannt. Nicht, weil Joseph schwul war; niemand wusste davon. Frankie nannte mich Joseph, weil er ein riesiger, fetter, hässlicher, launischer, morbider, unverheirateter Mann war, der rohes Fleisch aß. Und so zu sein wie er war der Albtraum eines jeden Jungen. Sie wusste nicht, dass sie mich gerade mit dem Mann verglichen hatte, der mir so viel Schmerz und Leid zugefügt hatte. Voller Zorn stach ich ihr mit einem Bleistift in die

Hand, und von diesem Moment an nannte sie mich jedes Mal Joseph, wenn sie mir eins auswischen wollte.

Ich kann mich nicht mehr an den Moment erinnern, als mir zum ersten Mal bewusst wurde, dass ich tatsächlich schwul war. Auf gewisse Weise habe ich es, tief in mir drin, wohl schon immer gewusst. Aber natürlich wollte ich es mir nicht eingestehen, denn es hätte bedeutet, das zu sein, was mich als Zigeuner endgültig zerstören würde. Doch als ich in die Pubertät kam, konnte ich mich nicht länger selbst betrügen. Es hatte nichts mit dem zu tun, was mein Onkel mir angetan hatte, aber zu wissen, dass er sich ebenfalls zu dem gleichen Geschlecht hingezogen fühlte, gab mir erst recht das Gefühl, verflucht zu sein. Mir war klar, dass meine Familie niemals davon erfahren durfte. Auch wenn mein Vater mich jeden Tag eine Schwuchtel nannte – wenn er gewusst hätte, dass es nicht nur die schlimmste Beleidigung war, die ihm einfiel, sondern tatsächlich die Wahrheit, wäre er ausgerastet und hätte mich ganz bestimmt umgebracht.

Also behielt ich es für mich und hasste mich selbst dafür, hasste, was ich war. Ich fühlte mich gefangen und hatte wahnsinnige Angst, irgendjemand könnte es herausfinden.

Als ich zwölf war, traf mich der Albtraum der Pubertät mit voller Wucht. Körperhaare sprossen, meine Weisheitszähne kamen, und über Monate hüpfte meine Stimme jedes Mal mitten im Satz um eine Oktave nach unten, von Kate Bush auf Barry White. Kenny fand das schrecklich witzig und ärgerte mich damit, wann immer er Gelegenheit dazu fand. Aber ich zahlte es ihm so gut wie möglich heim und erinnerte ihn daran, dass er ein ziemlich hagerer Sechsundzwanzigjähriger war.

Das Jahr verging, und wir zogen von einem Camp zum anderen, wobei ich die meiste Zeit bei Kenny mitfuhr. Es tat mir gut, von meinem Vater wegzukommen und mit jemandem zusammen zu sein, der mich wirklich zu mögen schien. Wir lachten und scherzten, und er spielte mir seine Sammlung an Countrymusik vor. Und mein trauriges, einsames junges Herz verliebte sich in ihn. Ich redete mir ein, dass er mich möglicherweise ebenfalls liebte, und stellte mir oft vor, wie wir zusammen davonliefen. Aber natürlich wagte ich es nicht, Kenny davon zu erzählen.

Kurz nach meinem zwölften Geburtstag begann mein Vater, mir das Autofahren beizubringen, damit ich für ihn und die anderen Männer abends den Chauffeur spielen und sie in den Pub fahren konnte. Ich bekam genug Gelegenheit zum Üben, denn die Männer gingen jeden Abend in den Pub, aber es machte mir nichts aus, denn auf diese Weise konnte ich die Abende mit den älteren Männern und, was noch wichtiger war, mit Kenny verbringen. Es war weit besser, als zu Hause zu hocken, wo ich leichte Beute für andere Jungs war, die vorbeikamen, um mich zusammenzuschlagen. Wenn die Männer nicht da waren, gab es niemanden, der sie aufhalten konnte, sobald ich das Bewusstsein verlor. Wenn ich im Pub herausgefordert wurde, dann sorgten mein Vater und die anderen Männer wenigstens dafür, dass der Kampf fair war, und beendeten ihn, wenn es nötig wurde.

Meist gelang es den Männern, einen »zigeunerfreundlichen« Pub ausfindig zu machen, der sie auch nach der Sperrstunde noch hinter verschlossenen Türen weitertrinken ließ. Ich saß still dabei und wartete, auf dem Strohhalm meiner Orangenlimo kauend, bis zwei oder drei Uhr in der Nacht.

An einem Freitagabend befahl mein Vater mir, im Camp zu bleiben und die Teerfässer aufzufüllen und auf die Ladefläche des Lasters zu packen. Es war Mitternacht, bis ich schließlich ins Bett fiel, nur, um zwei Stunden später wieder aufzuwachen, als der Wagen meines Vaters ins Camp rumpelte und zehn betrunkene Männerstimmen ihren Lieblings-Elvis-Song grölten. Frankie, die im Bett gegenüber lag, murmelte »Oh, verdammte Scheiße« und vergrub den Kopf unter ihrem Kissen.

Der Wagen rumpelte wie ein Panzer über den Kies, bevor er mit angeschalteten Scheinwerfern direkt vor unserem Wohnwagen zum Stehen kam. Die Männer kletterten heraus und wechselten sich in der folgenden halben Stunde damit ab, sich ins Scheinwerferlicht zu werfen und irgendeinen Song zu lallen. Ich setzte mich hin, beobachtete sie durch einen Spalt in der Gardine und lachte leise, als Kenny an der Reihe war und vor die Scheinwerfer stolperte.

Er sang immer denselben Jim-Reeves-Song, eine Ode an seine verlorene Frau. »Put your sweet lips a little closer to the phone / Let's pretend we're together, all alone.« Er lieferte eine Eins-a-Imitation des Lieds, und seine Stimme brach, als er sich durch die letzten Zeilen kämpfte.

Schließlich verabschiedeten die Männer sich voneinander und verschwanden einer nach dem anderen in der Dunkelheit.

Nur Kenny, mein Vater und Onkel Matthew waren noch da.

»Also, gute Nacht dann«, sagte mein Vater und stolperte zu seinem Wohnwagen. Er fummelte ewig mit dem Reißverschluss seines Vorzelts herum, und als er endlich drin war, konnte ich sehen, wie er auf der Suche nach dem Türgriff verzweifelt hin und her taumelte. Nach ein paar Minuten gab er auf.

»Bettie!«

Keine Antwort. Er hämmerte an die Tür wie Fred Feuerstein.

»Bettie!«

Plötzlich ertönte ein lautes Platschen und das Scheppern von Geschirr. Er war gestolpert und in Henry-Joes und Jimmys altes Badewasser gefallen, wobei er den halben Tisch voll Geschirr mitgenommen hatte.

»Mach die Schscheissssstür auf!«

Die Tür schwang auf, und er verschwand endlich außer Sicht.

Jetzt stand nur noch Kenny draußen. Ich zog meine Schuhe an und ging hinaus.

Die Nacht war feucht und stickig, und der Geruch von Zigaretten und Alkohol hing in der Luft. Ich öffnete die Wagentür und schaltete die Scheinwerfer aus. Seit Wochen hatte ich mich danach gesehnt, Kenny zu gestehen, was ich für ihn empfand. Jetzt schien es, als wäre meine Chance gekommen. Meine Magenwände fühlten sich an, als würde jemand sie zerreißen. Ich musste ihm sagen, wie wundervoll er war, und dass ich ihn niemals verlassen, ihm wehtun oder ihm das Herz brechen würde. Ich würde ihn anflehen, mich zu retten und von meinem Vater fortzubringen. Aber würde er zuhören? Würde er ebenso empfinden? Oder würde er schockiert sein und alles meinem Vater erzählen?

Ich musste es riskieren.

Er lehnte kotzend an der Seite des Lasters.

»Alles in Ordnung?«

»Mikey-Boy!«

Kenny richtete sich schwankend auf und legte einen Arm um meine Schultern.

In diesem Moment ertönte ein lautes Krachen aus dem Wohnwagen von Onkel Matthew und Tante Nancy, gefolgt von Schreien und den Rufen ihrer Kinder, die aus dem Schlaf gerissen worden waren.

Onkel Matthew war dafür bekannt, ein Pantoffelheld zu sein, aber wenn er betrunken war, verwandelte er sich in einen rasenden Irren. Sein Ruf, ab zehn Pints aufwärts zu einem vulgären, seine Frau schlagenden, zerstörerischen Mr Hyde zu werden, war unter den Männern ein Running Gag.

Doch auch Tante Nancy konnte ganz gut austeilen. Neben ihnen zu wohnen war niemals langweilig. Es verging keine Woche ohne mindestens einen Streit zwischen den beiden, der den ganzen Wohnwagen wackeln ließ, gefolgt vom Zerdeppern von so ziemlich allem Inventar, das ein Geräusch machen konnte. Diese Streitigkeiten endeten meist damit, dass beide aus der Tür stürzten und sich kämpfend auf dem Boden wälzten, bis eine größere Gruppe von uns sie trennen konnte.

Kenny und ich sahen aus sicherer Entfernung zu, wie Matthew aus dem Wohnwagen fiel, rasch gefolgt von fliegenden Tellern, Tassen und einem Nintendo, der von seinen schützend hochgezogenen Schultern abprallte.

»Ich geh rüber«, sagte Kenny, der offenbar Angst hatte, sein Boss könnte von dessen eigener Frau ermordet werden.

Ich fasste ihn am Arm. »Nicht, Kenny, misch dich da lieber nicht ein.«

»Ich muss sehen, ob er in Ordnung ist. *Ich komme, Matt!*«, brüllte er und rannte zum Wohnwagen.

Meine Mutter öffnete das Fenster hinter mir und lehnte sich heraus. Ihre helle Haut leuchtete im Mondlicht. »Was machst du denn hier draußen?«

»Ich habe Kenny geholfen, Mum, aber er ist zu Onkel Matthew gegangen.«

Meine Mutter sah mich eine Weile schweigend an. Dann drehte sie sich um. »Frank, steh auf. Die werden Kenny umbringen.« Sie wandte sich wieder zu mir. »Mikey, geh ins Bett, bevor er rauskommt und dich sieht.«

Ich rannte zu unserem Wohnwagen und sprang ins Bett.

Durch die Gardine sah ich, wie Onkel Matthew Kenny hinter sich herzog und ihm immer wieder in die Rippen trat. »Du verdammter (Tritt) Gorgia-(Tritt)-Bastard!«

Kenny rollte über den Beton und flehte um Gnade. »Du bist mein Freund, Matt, ich liebe dich, Kumpel, bitte!«

Mein Vater kam in Jeans und Hosenträgern aus seinem Wohnwagen.

»Frank! Hilf mir! Bitte!«, rief Kenny.

Doch mein Vater sah nur schweigend zu, wie Onkel Matthew Kenny für seine Einmischung bestrafte. Zigarettenrauch kringelte sich um sein mitleidloses Gesicht. Kenny weinte hemmungslos und schrie um Hilfe. Es war schrecklich, ihn so zu sehen.

Irgendwann hörte Onkel Matthew auf. »Steh auf, pack deine Sachen und geh mir aus den Augen.«

Kenny wand sich auf dem Boden und hielt sich den Bauch. »Du bist alles, was ich habe, Matt. Bitte, schick mich nicht weg.«

Onkel Matthew packte ihn an den Schultern und warf ihn von seiner Parzelle. Kenny drehte sich zu ihm um und streckte die Arme aus. Doch Onkel Matthew nahm einen Stein und warf damit nach ihm. Er traf Kenny über dem Auge und warf ihn zu Boden.

»Verschwinde!«

Mein Vater trat zu ihm und reichte ihm eine Zigarette. Die beiden Männer unterhielten sich leise, während sie Kenny nachsahen, der schluchzend in der Dunkelheit verschwand.

Mir war ganz übel vor Traurigkeit. Ich saß am Fenster, weinte und betete, er möge umkehren und mich mitnehmen. Ich griff nach Jacke und Stiefeln. Ich musste ihn finden, bevor er ohne mich fortging.

Die anderen Männer im Camp kamen heraus, um zu sehen, was los war. Während die Fragen flogen und er langsam nüchtern wurde, verließ Mr Hyde Onkel Matthews Körper, und er weinte über das, was er getan hatte. Er rannte los und rief über die Schulter: »Ich muss ihn zurückholen, Frank.«

Mein Vater und die anderen stiegen wieder ins Auto und rasten in die Dunkelheit, um die Straßen und Felder nach dem vermissten *Dossa* abzusuchen.

Ich schlich mich ebenfalls hinaus in die Finsternis.

Der erste Ort, an dem ich nach ihm suchte, war der offensichtlichste: Kennys kleiner Wohnwagen stand auf dem Gelände, auf dem die Gasflaschen gelagert wurden, etwa eine Meile die Straße hinunter. Als ich dort ankam, waren die Haupttore geschlossen, also lief ich zum stabilsten Teil des Zauns, kletterte hinüber und fiel mit dem Gesicht voran in ein Meer aus dunkelorangefarbenen leeren Gasflaschen, die in der Dunkelheit glitzerten.

Auf der anderen Seite des Hofs stand Kennys Wohnwagen. Ein schwaches Licht leuchtete im Innern, und ich konnte einen Schatten sehen, der sich bewegte. Nachdem ich mich aus der Armee von Flaschen befreit hatte, rannte ich zu Kennys Tür.

In diesem Augenblick erschien er im Türrahmen. Seine Miene war starr, als wäre er von etwas besessen. Er schob sich an mir vorbei, nahm zwei volle Gasflaschen und trug sie in den Wohnwagen.

»Was machst du da?«, fragte ich verzweifelt.

»Geh weg.«

Wieder schob er sich an mir vorbei, um noch zwei weitere Flaschen zu holen. Er trug sie hinein, schloss die Tür und verriegelte sie von innen. Ein Besorgnis erregendes Zischen ertönte, und in diesem Moment verstand ich.

Er wollte sich umbringen.

Ich sprang zu der verschlossenen Tür, riss an den rostigen Scharnieren und stand keuchend im Türrahmen. Kenny hielt schluchzend ein paar Streichhölzer in der Hand. Alle vier Gasflaschen waren voll aufgedreht.

»*Verschwinde!*«, heulte er und warf einen Stuhl nach mir.

»*Nein!*«, rief ich, nahm den Stuhl und setzte mich darauf.

Er stürzte sich auf mich, packte mich bei den Haaren und warf mich aus dem Wohnwagen. Verzweifelt kam ich auf die Füße und sprang wieder hinein.

Die Luft war dick und giftig vom Gas, und in der wabernden Atmosphäre veränderte sein Gesicht immer wieder die Form. Diesmal sorgte ich dafür, dass er mich nicht loswurde; ich klammerte mich an den Fuß seines Tisches.

Er warf die Streichhölzer zu Boden. »Mikey, ich will nicht, dass du verletzt wirst. Verschwinde.«

Er packte meine Beine, doch ich verstärkte meinen Griff. »Nein!«, schrie ich.

Er zog mich vom Tisch weg und über den Boden. Ich hielt mich an einem der Schränke fest, und er trat mir auf die Hand. Vor Schmerz aufschreiend, rannte ich zurück zum Tisch. Diesmal hielt ich mich mit aller Kraft fest.

»Mikey!«, schrie er. »Verschwinde. Bitte.« Er beugte sich hinunter und griff nach den Streichhölzern. »Ich tu's auch, wenn du hier bist, *ich schwöre bei Gott, ich tu's!*«

Als er mehrere Streichhölzer aus der Schachtel nahm, kniff ich die Augen zu. Mein ganzer Körper verkrampfte sich vor Angst. »Kenny, bitte! Ich liebe dich! Ich liebe dich! Ich kann ohne dich nicht leben. Du bist der Einzige, bei dem ich mich je in meinem Leben glücklich gefühlt habe. Ich kann nicht zulassen, dass du stirbst und mich hier zurücklässt. Bitte, Kenny, wenn du es tun musst, dann lass mich mit dir kommen. Ich liebe dich.«

Zwanzig Sekunden später öffnete ich die Augen. Das Gas strömte immer noch wie wild aus den Flaschen, und Kenny lag wie ein Häuflein Elend auf dem Boden und weinte.

Ich sprang auf und versuchte die Gasflaschen zuzudrehen, was nicht ganz einfach war, denn zwei Finger der Hand, auf die Kenny getreten hatte, konnte ich nicht mehr bewegen.

Also nahm ich eine Flasche nach der anderen, zerrte sie zur Tür und rollte sie auf den Boden. Als sie draußen waren, öffnete ich alle Fenster, um den übermächtigen Gasgeruch hinauszubekommen.

Kenny sah mich nicht an. Er zog sich hinauf auf sein Bett, vergrub das Gesicht in den Händen, weinte, fluchte und schüttelte immer wieder den Kopf.

Ich hörte den Wagen meines Vaters auf den Hof rumpeln. Die Männer waren von ihrer Jagd auf Kenny zurückgekehrt und wollten nachsehen, ob er hier war. Als Onkel Matthew das Tor aufschloss, lief ich eilig durch den Wohnwagen und schloss mit der linken Hand die Fenster.

Kenny sah auf. »Mikey?«

»Ja?«

»Sag's nicht Matt, okay?«

Der Augenblick war vorbei. Er würde keines der Dinge sagen, die ich mir so sehr wünschte zu hören. Ich seufzte.

»Natürlich nicht.«

Die Stimmen und das Knirschen des Kieses wurden lauter. Onkel Matthew kam herein. Er hatte Tränen in den Augen.

»Kenny, es tut mir so leid, Kumpel, du kennst mich, wenn ich …«

»Schon gut. Komm her.«

Kenny erhob sich von seinem Bett und schloss Matthew in eine kumpelhafte Umarmung.

Mein Vater erschien in der Tür. »Dachte, ich hätte dir gesagt, du sollst verdammt noch mal ins Bett gehen.«

»Schon okay, Frank«, sagte Kenny. »Er hat mir bloß geholfen, zum Wohnwagen zurückzukommen, das ist alles.«

Mein Vater betrachtete mich von oben bis unten. »Was ist mit deiner Hand?«

»Hab sie mir zwischen zwei Teerfässern eingeklemmt. Ich glaube, ich hab mir die Finger gebrochen.«

Er schüttelte den Kopf. »Dumm wie Schifferscheiße, der Junge. Raus aus dem Wohnwagen, junger Mann, und ab ins Bett.«

Als ich über den Hof ging, konnte ich Gelächter hören, und durch die kaputte Tür von Kennys Wohnwagen sah ich, wie die Männer Kennys Bierkühlschrank plünderten und sich zur zweiten Runde ihres Saufgelages niederließen. Es war, als wäre nichts geschehen.

Mit pochenden Fingern und gebrochenem Herzen lief ich nach Hause. Es war nicht meine Liebe gewesen, die Kenny daran gehindert hatte, uns beide umzubringen, es war die Erkenntnis, dass es jemanden gab, der noch erbärmlicher und bemitleidenswerter war als er selbst.

Und nun hatten wir beide ein Geheimnis zu bewahren.

Als ich zu Hause ankam, ging ich in den Wohnwagen meiner Eltern, holte mir eine Flasche Wodka und eine Packung Schmerztabletten und kroch damit ins Bett.

Am nächsten Tag wachte ich mit einer geschwollenen Hand, schrecklichen Kopfschmerzen und einer halbvollen Flasche Wodka neben mir auf. Frankies Bett war gemacht, und die Gardinen waren geöffnet. Ich zog die Laken zurück und fand eine Kruste aus Kotze über mir. Mit der Hand wischte ich mir die Kruste von Mund, Brust, Beinen und Armen, zog meine Sachen aus, eine Jogginghose an und brachte die zusammengeknüllten Laken in den Wäscheschuppen. Während ich darauf wartete, dass die Waschmaschine loslegte, blickte ich durch die offene Schuppentür. Der Wagen meines Vaters war weg.

Ich ging hinüber zum Wohnwagen meiner Eltern. Er war sauber, frisch gewischt, gesaugt und leer. Ich nahm mir ein Bacon-Sandwich, das unter einer Klarsichtfolie lag, und biss hinein. Das Brot war nass von dem kalten Fett und dem Ketchup, den man daraufgeklatscht hatte. Es schmeckte gut. Dann erinnerte ich mich. Die ganze Familie war für den Tag nach Tory Manor gefahren. Ich hatte gesagt, dass ich lieber zu Hause bleiben wollte.

Ich dachte an Kenny. Er hatte kein Wort zu meinem Vater gesagt, sonst hätte ich es mittlerweile erfahren. Aber er liebte mich nicht. Ich war bloß irgendein Zigeunerjunge. Und ich würde nirgendwo hingehen, zumindest nicht mit Kenny. Doch ich konnte auch nicht alleine gehen – in einer Welt, die ich nicht kannte, wäre ich nicht in der Lage zu überleben.

Ich kramte durch die Jungs-Videosammlung und schob *Der Zauberer von Oz* in den Videorekorder, biss in mein Sandwich, goss mir ein Glas Kirschlimo ein und zündete mir eine der Zigaretten von meinem Vater an.

17

Bedauern

Ein paar Tage später zogen wir weiter. Als wir losfuhren, hatte ich noch nicht wieder mit Kenny gesprochen, und so wusste ich nicht, ob er wollte, dass ich wie immer bei ihm mitfuhr oder nicht. Als der Konvoi sich zur Abfahrt bereit machte, näherte ich mich vorsichtig seinem Wagen. Ich sah zu, wie er die Anhängerkupplung kontrollierte, draufkletterte und auf- und abschaukelte.

Als er runtersprang, warf er mir einen Blick zu und lächelte. Ich war so glücklich! Vielleicht würden wir ja wieder Freunde werden und unsere Geheimnisse – seinen Selbstmordversuch und meine Liebeserklärung – einfach vergessen. Doch im nächsten Augenblick sprang er in sein Auto und fuhr hinter dem Rest unseres Konvois her vom Platz.

Während ich noch dastand und ihm hinterherstarrte, hielt Tante Minnie in Old Bessie, wie sie ihren lädierten Ford Sierra gern nannte, neben mir. Nachdem sie vergeblich versucht hatte, das Fenster runterzukurbeln, rief sie: »Schieb deinen knorrigen Arsch hier rein.«

Romaine saß vorne auf dem Beifahrersitz. Tante Minnie schlug ihr hart ins Genick.

»Steig nach hinten zu der alten *Minge*.«

Romaine kletterte zu Frankie und Baby Jimmy auf die Rückbank, und ich lief um die Motorhaube herum, riss die Tür auf und wurde sofort von einer Wolke aus Zigarettenqualm und billigem Parfüm eingehüllt.

»Willkommen im coolen Wagen«, grölte Frankie und nahm einen Schluck aus einer riesigen Cola-Flasche, bevor sie sich eine Kippe ansteckte. Ich stieg ein und hievte die Tür zu.

Die nächsten drei Stunden waren ein Marathon aus Tante Minnies Whitney-Houston-, Abba- und Barry-White-Kassetten, gemischt mit Gezanke von der Rückbank, Jungs-Gequatsche und grässlichem Gesang.

Mitten in einer lärmenden Version von Abbas »Voulez-Vous« hörte Tante Minnie plötzlich auf zu singen und sagte zu meinem Entsetzen: »Es ist nicht richtig, dass Onkel Matthews *Dossa* so viel Zeit mit dir verbringt.«

Ich wurde knallrot.

Tante Minnie warf mir einen Blick zu und fuhr fort. »Ich glaube, er steht auf dich, aber verrat's nicht weiter, okay? Pass einfach auf und halt dich von ihm fern.«

Ich nickte.

Wir hielten an einer Tankstelle, wo Tante Minnie, noch immer eine knallharte Kleptomanin, kurz in den Laden sprang und mit Weingummi und Pasteten zurückkam.

»Die waren am weitesten vorne an der Tür«, erklärte sie.

Unser nächstes Camp lag in einer schmutzigen kleinen Stadt, über eine schmutzige kleine Straße und hinter einer schmutzigen alten Tankstelle, wo wir von überwucherten Feldern voller Müll umgeben waren.

Als wir uns entsetzt umsahen, kicherte Romaine: »Eine Ziege wär jetzt nicht schlecht.«

Das ramponierte Tor zum Camp hing hinter einem alten Ladengeschäft. Der Eigentümer war froh, dass überhaupt jemand den Platz nutzte, und ließ uns ohne eine einzige Frage hinein. Er führte uns herum, eine eiserne Harke in der einen Hand, während er mit der anderen einen Imkerhut auf seinen Kopf drückte und sie nur wegnahm, um die erste Mietzahlung des Konvois entgegenzunehmen.

Der Platz hatte nur einen Stromkasten mit sechs Ausgängen, und die Toilettenhäuschen bestanden aus vier Wänden ohne Toilette; es gab nur eine große Senkkuhle, um einen Toiletteneimer darin zu entleeren.

Das war ohne Zweifel der schlimmste Platz, den wir je gesehen hatten. Wir alle gingen davon aus, dass wir so schnell wie möglich weiterziehen würden, aber gleich am ersten Tag stellten die Männer fest, dass es jede Menge Arbeit in der Umgebung gab, und beschlossen, eine Weile zu bleiben.

Frankies und mein Wohnwagen stand neben dem deutlich größeren von unseren Eltern und den Jungs. Unserer war aus dritter oder vierter Hand und mit dem Gedanken gekauft worden, ihn bis zum Ende zu nutzen. Und nach knapp einem Monat unter Frankies Herrschaft war er auf dem besten Weg dorthin.

Die Außenhülle hatte eine früher einmal weiße, schuppige und beulige Oberfläche und einen dicken braunen Gürtel um die Mitte. Die Fenster waren getönt, was ein Geschenk des Himmels war, denn von innen war alles in ekligen Orange- und Brauntönen gehalten.

Im winzigen Küchenbereich gab es einen nicht funktionierenden Ofen, den wir als Schrank nutzten, einen nicht funktionierenden Kühlschrank, vollgestopft mit nicht verderblichen Snacks, und eine Mikrowelle. Frankies Nachtlager bestand aus zwei kaputten braunen Betten und war umgeben von Regalen voll mit ihrer Sammlung edler Parfümflaschen. Zwischen den teuren Düften standen leere Cremedosen mit Zigarettenkippen.

Auf der anderen Seite des Wohnwagens, direkt neben der Duschkabine, die ebenfalls als Lagerraum benutzt wurde, befand sich mein Zimmer, das aus zwei schmalen Schränken, einem ausziehbaren Bett und einer Schiebetür aus Pappe mit einem schmierigen Holzmuster bestand.

Frankie war kein traditionelles Zigeunermädchen. Sie putzte nicht, kochte nicht, und trotz des festen Glaubens der Zigeuner, Mädchen sollten sich nicht die Haare waschen, wenn sie ihre Tage hatten, schrubbte sie sich die Lackschichten aus ihrem Chaka-Khan-Schopf, ohne sich dafür zu interessieren, welcher Tag im Monat es war.

Sie verschlief den größten Teil des Tages. Und wenn unsere Mutter ans Fenster klopfte, rollte sie sich nur auf die andere Seite und knurrte: »Verpiss dich.« Und da Frankie nicht bereit war, irgendwelche häuslichen Arbeiten zu erledigen, war meine Mutter eine Lehrerin ohne Schülerin. Gegen drei Uhr am Nachmittag stand Frankie dann gewöhnlich auf, und nach einer guten Stunde, um ihr Make-up aufzulegen, war sie bereit, sich der Welt zu präsentieren.

Um das Putzproblem zu lösen, entführte sie an den Abenden gewöhnlich Henry-Joe und Jimmy und schleppte sie rüber in unseren Wohnwagen, um mit ihnen zu »spielen«. Dann zog sie ihnen irgendwelche Klamotten von sich an und schminkte sie für ihr abendliches »Spiel« namens »Königsameise«. Frankie war – wie sollte es anders sein – die Königsameise, und die Jungs ihre bereitwilligen Arbeiterameisen. Sie zogen die Königin, verkrüppelt vom vielen Essen und unfähig, sich zu bewegen (was in Frankies Fall nicht allzu weit hergeholt war), von einem Ende des Wohnwagens zum anderen, wobei sie noch putzten und aufräumten. Frankie lag da wie im Koma, während die Jungs am Kühlschrank vorbeiliefen und Kekse und Chips holten, um sie zu füttern. Und wenn die beiden sie unter Gefährdung ihres eigenen Lebens in ihr Bett gehievt hatten, wo sie sich bei einem Video den Bauch vollstopfte, putzten sie den restlichen Wohnwagen.

Aus reiner Langeweile hatte Frankie sich verdoppelt, seit wir auf Tour gegangen waren, und war auch nicht im Mindesten daran interessiert, abzunehmen.

Je häufiger mein Vater das Thema aufbrachte, dass sie fett sei, desto mehr krankes Vergnügen hatte sie daran, unsere Brüder zu verderben – besonders Jimmy, seinen Liebling, der mittlerweile fünf Jahre alt war und bereits täglich Bohnendosen in Kissenbezügen als Gewichte stemmte und seinen selbst gebauten Trainingszyklus absolvierte. Unser Vater hatte keine Ahnung, dass der kleine Jimmy, mit Minirock, High Heels und falschen Chanel-Clips an den Ohren, seine »Königin« mit einem in der Mikrowelle aufgewärmten Toad in the Hole (Würstchen im Teig) fütterte, während er selbst im Pub saß.

Henry-Joe, mittlerweile sieben Jahre alt, hatte einen rotblonden Haarschopf und ein verkniffenes, weißes Gesicht. Er verbrachte den größten Teil seiner Zeit damit, Jimmy alberne Wörter beizubringen, die keinerlei Sinn ergaben. Mit der Zeit wurden diese Wörter sogar zu einem Teil seines Wortschatzes, und nicht selten rannten die beiden Jungs wie Idioten im Kreis herum und schrien aus voller Kehle Unsinnswörter.

Ich lachte über Frankies Spielchen. Meine eigenen Spiele mit den Jungs gingen eher in Richtung Sega – ich saß stundenlang neben ihnen und half ihnen, die richtigen Bewegungen hinzukriegen. Ich liebte die beiden sehr und genoss es, mit ihnen zusammen zu sein, solange mein Vater nicht in der Nähe war.

Schließlich und zu jedermanns Erleichterung wurde beschlossen, dass wir weiterfahren würden, nach Newark, wo es einfach großartig sein sollte, mit viel Arbeit und einem guten Camp. Tante Rayleen, die Frau von Jimmy, dem jüngeren Bruder meiner Mutter, berichtete, ihre Familie sei bereits seit Wochen dort und hätte keinerlei Absicht weiterzuziehen.

»Es ist ein Paradies«, erklärte sie enthusiastisch. »Viel Platz, heißes und kaltes Wasser, ein gutes Waschhaus und jede Menge Strom.« Das klang gut – etwas Warmes zu essen, saubere Klamotten, Fernsehen und das Beste von allem: Wir brauchten nicht mehr jede Woche in den nächsten Sportclub zu fahren, um uns vernünftig waschen zu können.

Rayleens drei Brüder waren auch dort, und sie erzählte Frankie ständig von ihnen. »Ich schwöre dir, Frankie, du hast noch nie drei besser aussehende Jungs gesehen«, erklärte sie immer wieder wie ein verrückter Papagei.

Als wir schließlich losfuhren, wussten wir alle, dass der Älteste, Danny, ein rothaariger, muskulöser, fünfundzwanzig Jahre alter Hengst war – und geschieden (seine Frau war schuld, natürlich). Dann war da noch Jay, der angeblich aussah wie der junge Marlon Brando, und auf den jedes Zigeunermädchen im Land scharf war. Und schließlich gab es noch Alex, erst sechzehn, doch dank seiner Silberzunge und eleganten Anmachsprüchen schon als Frauenheld bekannt.

Es war offensichtlich, dass Onkel Jimmys Perle meine Schwester mit einem ihrer Brüder verkuppeln wollte, aber ich hatte keine Ahnung, wie Frankie darüber dachte. Sie war mittlerweile vierzehn und damit offiziell reif, um sich mit dem anderen Geschlecht zu verabreden und einen Ehemann zu suchen.

Von Zigeunermädchen wird im Allgemeinen erwartet, dass sie im Alter zwischen sechzehn und achtzehn Jahren heiraten und nicht mehr als vier feste Freunde haben, bis sie ihre Entscheidung treffen. Hat ein Mädchen mehr als vier Beziehungen, riskiert sie, als Schlampe abgeschrieben zu werden. Die Männer wollen am liebsten eine Ehefrau, die nicht einmal von einem anderen Mann geküsst wurde, auch wenn sie selbst nur zu gern Gorgia-Frauen aufreißen, um mit ihnen außerhalb des Camps Sex zu haben.

Die Mädchen ziehen dabei den Kürzeren. Sie verbringen ihre Tage damit, sich darauf vorzubereiten, eine perfekte Hausfrau zu sein, und in der Zwischenzeit gibt es absolut keinen Sex vor der Ehe. Sie dürfen es nicht einmal wagen, davon zu sprechen.

Die Regeln besagen, dass ein Mädchen ganz formell gefragt werden muss, bevor es den Jungen, den sie begehrt, auch nur küssen darf. Gleichzeitig erscheint sie verzweifelt und schlecht erzogen, wenn sie sofort Ja sagt. Der Junge hat mit der gleichen Frage mindestens einige Male an sie heranzutreten, bevor er die Antwort erhält, die er hören möchte. Leider laufen die Dinge häufig anders, und der Junge zieht weiter zum nächsten Mädchen und bricht derjenigen, die er gefragt hat, das Herz. Und sie kann nichts tun, um die Sache aufzuklären. Nachdem sie richtig reagiert und ihn abgewiesen hat, um ihren guten Ruf zu wahren, kann sie nur still hoffen, dass er zurückkommen und sie erneut fragen wird.

Viele der Mädchen bereuen es, den einen Jungen verloren zu haben, den sie wirklich wollten, nur weil die Tradition ihnen vorschreibt, dass sie Nein sagen müssen, obwohl sie eigentlich

Ja sagen wollen. Und wenn sie mit achtzehn noch keinen Mann gefunden haben, riskieren sie, alleine alt zu werden, von einer ganzen Sammlung irrwitziger Bräuche dazu verdammt, als alte Jungfer zu enden.

Mädchen dürfen auch nicht mit Männern reden, wenn sie ihre Tage haben. Wir Jungs hörten davon in der Regel über den Buschfunk (denn jegliche Erwähnung der Periode war ebenfalls tabu) und beobachteten die Mädchen dann wie die Schießhunde, um zu sehen, wie weit ein »traditionelles« Mädchen gehen würde, um uns zu meiden und die Regeln zu befolgen.

Frankie ignorierte sie, so wie sie die Nicht-Haarewaschen-Regel ignorierte. Und trotzdem war sie ein Zigeunermädchen und wie ihre Freundinnen auf der Suche nach einem Ehemann. So gab sie sich ein wenig mehr Mühe als sonst bei der Auswahl ihrer Kleidung und bei ihrer Frisur, als wir uns darauf vorbereiteten, nach Newark weiterzuziehen.

Ich war ebenfalls neugierig auf Rayleens Brüder, hauptsächlich, weil man munkelte, dass sie Onkel Tory und dessen Söhne nicht leiden konnten. Als ich das hörte, hüpfte mein Herz. Endlich Leute, die nicht verzweifelt versuchten, im Schatten der Walshs zu leben. Ich hoffte, mich mit den Jungs anfreunden zu können, und wäre es nur, um meinen Vater zu ärgern.

Ein paar Tage vor dem Umzug begann das Großreinemachen. Alle Frauen – bis auf Frankie – schrubbten ihre Wohnwagen, um einen guten Eindruck zu machen, wenn wir dort ankamen. Ich saß gerade mit Frankie, meiner Mutter, Tante Rayleen und Tante Minnie, die eine Kaffeepause machten, in unserem Caravan, als mein Vater draußen auftauchte.

»Hock da nicht mit den Weibern rum! Komm raus und mach den Wagen sauber!«, brüllte er.

Meine Mutter rollte mit den Augen. »Geht das schon wieder los. Unter der Spüle im großen Wohnwagen ist Putzzeug, Mikey.«

Im Wohnwagen meiner Eltern saßen fünf Männer und diskutierten über Boxen, Geld und den Umzug nach Newark. Die meisten von ihnen kannte ich, aber einer war neu. Seine Schneidezähne sahen aus, als wären sie spitz gefeilt worden.

»Ist das dein Ältester, Frank?«, fragte er.

Onkel Matthew blickte von seiner Dose Cider auf. »Er ist der älteste Junge ... Sieht genauso aus wie Frank, was?«

Ich kniete mich vor den Spülschrank und suchte die Putzsachen zusammen.

Der Mann mit den schiefen Zähnen lachte zischend. »Naaah, der sieht aus wie seine Mutter.«

Ich schob den Kopf tiefer in den Schrank, damit sie nicht sahen, dass ich rot geworden war, und lächelte in stiller Erleichterung. Ich freute mich darüber, meiner Mutter ähnlich zu sehen, und war dankbar, dass er mich nicht mit Onkel Joseph verglichen hatte.

»Aber er hat nicht ihre Haare«, lachte Onkel Jaybus. Er öffnete das Fenster und lehnte sich hinaus. »Sie ist der Ginger Ninja!«

Die Männer lachten. Ich stand auf und blickte zu Frankies Wohnwagen hinüber. Tante Minnie lehnte sich nach draußen und streckte ihre zwei Finger raus. »Halt die Schnauze, Wasserkopf!«

Onkel Jaybus kicherte auf seine alberne Art, bevor er zurückbrüllte: »Ich liebe dich, du hässliche Hexe!«

Tante Minnie kicherte wirklich wie eine Hexe und bekam einen Hustenanfall.

Ich kroch wieder in den Schrank und nahm ein paar Staubtücher, eine Flasche Politur, Handfeger und Kehrblech heraus. Ich lachte, als ich das Aufheulen der Frauen im anderen Wohnwagen hörte.

Mein Vater kam rein und zog mich vom Boden hoch. »Wie lange kann es dauern, ein paar Putzsachen zu holen?« Er packte mich am Kragen und gab mir einen Tritt, sodass ich aus der Tür und die Stufe hinunter fiel und meine Flaschen und Lappen fallen ließ.

Die Männer lachten.

»Man muss sie auf den richtigen Weg führen, seht ihr?«

Erneutes Gelächter.

»Und wage es nicht, dich davonzuschleichen, bevor er nicht blitzblank ist!«, rief mein Vater mir nach.

Er hatte unser Auto gegen einen alten blauen Ford Transit getauscht, der den zweiten Wohnwagen besser ziehen konnte. Der Transporter war von einer hellgrauen und braunen Kruste überzogen, weil die Männer am Abend zuvor auf Kaninchenjagd gegangen waren. Ein paar Männer aus der Gegend besaßen Greyhounds und gingen nachts oft mit ihnen auf Kaninchenjagd. Wer mitkommen wollte, konnte sich ihnen anschließen. Mein Vater war kein großer Freund von Kaninchenjagden oder Greyhounds, aber es war ein Mannschaftssport, also ging er mit.

Ich klopfte mir den Dreck von den Kleidern, sammelte meine Putzsachen ein und ging hinüber zum Transporter, wo ich eine Kassette mit Hits aus den Fünfzigern in den Rekorder schob. Der Refrain von Doris Days »Secret Love« dröhnte aus den Lautsprechern.

Die Männer steckten die Köpfe aus dem Fenster und lachten. »Na, dann sing mal mit!«, rief mein Vater.

Ich lächelte meinen Peinigern zu und drehte die Lautstärke runter. Doch ausschalten würde ich es nicht.

Zuerst schrubbte ich die matschigen Fußabdrücke vom Armaturenbrett, holte die Gummimatten aus dem Fußbereich und warf sie in einen Eimer Wasser mit Essig und Spüli. Dann polierte ich das Armaturenbrett, saugte den Boden, putzte die Fenster, leerte das Handschuhfach, wischte den Laderaum aus (wo ich mir eine heimliche Zigarette gönnte, die ich aus einer Packung im Handschuhfach stibitzt hatte), spritzte den Wagen von außen mit dem Schlauch ab, wischte ihn trocken, polierte ihn und räumte schließlich alles wieder ein.

Fünf Zugaben von Doris Day später war ich fertig und stand stolz mit Lappen und Eimer in der Hand da. Seit der alte Mistkerl den Wagen mitgebracht hatte, hatte er nicht mehr so gut ausgesehen. Er war nicht länger ein dreckiges Arbeitsfahrzeug und Pub-Taxi, sondern ein schickes Vorzeige-Vehikel. Ich konnte mein Spiegelbild in der Seite sehen.

Als ich fertig war, leerte ich den Eimer und spülte ihn am Wasserkran aus.

Onkel Jaybus lehnte sich aus dem Wohnwagen. »Gute Arbeit.«

Ich strahlte ihn stolz an. »Danke.«

Meine Hände waren weiß und verschrumpelt. Ich rollte meine nassen Ärmel hoch und brachte den Rest des Putzzeugs in den Wohnwagen zurück.

Mein Vater lehnte sich über Onkel Jaybus' Schulter. »Mach's noch mal.«

»Was?«

»Du hast den ganzen Wagen mit der Scheißpolitur eingematscht. Wasch sie ab und mach's noch mal.«

»Du hast nicht mal richtig hingeguckt.«

Er sprang von der Bank und stieß mich rückwärts aus der Tür und die Stufen hinunter. Dann schleuderte er mir den Eimer und die Lappen hinterher und brüllte: »Gib mir keine Widerworte, du kleine Schwuchtel. Wenn ich sage, du sollst es noch mal machen, dann tust du das, verdammte Scheiße.«

Ich kam auf die Füße, sammelte den Eimer und die verstreuten Lappen und Politurflaschen zusammen und blieb wie angewurzelt stehen.

Frankie streckte den Kopf aus dem Dach unseres Wohnwagens. »Lass die fette Fotze es selbst machen, Mikey. Komm rein.«

Meine Mutter und Tante Minnie lehnten sich aus dem Fenster. »Bring das Zeug einfach hierher und setz dich – es sieht toll aus, nicht wahr, Min?«

»Ja, allerdings. Mikey, es sieht toll aus. Komm her und trink einen Tee.«

Mit klopfendem Herzen stellte ich den Eimer ab, ging zum Wohnwagen meines Vaters und öffnete die Tür.

Die Männer, die gerade noch schallend gelacht hatten, verstummten.

Die Augen meines Vaters wurden dunkel. »Was willst du?«

Mein Mund war staubtrocken. »Ich will, dass du rauskommst und dir den Transporter ansiehst.«

Er stand auf. »Ah ja?«

»Ja.«

Er schien vor meinen Augen zu wachsen. Alles, was ich sehen konnte, war sein leuchtend gelber, wütender Blick. »Willst wohl den starken Mann markieren, du kleine Schwuchtel.«

Mein ganzer Körper spannte sich an. Ein Kloß stieg mir tief aus dem Bauch heraus bis in die Kehle.

»Du gehst jetzt da raus und wäschst den Wagen.«

Meine Fäuste ballten sich so fest, dass die Nägel in meine Handflächen schnitten.

Dann schlug er zu. Ein Schlag tief in meinen Brustkorb. Ich fiel nach hinten und hielt mich mit beiden Händen am Stahlrahmen der Wohnwagentür fest.

Er lachte und trat näher.

Ich dachte an das, was er mir im Laufe der Jahre angetan hatte, und wie ich jede Stunde eines jeden Tages gelitten hatte, nur um ihn glücklich zu machen. Ich dachte an die unzähligen Male, in denen er es genossen hatte, mich vor seinen Freunden und der Familie zu demütigen.

Er zielte mit dem Fuß auf meinen Bauch. Doch als er zutrat, sprang ich nach vorn, ballte die Hand zu einer steinharten Faust und traf ihn mit voller Wucht auf dem Nasenrücken.

Der Knorpel knirschte unter meinen nackten Fingerknöcheln. Die Männer im Wohnwagen duckten sich, als er in der Royal-Dalton-Sammlung meiner Mutter landete. Meine Mutter, Frankie und Tante Minnie schrien, als ich zum dritten Mal an diesem Tag auf den Betonboden kugelte. Mein Vater explodierte förmlich aus dem Wohnwagen und stürzte sich auf mich wie ein wütender Bulle.

»Lass ihn in Ruhe.« Meine Mutter sprang aus Frankies Tür und meinem Vater auf den Rücken. Sie kratzte, schrie und zerrte an seinem Gesicht. Doch er packte sie im Nacken und schlug ihr ins Gesicht, bevor er sie fallen ließ.

Frankie und Tante Minnie rannten schreiend und jammernd zu ihr, hoben sie hoch und zogen sie in den Wohnwagen meiner Eltern.

Die Männer kamen schweigend heraus und gingen davon.

Mein Vater brüllte: »*Ich bring dich um!*«

Lachend, weinend und Dreck spuckend kam ich auf die Füße. »*Dann komm doch her!*«

Er stürzte sich auf mich, und seine Faust krachte in mein Gesicht, meine Rippen, meine Arme, meinen Bauch.

Bebend vor Zorn, wie ich ihn noch nie empfunden hatte, schrie ich, spuckte, knurrte und schlug auf ihn ein, taub gegen seine Schläge. Ich lachte ihm ins Gesicht. Er warf mich über die Schulter und trug mich in Frankies Wohnwagen.

Töpfe, Parfümflaschen, leere Hühnchenkartons und Aschenbecher fielen klirrend zu Boden, als er mich aufs Bett warf und anfing, mir gegen den Kopf, ins Gesicht und auf die Augen zu schlagen.

»*Ich hasse dich!*«, schrie ich. »*Ich hasse dich, seit ich lebe!*«

Er brüllte mich an, still zu sein, und prügelte weiter auf mich ein, während ich schrie und lachte und ihm Klumpen blutiger Rotze ins Gesicht spuckte. Irgendwann ließ seine Kraft nach, und meine ebenfalls. Keuchend und verschwitzt starrten wir uns an. Als das Blut mir die Sicht nahm, formte ich, unfähig zu sprechen, mit den Lippen die Worte: »Ich hasse dich, Dad.«

Er verließ den Wohnwagen, und um mich herum wurde es schwarz.

Die Abfahrt wurde verschoben, weil er verschwunden war. Erst vier Tage später kehrte er ins Camp zurück. Während dieser Tage fiel ein stetiger Regen, und mein ganzer Körper schmerzte ununterbrochen. Meine Wunden heilten nur schlecht, und ich lag zusammengekauert in meinem Bett und wartete darauf, dass mein Vater zurückkehrte.

Ich wusste, dass er nicht abgehauen war, weil ich mich gewehrt hatte, sondern wegen der Worte, die ich ihm ins Gesicht geschrien hatte.

»Ich hasse dich, Dad.«

Welche Hoffnung auch immer es möglicherweise für uns gegeben hätte, an welch hauchdünner Verbindung auch immer wir festgehalten hatten, jetzt war das alles fort. Ich hasste ihn, und jetzt wusste er es. Die große Liebe, die ich als kleiner Junge für ihn empfunden hatte, war aus mir herausgeprügelt und -gespottet worden, und wir hatten beide verloren. Ohne Zweifel hockte er jetzt tief über ein Bier gebeugt in einem Pub und haderte mit dem Schicksal, das ihm mich als seinen Sohn geschickt hatte.

Mir war klar, dass ich fliehen musste. Es war meine einzige Hoffnung, sonst würde er mich umbringen, oder ich würde an dem Schmerz und der Demütigung und der Pein zugrunde gehen, all das zu sein, was ich seiner Meinung nach nicht sein sollte.

Schließlich kehrte er zurück, ohne irgendwem zu sagen, wo er gewesen war. Und in den Tagen danach sprach er nur mit mir, wenn er Befehle oder Drohungen für mich hatte.

Bevor wir nach Newark aufbrachen, erklärten Onkel Matthew und Tante Nancy, dass sie beschlossen hatten, den Konvoi zu verlassen und nach Süden zurückzukehren. Sie würden Kenny mitnehmen. Ich war am Boden zerstört.

Kenny und ich hatten seit diesem verhängnisvollen Abend nicht mehr miteinander geredet. Jedes Mal, wenn er sah, dass ich mich seinem Wohnwagen näherte, sprang er buchstäblich hinaus und rannte davon. Und doch hatte ich tief in meinem Herzen gehofft, dass wir mit der Zeit wieder Freunde werden könnten. Er fehlte mir schrecklich – ich hatte noch nie jemanden gehabt, mit dem ich so lachen und reden und entspannt sein konnte wie mit ihm.

Sie reisten vor uns ab, und alle waren traurig. Nach so vielen Monaten zusammen einen Teil unserer Gruppe zu verlieren war hart. Meine Mutter und Tante Minnie hatten sich den ganzen Vormittag in den Armen gelegen und gemeinsam mit Tante Nancy geweint, während die Männer Onkel Matthew und Kenny halfen, alles zusammenzupacken.

Als die Wohnwagen angehängt waren, hupten alle Familienmitglieder zum Abschied, und als die Wagen losrollten, gab es überall laute Abschiedsrufe und Tränen. Kennys Wagen war der letzte. Ich winkte, rief »Tschüs, Kenny!« und hoffte, er würde lächeln oder winken als ein Zeichen des Friedens zwischen uns.

Er drehte sich nicht einmal um. Dafür meine Tante Minnie, die meinen Enthusiasmus mit hochgezogener Braue quittierte, bevor sie wieder den Autos und Wohnwagen nachschaute.

Es war mir egal. Ich drehte mich um und rannte los, durch eine Lücke im Zaun und über das Feld zum hinteren Zaun am Ende der Straße, um ihn noch einmal zu sehen. Wasser spritzte vom Feld auf und durchnässte mich, und das lange Gras wickelte sich um meine Füße und Schienbeine wie Tentakel. Ich befreite mich von den Halmen und rannte zum Zaun, gerade in dem Augenblick, als Kennys Wagen vorbeiratterte.

Ich winkte noch einmal, und diesmal sah ich, dass er mich bemerkte. Er beugte sich vor, um das Fenster hinunterzukurbeln, und ich freute mich wie wahnsinnig. Er würde doch etwas zu mir sagen.

Er fuhr vorbei, ohne mich anzusehen. Mein einziger Freund. Meine Welt taumelte, krachte zu Boden und brannte.

In der folgenden Nacht saß ich hinten im Transporter auf dem Weg nach Newark. Durch die Blechwand, die mich von der Fahrerkabine trennte, konnte ich hören, wie die Lieblingskassette meiner Mutter einsetzte. Barbra Streisand mit »Memorys«.

Der Boden unter mir rumpelte, und ich wickelte mich in eine Steppdecke, um möglichst viel von meiner Körperwärme zu erhalten. Es stank nach Teer. Ich lehnte mich gegen die vibrierende Blechwand, die sich langsam durch die Heizung vorne in der Fahrerkabine erwärmte, und fühlte mich, wie damals im Stall, in der Gesellschaft eines Freundes. Ich hatte gefragt, ob ich hinten mitfahren durfte, weil ich es vorzog, allein zwischen dem Gepäck zu sitzen, wo ich vor der Zunge und den Fäusten meines Vaters in Sicherheit war.

Es war mitten in der Nacht und also nichts zu sehen. Ich rollte mich auf dem Boden zusammen und fragte mich, was die Zukunft wohl für mich bereithielt. Mein Vater war ein Vollblut-Zigeuner, ein großer Mann unter seinen Leuten, ein Champion im Bare-Knuckle-Fighting, ein Schwarzer Ritter mit gewaltiger Schlagkraft.

Und ich? Ich war kein Ritter. Meine zunehmende Angst und mein Misstrauen anderen Menschen gegenüber hielten mich in einer einsamen Seelenwelt gefangen. Ich lebte in ständiger Angst, meinen Vater mit meiner unmännlichen Art zu verärgern. Wie oft schloss ich mich in engen Räumen ein, um dort Zuflucht zu finden und ich selbst zu sein, ohne dass eine missbilligende Welt mich in Stücke riss. Trotz all meiner Bemühungen war ich zu genau dem geworden, was Zigeuner verachten: Ich war schwul. Ich hatte mich mit einer Krankheit angesteckt, die es nur in der Welt da draußen gab, und alle konnten es sehen. Sie wussten es. Und deshalb war ich der Sklave meines Vaters.

Ich zündete mir eine gestohlene Zigarette an und hockte in der Dunkelheit. Mein ganzer Körper rief wieder und wieder das Gleiche: *Lauf, lauf, lauf. Geh weit fort und kehre niemals zurück.*

Doch ich war noch nicht mal dreizehn Jahre alt und konnte mir gar nicht vorstellen, jemals ohne meine Kultur und meine Leute zu leben. Und so klammerte ich mich mit stummer Verzweiflung an die Alternative. Newark könnte meine Chance auf einen Neustart sein. Niemand dort kannte mich. Der Umzug dorthin könnte mein neues Leben markieren, in dem ich endlich die Gefühle abschütteln würde, die mich zu dem machten, was ich war. Ich würde härter arbeiten und meinen Vater stolz auf seinen Erben machen. Ich musste es tun. Trotz der strengen und erdrückenden Regeln war ich stolz darauf, ein Zigeuner zu sein.

Dieses Mal würde es mir irgendwie gelingen.

18

Ein neuer Anfang

Als die Bremsen des Transporters griffen und wir über eine Rampe holperten, wachte ich auf und kroch zum Heckfenster. Die Dämmerung ließ den Himmel rot leuchten, und ich konnte eine Weide voll schwarz-weißer Kühe sehen, einen Maschendrahtzaun und Reihen von ordentlichen, glänzenden Wohnwagen neben einem Streifen glitzernden schwarzen Asphalts. Neben jedem Wohnwagen stand ein brandneuer Geländewagen.

Im Vergleich dazu muss unser Konvoi geradezu monsterhaft ausgesehen haben.

Tante Minnie und die Mädchen winkten mir aus dem Wagen hinter uns zu. Ihre Zigaretten glühten wie Wunderkerzen. Frankies alter braun- und cremefarbener Anhänger wirkte neben diesen Wohnwagen eher wie ein fauler Zahn als wie ein respektabler Caravan.

Ich lachte und winkte zurück. Wenigstens waren wir bunt.

Wir fuhren am rot geklinkerten Haus des Eigentümers vorbei und kamen auf einen großen Platz voller Wohnwagen, Autos, Klohäuschen und Spielzeug.

Als wir anhielten, gab ich Romaine ein Zeichen, mich aus dem Transporter zu befreien. Sie schob die Tür auf und klatschte in die Hände. »O mein Gott, es ist so kushti, guck mal.«

Ich ging um den Transporter herum nach vorne. Henry-Joe und Jimmy kletterten über den Schoß unserer Mutter und rannten zu der Grasinsel in der Mitte des Camps, wo schon mehrere andere Kinder herumsprangen. Sie alle sahen aus wie kleine Porzellanpüppchen, mit perfekt frisierten Locken, Kleidchen mit Glockenröckchen und winzigen Hosenanzügen, wie alte Männer sie trugen. Verlottert und vollkommen unbekümmert liefen meine Brüder hinüber und mischten sich unter sie.

Eine Schotterstraße zog sich einmal im Kreis um den Grasplatz, und rundherum reihten sich betonierte Stellplätze, jeder mit einer eigenen Wasserstelle, einem Stromkasten und genügend Platz für zwei geräumige Wohnwagen. Am Eingang zur Lichtung stand ein großes rot geklinkertes Waschhaus mit zwei Eingängen mit Schwingtüren, hinter denen wir das beruhigende Rauschen einer funktionierenden Klospülung hören konnten.

Frankie und Tante Minnie kamen heraus und zündeten sich neue Zigaretten an.

»Ich hab dir schon mal den Sitz angewärmt, Bettie«, rief Tante Minnie und stieß Frankie lachend in die Seite.

Meine Mutter rollte mit den Augen und fiel in das Lachen mit ein.

»Seht euch diese beiden Flittchen an. Der Besitzer hier braucht nur einen einzigen Blick auf diese beiden albernen Gänse zu werfen, um uns gleich wieder vom Platz zu schmeißen.«

Auf einer Seite des Camps stand ein zwanzig Fuß hoher Zaun aus Stahlnetz und Stacheldraht, und dahinter befand sich eine Militärbaracke. In einer riesigen Scheune konnten wir schwere Maschinen und Fahrzeuge mit Tarnanstrich sehen, und Soldaten, die um sie herumliefen.

Die Männer des Konvois gingen nach vorne, um mit dem Eigentümer zu sprechen. Die meisten Plätze waren belegt, aber dank Rayleens Familie hatte man uns erwartet, und es gab noch vier große Stellplätze für uns.

Als nach und nach Massen von Leuten aus den anderen Wohnwagen strömten, verzog ich mich in Richtung Wald, in der Hoffnung, die Begrüßungsversammlung zu vermeiden und mir eine heimliche Zigarette zu gönnen. Ich wollte meinem Vater keinerlei neue Angriffsflächen bieten, und so rauchte ich, anders als Frankie, heimlich.

Als ich davonging, rief Tante Rayleen mir hinterher: »Hey, Mikey, komm her, ich will dich den Jungs vorstellen!«

Mist.

Ich lief schneller und bog gleich bei der ersten Möglichkeit in den Wald ab. Dort blieb ich stehen und wartete mucksmäuschenstill wie ein gejagter Hase, während Tante Rayleen noch einmal nach mir rief. Nach einigen Augenblicken starrer Angst entspannte ich mich ein wenig. Für den Moment zumindest war ich in Sicherheit.

Ich zog meine Schachtel Kippen und ein Feuerzeug hervor.

Als ich mich umsah, erkannte ich, dass es gar kein richtiger Wald war. Die Bäume bildeten bloß einen Windschutz vor dem Feld, das hinter ihnen lag. Es war völlig überwuchert und voller Schrott und vergammelter Laster.

Gleich hinter den Bäumen stand eine Reihe von Hundezwingern, und in jedem saß ein Exemplar der Lieblingsrasse der Zigeuner: ein Lurcher. Während ich da stand, rauchte und auf das Feld hinausblickte, konnte ich das Lachen und die Stimmen der immer größer werdenden Menschenmenge hören, die sich um den Konvoi herum versammelte. Plötzlich kam ich mir vor wie ein Idiot, weil ich einfach davongelaufen war. Das hier sollte mein neuer Anfang werden, und hier stand ich nun und versteckte mich hinter den Bäumen. Einer der Hunde begann, mich anzubellen, und da ich nun ohnehin entdeckt war, trat ich zurück auf die Lichtung.

Meine Mutter und Rayleen winkten, als ich langsam zu ihnen zurückging.

Sie standen mit drei ein wenig seltsam aussehenden Jungen zusammen, die sich in Haarfarbe und Körperbau radikal voneinander unterschieden. Es musste sich um Rayleens berüchtigte Brüder handeln. Mein erster Gedanke war, dass sie es in puncto Aussehen ganz schön übertrieben hatte. Trotz der Unterschiede sahen alle drei exakt so aus wie Rayleen selbst, und auch sie war nicht unbedingt eine Schönheit. Alle vier hatten extrem engstehende Augen und Nasen, die aussahen wie Fäuste. »Hi Kumpel, schön, dich kennenzulernen«, erklärten sie im Chor und schüttelten mir die Hand.

Mein Vater winkte mich zu sich, um ihm zu helfen, Frankies Wohnwagen von Tante Minnies Ford abzukoppeln. Zwei der Brüder verdrückten sich gleich, aber der Jüngste von ihnen, Alex, bot an, uns zu helfen. Mein Vater, schon ganz lila im Gesicht, zog vorne, und wir schoben von hinten. Sobald der Hänger auf dem Platz stand, den unsere Mutter für uns ausgesucht hatte, verschwand er wieder, um Onkel Jaybus und den anderen zu helfen, bevor er zurückkam, um auch den großen Caravan aufzustellen. Alex und ich kurbelten die Stützen runter, und er erzählte mir fröhlich ein bisschen über das Camp und die Leute.

»Ich hab schon viel von dir gehört«, schnaufte er, während er an der Kurbel für den Stützbock drehte.

Ganz sicher nicht, dachte ich, denn sonst würdest du dich nicht mit mir unterhalten. Ich musste gegen meine Schüchternheit ankämpfen.

»Ja, ich über dich auch.«

Den ganzen restlichen Abend über hingen wir zusammen rum. Er bot mir sogar an, mich mit seinem Auto durch Newark zu fahren. Vielleicht würde ich am Ende tatsächlich einen Freund finden.

Als er fortging, um den Wagen zu holen, schob ich den Kopf in den großen Wohnwagen, wo meine Mutter gerade Henry-Joe und Jimmy aus dem Spielzeugschrank scheuchte.

»Ich fahre mit Alex zum Laden, okay?«

Das Gesicht meiner Mutter leuchtete auf. »Er ist ein netter Junge, nicht wahr?«

»Ja, ist er.«

Sie lächelte und griff nach ihrer Handtasche. Zog einen Zwanzig-Pfund-Schein heraus, blickte sich nach allen Seiten um und flüsterte »Schschsch«, bevor sie ihn mir in die Hand drückte. »Verrat's nicht deinem Dad, sonst behält er dich hier, damit du ihm beim Aufbau hilfst.«

Alex und ich pflügten in seinem leuchtend roten Pick-up durch die Straßen und redeten über die Fehde zwischen ihm und seinen Brüdern und den Walsh-Jungs.

Offenbar hatte alles im Jahr zuvor mit einem Streit über ein Mädchen begonnen – auf dem Cambridge Fair, wo jedes Jahr im Juli Zigeuner aus dem ganzen Land zusammenkamen, um zu essen, zu trinken, ihre wohlverdienten Autos zu präsentieren und natürlich gegeneinander zu kämpfen.

Ich sagte Alex deutlich, dass ich mit dieser Fehde nichts zu tun hatte.

»Ich auch nicht«, sagte er und schlug mit der Hand auf das Lenkrad.

Während wir durch die Stadt kurvten, erfuhr ich, dass Alex drei Jahre älter war als ich, mit zwei Mädchen gleichzeitig ging, die nichts voneinander wussten, und regelmäßig in die Stadt fuhr, um Gorgia-Frauen aufzureißen.

»Hattest du schon ein paar Frauengeschichten, Mikey?«

Ich wand mich ein wenig, zuckte und murmelte irgendwas über ein Mädchen in Doncaster.

»Und, wie war sie?«

Die nächsten zehn Minuten verbrachte ich damit, ein, wie ich hoffte, typisches sexy und trotzdem glaubwürdiges Mädchen zu beschreiben, und weitere zehn Minuten, sie etwas weniger wie einen Hund klingen zu lassen. Alex' Blick sagte mir, dass er mich durchschaute. Aber er war höflich genug, meine Geschichte, die ich mir so mühsam erkämpft hatte, kommentarlos hinzunehmen.

Als wir ins Camp zurückkehrten, sahen wir Frankie und Romaine, die mit einer Gruppe anderer Jugendlicher am hölzernen Tor standen. Ich sah, wie Alex eines der Mädchen beäugte. Sie hatte lange blonde Haare und Beine, die etwa so lang waren wie meine untersetzte Schwester groß.

»Die ist mal echt heiße Ware«, sagte er.

Als wir am Wegrand anhielten, drehte das Mädchen sich um und sah uns an. Alex kurbelte das Fenster runter.

»Hallöchen«, zwitscherte sie.

Frankie und Romaine schoben sich sofort neben sie.

»Alles klar mit euch Kackfröschen? Ich bin übrigens seine Schwester Frankie.«

Das langbeinige Mädchen kicherte. »Ich bin Kayla-Jayne.«

Zwei Jungs und ein weiteres Mädchen tauchten an meinem Fenster auf.

Das Mädchen ignorierte mich und sprach über meine Schulter mit dem weit wichtigeren Jungen auf dem Fahrersitz. Sie fragte Alex nach seinem Auto und Beziehungsstatus.

»Ich bin Single und auf der Suche«, antwortete der mit einem süßen Lächeln.

Fast wäre ich an meiner Cola erstickt.

Während das Mädchen weiterredete, betrachtete ich die beiden Jungs. Sie schienen ganz nett zu sein, anders als die üblichen aggressiven Teenager, denen ich sonst begegnete. Mir wurde bewusst, dass ich noch nie so lange in der Gesellschaft anderer junger Leute gewesen war, ohne zum Kampf herausgefordert zu werden. Und es fühlte sich gut an.

Kurze Zeit später setzte Alex mich an unserem Wohnwagen ab und erklärte, er würde später noch mal vorbeikommen. Der große Hänger stand mittlerweile ebenfalls an seinem Platz, die Stützen waren runtergekurbelt, und meine Mutter schrubbte sicherheitshalber noch einmal an ihm herum, um den Dreck von der Fahrt abzuwaschen.

Jetzt musste nur noch das Vorzelt aufgebaut werden, und ich kam gerade rechtzeitig, um zu helfen. Die meisten Wohnwagen hatten Vorzelte an der Seite, aber meine Mutter, die bei allem ihre Vorliebe zu Elton Johns Dekostyle ins Spiel bringen musste, hatte extra ein Zelt anfertigen lassen, das wie ein knatsch-pinkfarbenes Zirkuszelt – mit Rüschen und allem Drum und Dran – die gesamte Front überspannte. Obwohl es schon spät war und bereits kalt wurde, wollte mein Vater das Zelt unbedingt noch fertig aufbauen. Der riesige pinkfarbene Stoffklumpen mit seinen über hundert Stangen lag bereits auf dem Beton ausgebreitet, damit die Falten sich glätteten. Der Aufbau dieses Monstrums war der Teil, den ich am wenigsten mochte, hauptsächlich deshalb, weil er jedes Mal dazu führte, dass mein Vater einen Wutanfall bekam. Wir hatten es noch kein einziges Mal aufgebaut, ohne dass ich oder einer meiner Brüder mit der einen Stange, die nie passte, einen übergezogen bekommen hatten.

In einigen der Camps, in denen wir gewesen waren, hatten wir das Zelt gar nicht erst aufgebaut, einfach weil es so ein Albtraum war, es zusammenzusetzen. Aber jetzt planten wir, eine Weile zu bleiben, und meine Mutter wollte es stehen haben.

Ein paar Jugendliche hatten sich in Frankies Wohnwagen versammelt und sahen zu, wie mein Vater die nächsten Stunden mit dem Vorzelt kämpfte, brüllte, knurrte und fluchte. Eine gefühlte Ewigkeit später stand es endlich. Mein Vater rang sich sogar ein Lächeln in meine Richtung ab, als wir zurücktraten, um unser Werk zu begutachten.

»Komm und sieh's dir an, Bettie.«

Meine Mutter kam aus dem Wohnwagen und durch die Reißverschlusstür ihrer Kreation nach draußen und gesellte sich zu uns.

»Zufrieden?«, fragte mein Vater stolz, zog sie an sich und gab ihr einen Kuss. Sie lehnte sich an seine Brust und betrachtete mit schiefgelegtem Kopf das Zelt. Dann brummte sie halb zufrieden, aber das genügte mir.

Ich nutzte die Gunst der Stunde und ging zu Frankie und den anderen hinüber. Zum ersten Mal begann ich, mich in Gesellschaft Gleichaltriger halbwegs sicher zu fühlen. Kurze Zeit später gesellte Alex sich zu uns, und wir saßen rum, redeten und rauchten.

Die beiden Jungs, die vorher schon am Pick-up gestanden hatten, waren ebenfalls da, und Alex fragte sie spöttisch: »Wie heißt ihr eigentlich? Groß und Klein?«

Es war gemein, aber nicht unpassend. Die beiden standen auf und entschuldigten sich höflich, um zu verschwinden. »Willst du mitkommen und 'ne Runde Pool spielen, Mikey?«, fragte der Dünnere der beiden.

»Nicht mit euch«, lachte Alex.

Die Jungs gingen. Sie taten mir leid. Irgendwie erinnerten sie mich an mich selbst.

Ich ging nach draußen, um mich von ihnen zu verabschieden. Wir drei standen ein wenig schüchtern herum und hörten zu, wie Alex und Frankie im Wohnwagen über sie herzogen und dabei vor Lachen brüllten.

»Wir sehen uns später. Danke, dass ihr hergekommen seid.« Ich sprach laut und versuchte, den Lärm hinter mir zu übertönen.

Die beiden Jungen blickten zum Fenster hinauf, wo Alex wie die Queen winkte.

»Achtet nicht auf ihn.«

Der größere Junge marschierte davon und rieb sich wütend übers Gesicht.

Der kleinere schüttelte meine Hand. »Ich bin Adam, dein Cousin.«

»Echt?«

»Ja, mein Vater und dein Vater sind Cousins ersten Grades. Das macht uns zu Cousins zweiten Grades.«

»Das wusste ich gar nicht.«

Er lächelte und lief dann hinter dem anderen Jungen her.

»Wir sehen uns, Cousin!«, rief ich.

»Wir sehen uns!«

»Das war nicht sehr nett, Alex«, sagte ich, als ich wieder in den Wohnwagen zurückging.

»Nein, war es nicht«, sagte Romaine. »Ich weiß nicht, was daran so lustig ist, Frankie.«

»Ach, das waren doch Arschlöcher«, gab Frankie zurück und lachte sich kaputt.

Alex war eindeutig genau der Typ meiner pummeligen kleinen Schwester. Ich wusste, dass sie sich niemals so verhalten hätte, wenn sie nicht auf ihn gestanden hätte.

»Wieso lachst du so?«, fragte ich. »Wir sind noch keine zwei Minuten hier, und du verhältst dich wie eine echte Bitch.«

Sie verstummte. »Oh, halt die Klappe, Joseph, wer bist du denn, dass du mich hier wie ein Kind rumkommandieren könntest?«

»Wie hast du mich gerade genannt?«

Sie kicherte, wischte sich über die mit Wimperntusche verschmierten Wangen und zog sich an Alex' Schulter nach oben.

»Joseph … Joseph, Joseph, Joseph, Joseph, Joseph, Joseph, *Joseph!*«

Ich schob meinen ausgestreckten Arm hinter ihre Musikanlage.

Sie schrie: »Wag es bloß nicht!«

Ich schleuderte das Ding vom Tisch, sodass es gegen eine Wand krachte und sich in allen Einzelteilen über den Teppich verteilte. Dann stand ich auf und ging.

Die Wohnwagentür flog auf, und Frankies schrille Stimme hallte durch das Camp. »Du beschissene Schwuchtel! Scheiß schwuchtelige Schwuchtel! Lässt dich von jedem scheiß abgewrackten Typen, der dich zu Gesicht kriegt, zu Brei schlagen!

Hey, ihr alle: Mein Bruder ist eine riesige Tunte! Eine riesige, auf Männer stehende *Tunte!* Jetzt wisst ihr's!«

Sie knallte die Wohnwagentür so fest zu, dass eine Schockwelle durch das Camp schwappte.

Irgendwann verstummte das Echo, und mit ihm meine Hoffnung auf einen Neuanfang.

19

Frankies Wut

In den folgenden Tagen tat mein Vater einen nahen Steinbruch auf, wo er Teer und Schotter beziehen konnte. Und er fand jede Menge ahnungslose Opfer. Jeden Morgen um sechs fuhren er und ich zum Steinbruch und kehrten erst zurück, wenn wir den Großteil unserer Ladung für immense Geldsummen in den Einfahrten von Rentnern verteilt hatten oder es zu dunkel geworden war, um weiterzuarbeiten.

Ich war froh, den ganzen Tag nicht zu Hause zu sein, denn jedes Mal, wenn ich in Frankies Wohnwagen trat, musste ich wieder an ihren demütigenden Ausraster denken. Die anderen Jugendlichen hingen regelmäßig dort rum, und obwohl ich willkommen war, hatte sich etwas verändert. Frankies Gebrüll hatte Wirkung getan, und der kurze Moment, in dem ich erlebt hatte, wie es wäre, ein normaler, beliebter Teenager zu sein, war vorbei.

Frankie war zu stur, um vor irgendjemandem, einschließlich mir, zuzugeben, dass sie einen Fehler gemacht hatte, und das trieb einen noch größeren Keil zwischen uns, denn es fiel mir schwer, ihr zu verzeihen.

Alex war weiterhin freundlich mir gegenüber, aber ich vermutete, dass ich seine Ausrede dafür war, jeden Abend zu uns in den Wohnwagen zu kommen. Frankie hatte unseren Hänger zum neuen Teenager-Hot-Spot gemacht, und es gab keinen besseren Ort für einen vollblütigen Zigeunerjungen als dort, denn neben Frankie hingen dort auch Romaine, mittlerweile eine kichernde Zwölfjährige, Kayla-Jayne, das Mädchen, das den Kopf in unser Autofenster gesteckt hatte, und ihre hasenzahnige Schwester Charlene rum.

Die beiden Jungs, die Frankie und Alex am ersten Abend so verspottet hatten – unsere Vettern zweiten Grades Adam und Levoy –, waren meist ebenfalls dort und wurden allein durch ihre Anwesenheit nach und nach auch von Alex akzeptiert und somit Teil der Gruppe.

Die beiden sahen ein bisschen aus wie Dick und Doof. Adam war dünn wie eine Bohnenstange, mit O-Beinen und etwas Schimpansenartigem um die Ohren herum. Levoy war etwa doppelt so groß und breit wie Adam und der perfekte komische Kontrapunkt. Er hatte eine etwas finsterere Seite als Adam, aber die trat nicht oft zu Tage, bis er plötzlich eine Bemerkung losließ, die einen aus den Socken haute. Levoy liebte Adam, die beiden waren unzertrennlich, und ich teilte heimlich seine Bewunderung; ich fand Adam großartig.

Sobald die Mädchen ihre täglichen Pflichten im Haushalt erledigt hatten, trudelten sie im Wohnwagen ein, und Frankie zog die Gardinen zu. Dort saßen sie dann stundenlang, rauchten heimlich, redeten über »Frauenprobleme« und tratschten über Jungs. Jedenfalls glaubten die Jungs das. Manchmal versuchten wir vier – ich, Alex, Adam und Levoy –, draußen am Fenster zu lauschen und herauszufinden, worüber sie sich unterhielten. Wir waren geschockt, als eines Abends eins der Mädchen voller Panik schrie, sie hätte ihre Jungfräulichkeit an einen Tampon verloren. Die Mädchen kreischten und machten ein riesiges Bohei um die Sache, während wir uns vor Lachen im Gras wälzten. An diesem Abend lernte ich eine weitere Regel für Zigeunermädchen: Sie durften keine Tampons verwenden, damit sie nicht vor der Hochzeitsnacht aus Versehen ihr Jungfernhäutchen zerstörten.

Alle Mädchen standen auf Alex, und wenn er kam, übertrumpften sie sich gegenseitig darin, zu kichern, mit ihm zu flirten und offen darüber zu diskutieren, welche von ihnen er am liebsten mochte. Wenn ich nach der Arbeit die Stufe hinaufstieg und sie draußen hörte, schämte ich mich jedes Mal für sie. Die Schlimmste von allen war meine Schwester, die sich ein Lachen angewöhnt hatte, von dem sie eindeutig glaubte, dass es verführerisch sei, das aber in Wahrheit schrecklich aufgesetzt und sehr nach der Bösen Hexe des Westens klang.

Als Kind dachte ich immer, die Mädchen hätten es leicht. Doch als wir älter wurden, erkannte ich, wie viel Druck auf ihnen lastete. Die Angst davor, bis achtzehn noch keinen Mann gefunden zu haben und möglicherweise in die Reihen der alten Jungfern abgeschoben zu werden, muss schrecklich gewesen sein. Sobald sie zwanzig wurden, waren alle Hoffnungen, jemals eine Familie zu haben, im Grunde begraben. Nur sehr wenige heirateten später noch.

Eines Abends kam ich in den Wohnwagen und fand Frankie buchstäblich auf Alex' Schoß sitzend und sich mit ihm um eine Schachtel Zigaretten kabbelnd. Als er mich sah, hob Alex sie von seinem Schoß, sprang auf und erklärte, dass er auf mich gewartet hätte. Wir wussten beide, dass ich als Frankies Bruder ihre Ehre verteidigen und Alex ausknocken müsste. Doch ich hatte keinerlei Absicht, das zu tun. Alles, was ich wollte, war duschen und meine Haare von dem widerlichen rosa Staub des Schotters zu befreien, den ich den ganzen Tag geschaufelt hatte.

Nachdem ich meine Tasche gepackt und Alex von den Mädchen losgeeist hatte, machten wir uns auf den Weg ins nächste Sportcenter, um zu duschen, da die einzige Dusche im Camp, nachdem sie mittlerweile drei Mal von einem unsichtbaren Duschkopf-Zerstörer demoliert worden war, dauerhaft außer Betrieb war, denn der Eigentümer des Camps weigerte sich, sie noch mal zu reparieren.

Auf der Fahrt verspürte Alex offensichtlich den Drang, sich zu erklären. »Ich war nicht bloß da, um sie zu sehen«, sagte er. »Ich hab echt auf dich gewartet.«

»Das ist nett von dir, Alex.«

»Du bist nicht sauer oder so?«

»Nein.«

»Aber wieso nicht?«

»Ich hab kein Problem damit, wenn sie Jungs zu Besuch im Wohnwagen hat«, erklärte ich ihm. »Du warst ja nicht allein mit ihr. Wenn du denkst, dass es nicht richtig war, erwarte nicht von mir, dass ich dir den Kopf abreiße, geh einfach nicht mehr hin. Frankie ist alt und hässlich genug, um auf sich selbst aufzupassen.«

Alex wirkte ziemlich geschockt, beinahe, als hätte er eine Tracht Prügel bevorzugt.

Als wir ins Sportcenter kamen, waren alle Duschen besetzt. Ich hasste es, die öffentlichen Duschen zu benutzen, und behielt immer meine Boxershorts an, doch Alex nutzte die Gelegenheit, um mit dem Können seines eher kleinen als durchschnittlichen Schwanzes zu prahlen.

»Er mag klein sein«, erklärte er dann, »aber er hatte schon mehr Weiber als jeder hier im Raum.«

Niemand sonst wäre eitel genug, seinen Schwanz einem Raum voller Menschen vorzustellen und gleichzeitig zu versuchen, einen Streit darüber zu provozieren.

Ich hielt meinen Mund und schrubbte mich ab. Ich würde ihm in keinem Kampf zur Seite springen, bevor ich nicht sauber war.

Zum Glück kam es nicht dazu, und nach der Dusche fuhren wir ins Camp zurück, wo die anderen noch genauso rumhockten wie vorher. Wir verbrachten den Abend damit, zu rauchen und uns darüber zu unterhalten, wer heiraten würde, wer ein tolles Auto hatte, wer ein Flittchen war und wer tot, während wir Frankies Prince-und-Michael-Jackson-Kassettenmix hörten, der in Dauerschleife lief.

So glücklich ich darüber war, Teil einer Gruppe zu sein, so war es doch manchmal auch ziemlich beengend. Als Alex mich also fragte, ob ich Lust hätte, mit ihm nach Brighton zu fahren und eine seiner Freundinnen zu besuchen, war ich sofort dabei.

Mittlerweile bezahlte mein Vater mich tatsächlich für meine Arbeit. Bisher hatte er immer darauf bestanden, dass eigentlich ich ihm Geld für die Erfahrung zahlen müsste, mit ihm zu arbeiten. Doch seit einer Woche gab er mir zehn Pfund pro Tag, und so hatte ich ein wenig Geld in der Tasche.

Seit ein paar Monaten schon war Alex regelmäßig über die Wochenenden von der Bildfläche verschwunden, ohne dass wir wussten, wo er war. Mich hatte es nicht gestört, denn ich verbrachte die Zeit mit Adam und Levoy, in deren Gesellschaft ich mich wohlfühlte. Anders als Alex redeten sie nur selten über Mädchen. Sie waren weit weniger selbstbewusst und erfahren als er, und das passte mir nur zu gut. Mit ihnen zusammen zu sein war einfach und entspannt. Aber ich fühlte mich geschmeichelt, in Alex' Geheimnisse eingeweiht zu werden und mit ihm auf Abenteuer zu gehen.

Wir buchten ein Zimmer in einem Hotel in der Nähe des Camps, in dem sein Mädchen wohnte, und am Samstagmorgen ging es los. Auf der langen Fahrt nach Süden redeten wir über all die Themen, über die Zigeunerjungen eben so redeten: Mädchen, die Ehe und natürlich das Boxen. Wer wen geschlagen hatte, wo und wie schlimm. Mich interessierte es nicht besonders, aber ich kannte die Regeln.

Schließlich schwiegen wir, bis Alex mit leiser Stimme sagte: »Ich hab mir vor Angst fast in die Hose gemacht, als du angekommen bist – ich dachte, du zertrümmerst mir die Visage.«

»Dann kannst du noch nicht viel über mich gehört haben.«

»Willst du noch was wissen?«, fuhr er fort. »Ich habe Angst, dass deine Cousins herkommen, jetzt, wo ihr in Newark lebt, und mich und meine Brüder zu Brei prügeln.«

Ich lachte. Onkel Tory und seine Familie würden niemals auch nur einen Fuß aus ihrem eigenen Territorium setzen. »Darüber würde ich mir keine Gedanken machen, Alex.«

Er schwieg einen Augenblick und sagte dann: »Wünschst du dir manchmal, jemand anders zu sein?«

Es war, als hätte er meine Gedanken gelesen, aber ich wagte nicht, es zu sagen. »Nein«, antwortete ich und zündete mir eine Kippe an.

Doch er war gerade richtig im Schwung und redete weiter. »Ich hab ein paarmal gekämpft, aber ich bin eine absolute Niete. Ich hab mich öfter im Schrank versteckt, als die Fäuste zu heben – hast du das jemals gemacht?«

»Darf ich nicht, Alex.«

»Das heißt, du musst gegen jeden kämpfen, der vor deiner Tür steht?«

»Ja.«

»Und, schon mal gewonnen?«

»Nein.«

»Ich wette, dein Dad und dein Onkel Tory waren nicht sehr erfreut. Meinem Vater ist es lieber, wenn ich mich verstecke. Er würde alles tun, um keinen Ärger zu kriegen. Außerdem bin ich ein Liebhaber und kein Kämpfer.«

Mir ging es ähnlich, aber das konnte ich ihm nicht zeigen. Wenn ich etwas gelernt hatte, dann meine Gedanken und Gefühle für mich zu behalten. Ich hatte zu viel zu verbergen, um ihm gegenüber so ehrlich sein zu können, wie er es mir gegenüber war. Ich beneidete ihn und wünschte, mein Vater würde mir ebenfalls erlauben, mich im Schrank zu verstecken.

In Brighton checkten wir in unserem Hotel ein und machten uns auf den Weg, um uns mit seinem Mädchen in der Stadt bei McDonald's zu treffen. Sie wartete bereits: eine dralle Dunkelhaarige, die sofort die Arme um Alex schlang, als sie ihn sah. Alex hatte mir nicht gesagt, dass sie noch eine Freundin für mich mitbringen würde: Jenny, eine winzige Vierzehnjährige. Sie war dick geschminkt und trug ein Paar High Heels, die doppelt so groß zu sein schienen wie ihre eigenen Füße.

Es war der Horror, aber ich konnte nichts anderes tun, als mitzuspielen. Wir zogen weiter in eine Bar, und als Alex und ich losgingen, um die Getränke zu holen, stieß er mich in die Seite und fragte mich, was ich von ihr hielt.

Ich erklärte ihm, sie sei nicht mein Typ. Doch Alex lachte. »Mikey, du bist hier nur für eine Nacht. Nutz die Gelegenheit und mach das Beste draus.«

Er hatte recht. Wenn sie auf mich stand, wäre es eine gottgegebene Gelegenheit, mir eine Freundin anzulachen.

Eine halbe Stunde später verschwanden Alex und seine Freundin. Sie zwinkerten uns zum Abschied zu. Das andere Mädchen und ich blieben sitzen und mühten uns durch ein reichlich stockendes Gespräch. Nach einer Weile rutschte sie ein wenig näher, strich sich mit den Fingern durch das Haar und schürzte die Lippen.

Sie seufzte. »Ich wünschte, ich hätte einen festen Freund.«

Wie alle Zigeunermädchen konnte sie einen Jungen nicht direkt fragen, ob er mit ihr gehen wollte, also musste sie ihm unmissverständliche Hinweise geben. Und ich konnte sie auf keinen Fall küssen, wenn wir nicht »zusammen« waren.

Ich sah sie an und sprach es aus: »Willst du mit mir gehen?«

»Ja«, gurrte sie, und im nächsten Atemzug stürzte sie sich auf mich, und ich bekam meinen allerersten Kuss.

Ich konnte ihren Lippenstift schmecken, gemischt mit Big Mac. Ich öffnete die Augen, sah in ihr völlig überschminktes Gesicht – und bekam Panik. Eine Freundin zu haben bedeutete, sie jeden Tag anzurufen, ihr Geschenke zu kaufen und für alles zu zahlen. Und wenn es mir nicht gelang, dafür zu sorgen, dass sie mich genug hasste, um mich nach ein paar Monaten wieder abzuservieren, würde ich ihr einen Antrag machen müssen.

Den Rest des Nachmittags verbrachten wir damit, durch Brighton zu spazieren und uns alle paar Minuten zu küssen – nicht, weil ich es unbedingt wollte, sondern weil mir absolut nichts einfiel, was ich zu ihr hätte sagen können. Ich war heilfroh, als Alex wieder zu uns stieß und wir ins Hotel zurückkehrten.

Am nächsten Morgen, auf dem Weg nach Newark, telefonierte Alex mit seiner Freundin. »Mikey, Jenny hat meinem Mädchen gesagt, dass es zwischen euch aus ist.«

Eine Last hob sich von meinen Schultern. Was für ein Glück, dass ich auf das einzige Zigeunermädchen im Land getroffen war, das bloß ein bisschen Spaß haben wollte. Oder vielleicht lag es auch daran, dass ich keinerlei Interesse an ihr gezeigt und sie geküsst hatte, als würde ich an einer Zitrone lutschen.

Eine Woche später bekam Jay Ärger mit der Polizei, und die Familie musste weiterziehen. Alex sagte, er würde zurückkommen und uns besuchen, aber das hat er nie getan.

Er fehlte mir, aber zumindest verstanden Frankie und ich uns wieder etwas besser. Eines Abends verkleideten wir Henry-Joe und Jimmy als Huren und schickten sie rüber zu Tante Minnie, um eine Zigarette zu schnorren. Durchs Fenster sahen wir zu, wie sie in Frankies High Heels zu Tante Minnies Wohnwagen watschelten, und starben fast vor Lachen. Henry-Joe und Jimmy waren so unzertrennlich, wie Frankie und ich es in ihrem Alter gewesen waren. Egal, wo Henry-Joe auftauchte, Jimmy folgte ihm auf dem Fuß. Sie trennten sich nur, wenn Jimmy Training hatte. Seit er vier Jahre alt war, joggte er regelmäßig um das Camp und stemmte Gewichte, und mit fünf begann mein Vater sein Sparring mit ihm. Mir fiel auf, dass seine Vorgehensweise nicht mehr so brutal war, auch wenn er niemals zugeben würde, dass er mir gegenüber zu hart gewesen war. Tatsächlich nutzte er mein Versagen, um Jimmys Ehrgeiz zu wecken. Manchmal, wenn ich draußen den Wagen wusch, hörte ich meinen Vater rufen: »Fester, los!«

Jimmy grunzte wie ein kleines Schweinchen, während er gegen die Handflächen meines Vaters schlug.

»Fester! Oder willst du etwa so enden wie ›Nancy Anne‹ da drüben?«

Nach all den Jahren verbaler Herabsetzungen hatte ich gelernt, sie zu ignorieren. Nur wenn Adam und Levoy in der Nähe waren, fühlte ich mich gedemütigt. Ich erklärte ihnen dann immer, das sei halt der Humor meines Vaters. Er machte mich bei der Arbeit immer noch regelmäßig fertig und schlug mich vor den *Dossas*, weil ich zu schwach, zu langsam und zu dämlich war. Und abgesehen von Adam und Levoy konnte ich keinem Mann, der bis zu zehn Jahre jünger oder älter war als ich, meinen Namen nennen, ohne zum Kampf herausgefordert zu werden, bei dem ich dann eine Tracht Prügel kassierte, nur um anschließend in aller Öffentlichkeit von meinem Vater zusammengeschlagen zu werden, weil ich verloren hatte.

Ich hasste mich selbst. Ich war ein Nichtsnutz. Ein dummer Feigling, der sich nicht einmal selbst verteidigen und bei der Arbeit kaum mit einer Schaufel umgehen konnte.

Aber das Schlimmste war, dass ich ein Geheimnis hatte, das mich ohne Zweifel zerstören würde, und meine Familie gleich mit.

Jeden Abend lag ich im Bett und überlegte, was ich tun könnte. Wie konnte ich von hier wegkommen, bevor es zu spät war? Es war nur eine Frage der Zeit, bis alle mich durchschauten. Dank Frankies Wutausbruch verbreitete sich das Gerücht bereits wie ein Lauffeuer. Ich musste mich als echter Mann beweisen, aber die einzige Möglichkeit bestand darin, ein Mädchen zu finden und zu heiraten, und meine Sechs-Stunden-Affäre mit Jenny hatte mir gezeigt, dass ich dazu niemals in der Lage sein würde.

Ich saß in der Falle. Ich hatte keinen Schimmer von der Welt außerhalb dieses Camps; ich hatte keine Ausbildung, kein Geld und keine Chance, allein zu überleben.

Doch zu bleiben wäre möglicherweise die schlimmere Alternative.

20

Sexualkunde

In Newark brachte unsere Mutter ihr fünftes und letztes Kind zur Welt – ein kleines Mädchen, das sie Minnie taufte, nach ihrer Lieblingsschwester. Die Kleine hatte schwarze Haare und dunkle Augen und kam völlig überraschend für uns alle, einschließlich unserer Mutter. Wir alle liebten sie abgöttisch, auch wenn ich sie nur selten zu sehen bekam, weil mein Vater dafür sorgte, dass ich rund um die Uhr beschäftigt war.

Er hatte eine neue Aufgabe für mich gefunden. Da er keine Lust mehr hatte, mit dem großen Laster in winzige Sackgassen zu fahren und dann ewig zu rangieren, um wieder rauszukommen, beschloss er, dass es professioneller aussähe, mit dem Transporter Klinken putzen zu fahren und den Laster um die Ecke zu parken. Es wurde Zeit, dass ich meinen Führerschein machte.

Meine Mutter besorgte bei der Post ein Formular für eine vorläufige Fahrerlaubnis, und mein Vater nahm es am Abend mit in den Pub, um es vom Gastwirt korrekt ausfüllen zu lassen.

Damals konnte man eine vorläufige Fahrerlaubnis beantragen, ohne eine Geburtsurkunde einschicken zu müssen, und so addierte er bei meinem Alter einfach vier Jahre dazu, schickte das Formular ab, und ein paar Wochen später hatte ich meine Fahrerlaubnis.

Ich begann sofort mit dem Unterricht – zwei Stunden pro

Woche für zehn Pfund die Stunde bei einem alten Fahrlehrer namens Jack. Er war Stammgast in dem Pub, in dem sich die Männer abends trafen, und verdiente sich eine goldene Nase damit, dass er so ziemlich jedem Teenager im Camp das Fahren beibrachte, ohne sich dafür zu interessieren, wie alt seine Schüler tatsächlich waren.

Meine erste Prüfung versemmelte ich grandios, indem ich den Seitenspiegel eines entgegenkommenden Autos mitnahm, und die zweite, noch bevor ich überhaupt im LKW saß, weil ich meine vorläufige Fahrerlaubnis zu Hause vergessen hatte. Beim dritten Versuch schließlich hatte ich Glück, weil der Prüfer die meiste Zeit mit seiner Frau telefonierte.

Ich war erst dreizehn, aber wir alle alterten schnell. So lebten wir nun einmal. Die Kindheit eines Zigeuners ist sehr kurz.

Etwa um die gleiche Zeit wurde beschlossen, mich auch in das Thema Geschlechtsverkehr einzuführen. Die Mädchen mussten zwar keusch bleiben, aber das galt nicht für die Jungs. Die meisten gingen regelmäßig zu einer Prostituierten, um ihre sexuelle Frustration loszuwerden, es sei denn, sie hatten das Glück, ein Gorgia-Mädchen zu finden, das sie umsonst ranließ.

Tatsächlich gab es überraschend viele Mädchen, die dazu bereit waren, und die Jungs zögerten nicht lange, das Angebot anzunehmen. Das Geld in ihren Taschen, ihre Fäuste und ihre Schwänze waren alles, was zählte. Sie jagten im Verbund und machten das Ganze zu einem Event. »Der Junge des alten Soundso ist immer noch Jungfrau. Wir nehmen ihn mit und lassen ihn flachlegen. Das wird super.« So in etwa lief das ab.

Meine Initiation sollte unten im Dyna Bowl Bowlingcenter stattfinden, wo eine Gruppe Teenager von uns abends meist rumhing. Einer der älteren Jungs im Camp, Colbert Runt, hatte ein paar Gorgia-Mädchen aufgetan, die sich bereiterklärt hatten, sich mit uns auf einen Drink und ein bisschen Sex zu treffen.

Meine, lachte Colbert, hieß »Gobbler«. Offenbar hatten ihre Freundinnen ihr diesen Spitznamen gegeben, weil sie ihre ganze Faust in ihrer Muschi verschwinden lassen konnte.

Und man erzählte sich, dass sie mit allem vögelte, was laufen konnte.

Mir rutschte das Herz in die Hose.

Wieder einmal musste ich beweisen, dass ich ein echter Mann war. Nur war es diesmal nicht im Ring, sondern vermutlich auf der Ladefläche eines alten Transporters, mit einem Mädchen, das in etwa meiner Vorstellung eines Albtraums entsprach. Entweder ich schlief mit ihr, oder mein Ruf war noch gründlicher ruiniert, als er es ohnehin schon war.

Die Gerüchte, die Frankies Wutausbruch kurz nach unserer Ankunft in Newark nur noch angeheizt hatte, waren nie wieder verstummt. Meine Mutter sagte immer, das läge daran, dass ich zu hübsch sei, um ein Junge zu sein, was nicht wirklich ein Trost war, und mein Vater nannte mich in aller Öffentlichkeit »Nancy Anne«.

Zu meinem Glück würden Adam und Levoy an diesem Abend ebenfalls ihre Initiation erleben, und zwar bei Gobblers zigeunerliebender Freundin Tracey. Wir drei hatten in der Vergangenheit immer mit unseren sexuellen Erfahrungen geprahlt, während wir in Levoys Wohnwagen saßen und uns einen *Star-Wars*-Film nach dem anderen reinzogen. Aber jetzt, wo Colbert Runt von uns erwartete, an seinem »Freier Sex für alle«-Abend teilzunehmen, konnten wir entweder zugeben, dass wir gelogen hatten, und unser mangelhaftes Wissen auf dem Gebiet des Geschlechtsverkehrs eingestehen, oder uns durchmogeln und das

Beste hoffen. Oder wir konnten das tun, was jeder vernünftige Mensch tun würde: diese ganze dämliche Aktion dankend ablehnen. Nur dass alle daraus geschlossen hätten, dass man nicht an Frauen interessiert war, was sich wiederum mit Lichtgeschwindigkeit weit über das Camp hinaus verbreitet hätte.

Adam, Levoy und ich entschieden uns für die sicherste Alternative: schwindeln und auf das Beste hoffen.

An diesem Abend saßen wir drei an einem Tisch in der Bar des Dyna Bowl. Das Eis in unseren Cola Lights klirrte, als wir die Gläser an die Lippen führten.

Dann kam Colbert mit den Mädchen. Die eine sah aus wie ein Walross im Minirock, die andere wie ein Transvestit in einer Stützstrumpfhose. Mit einem langgezogenen »Hiiii!« setzten sie sich zu uns. Das Walross steuerte direkt auf mich zu.

»Oooh, sieh dir nur deine Augen an – hey, Tracey, guck dir die Augen von dem hier an, sehen die nicht aus wie Pailletten?«

Das musste Gobbler sein. Ihr riesiges Gesicht war dick mit brauner Foundation und orangefarbenem Lippenstift zugekleistert, der bis zur Nase verschmiert war.

»Na, mit der hast du ja einen echten Volltreffer gelandet, Mikey«, lachte Adam. Doch das Lachen verschwand schon bald von seinem Gesicht, als Tracey sich zwischen ihn und Levoy quetschte und eine fleischige Hand fest auf seinem Oberschenkel platzierte.

Nach ein paar Minuten planlosen Smalltalks nahm Tracey Adam und Levoy an die Hand und zog mit ihnen ab. Gobbler folgte ihr auf dem Fuß, packte meine Hand und führte mich nach draußen und um die Ecke zum Hintereingang. Es war nicht wirklich eine romantische Umgebung. Die Luft war eisig, und die Treppe, die zur Tür hinaufführte, wurde eindeutig vor allem als Pinkelstelle benutzt. Gobbler saugte brutal an meiner Zunge, riss an meinem Gürtel und hob die Beine an meine Hüfte. Ich erwiderte ihre Avancen widerstrebend, während sie an ihrer Strumpfhose herumfummelte, sie runterriss und schließlich meine Hand in ihre Unterhose schob.

Ich dachte an Adam und Levoy mit Tracey und fragte mich, ob sie es wohl durchziehen würden. Als ihre Hand an meinen desinteressierten Unterleib wanderte, schob ich sie weg.

»Die Kondome, hol die Kondome raus«, stöhnte sie.

Gedankt sei Gott! Sie hatte mir gerade eine goldene Ausrede geliefert, um aus dieser Hölle zu entfliehen.

»Ich hab vergessen, eins mitzunehmen«, murmelte ich und sprang nach hinten. »Ich muss bei Adam eins holen gehen.«

»Dann lauf«, keuchte sie. »Lass mich hier nicht mit offenen Schenkeln warten.«

Ich zog meinen Reißverschluss wieder hoch und rannte zurück zum Vordereingang des Dyna Bowl, als hinge mein Leben davon ab. Auf gar keinen Fall würde ich wieder um diese Ecke gehen. Mir tat jetzt schon derjenige leid, der möglicherweise in den nächsten Minuten zum Hinterausgang torkelte, um zu pinkeln.

Zu meinem Glück hatte ich es länger ausgehalten als Adam und Levoy. Die beiden saßen schon wieder mit Colbert am Tisch und stürzten gierig ein neues Glas Cola hinunter, als ich reinkam. Alle drei sahen mich an.

»Und?«, fragte Colbert. »Hast du's ihr besorgt, oder was?«

Ich hatte diesen Teil bereits geplant. »Keine Chance, Mann. Die ist total schmutzig.«

»Ja, unsere auch, oder, Levoy?«, sagte Adam.

»Äh … ja«, murmelte der, als er endlich verstand.

Es war nicht die beste Ausrede, aber Colbert war auch nicht die hellste Kerze auf dem Kuchen und stellte keine Fragen.

»Na ja«, grinste er. »Da, wo die herkamen, gibt's noch mehr.«

Ich hoffte nicht.

Wir leerten unsere Gläser und verließen das Dyna Bowl, bevor Gobbler und Tracey zurückkamen. Im Camp verbrachten Adam, Levoy und ich den Rest des Abends in Levoys Wohnwagen, wo wir uns Geschichten erzählten, wie toll die Mädels darin gewesen waren, uns einen zu blasen.

Levoy und Adam bestanden beide innerhalb eines Monats ebenfalls ihre Führerscheinprüfung, und als Belohnung bekam Adam einen neuen BMW und Levoy einen brandneuen Toyota-Bus. Jeden Abend, so wie mein Vater von Wohnwagen zu Wohnwagen ging, um die Männer zusammenzurufen, kam Levoy uns Teenager abholen. Einer nach dem anderen quetschten wir uns hinten in seinen Bus, aber immer erst nach gut zwanzigminütiger Diskussion unter den Mädels, wer von ihnen vorne sitzen durfte. Kayla-Jayne und Frankie gewannen jedes Mal, und so fuhren Romaine und Charlene immer hinten bei mir und Adam.

Wir gingen immer noch ins Dyna Bowl, denn es war einer der wenigen Orte in der Stadt, wo wir rumhängen konnten. Sobald wir dort waren, marschierten wir allesamt, einschließlich Levoy, zur Bar, wo wir Diamond White Cider und Jelly Shots kippten, bis wir nicht mehr geradeaus gucken konnten. Als ich gelernt hatte, den LKW zu fahren, hatte mein Vater aufgehört, mich zu bezahlen, und anschließend meinen Lohn auf nur noch zwanzig Pfund die Woche runtergesetzt. Aber meine Mutter gab mir immer heimlich etwas zusätzlich. Genau wie die anderen Jungs gab ich das meiste davon für Kippen und Drinks im Dyna Bowl aus.

Mit unserer Clique – Frankie, Kayla-Jayne, Adam, Levoy, Romaine und Charlene – fühlte ich mich am wohlsten. Wir spielten Saufspiele und ärgerten Adam und Romaine, die mittlerweile ein Paar geworden waren. Es gab immer noch Regeln – wir Jungen mussten für die Mädchen zahlen, keine Erwähnung irgendwelcher Begriffe, die mit Sex oder so zu tun hatten –, aber es war die einzige Gelegenheit, bei der ich mich beinahe wirklich entspannte.

Hin und wieder gingen wir auch ins Kino. An einem Abend beschlossen die anderen, sich zum dritten Mal den *König der Löwen* anzusehen. Ich beschloss zu passen. Da das Kino direkt neben dem Dyna Bowl lag, besorgte ich mir eine Packung Zigaretten, sagte den anderen Bescheid und ging allein rüber in die Bar.

»Was kann ich dir anbieten, Mate?« Der Barmann war mir vorher schon ein paar Mal aufgefallen. Er hatte ein warmes Lächeln, leuchtend blaue Augen und Tattoos auf den Armen. »Wir haben heute Abend ein Zwei-für-Eins-Angebot für Foster's. Interesse?«

»Okay, dann nehme ich zwei davon.«

Ich setzte mich auf einen der Barhocker. Er goss ein, und ich trank einen Schluck. Ich hatte nie zuvor Lager getrunken. Es war so ranzig, dass ich es beinahe wieder ausgespuckt hätte, aber ich musste mich vor dem Barmann zusammenreißen.

»Du gehörst doch zu den Travellers, oder?«

»Ja«, antwortete ich misstrauisch.

»Die Travellers haben schon immer hier in der Gegend gelebt. Ich wohne nur ein Stück die Straße rauf vom Camp aus. Fand euch immer ganz in Ordnung.«

Ich trank einen weiteren Schluck von dem Bier. »Willst du mir helfen, das hier leer zu kriegen?«

Wieder lächelte er. »Danke. Ich habe ohnehin jetzt Feierabend und hole nur schnell meine Jacke.«

Während er fort war, wurde mir bewusst, in welche Gefahr ich mich mit meiner Frage begeben hatte. Ich war im Begriff, mich mit einem Gorgia zu unterhalten und ein Bier mit ihm zu teilen. Mein Vater würde mich umbringen, wenn er das wüsste – ganz zu schweigen von den anderen Männern im Camp.

Esther, die ältere Schwester von Kayla-Jayne und Charlene, eine hübsche Zwanzigjährige, hatte mir erzählt, dass sie einmal mit zwei anderen Zigeunermädchen hier in der Bar gewesen war. Eine der beiden hatte sich regelmäßig mit einem Gorgia getroffen, und als ihre Väter es herausfanden, verboten sie den dreien nicht nur, jemals wieder einen Fuß in die Bar zu setzen. Alle drei wurden als Flittchen abgestempelt, was bedeutete, dass keine von ihnen jemals heiraten würde. Es war eine entsetzliche Strafe, und hier saß ich nun und riskierte sogar noch mehr. Aber ich freute mich darauf, mit jemand Neuem zu sprechen, jemandem außerhalb unserer kleinen, abgeschlossenen Welt.

Eine Minute später war er wieder da und setzte sich auf den Barhocker neben mir. Sein Name war Caleb, er war fünfundzwanzig und arbeitete in der Bar, seit er vor zwei Jahren aus der Navy ausgestiegen war.

»Ich bin Mikey«, erklärte ich. »Und ich bin neunzehn.« Man

durfte die Bar gar nicht erst betreten, wenn man nicht mindestens achtzehn war, und ich legte vorsichtshalber noch ein Jahr obendrauf.

Wir redeten eine Weile, dann sah er auf seine Uhr. »Ich muss los. Hast du Lust mitzukommen? Ich treffe mich noch mit ein paar Freunden auf einen Drink.«

»Ich kann nicht. Ich muss zurück.«

Wir hatten ganze zwanzig Minuten miteinander geplaudert. Ich sah zu, wie er rausging, bevor ich selbst zum Kino hinüberlief. Ich fühlte mich schuldig, weil ich gegen die Regeln verstoßen hatte, und doch wünschte ich mir, ich hätte mit ihm gehen können.

In den folgenden Wochen sah ich Caleb jedes Mal, wenn ich mit den anderen in die Bar ging. Er war immer nett, wenn ich an die Theke kam, um Getränke zu holen, und wiederholte seine Einladung noch ein paar Mal, mich mit ihm und seinen Freunden zu treffen. Doch ich wagte es nicht, sie anzunehmen.

Dann änderte sich alles. Eine neue Gruppe Zigeunerjungs aus einem Camp ein paar Meilen entfernt hörte ebenfalls vom Dyna Bowl, und eines Abends tauchten sie auf, um es abzuchecken.

Ich gab gerade eine betrunkene Imitation von Tante Minnie, als drei stämmige Zigeuner mit Tonnen von Gel in den Haaren hereinkamen. Sie holten sich was zu trinken, kamen ohne ein Wort an unseren Tisch und setzten sich. Ohne Adam, Levoy und mich eines Blickes zu würdigen, rückten sie näher und begannen ganz offen, die Mädchen anzuquatschen.

Wir gingen nach vorn in die Lobby zu den Spielautomaten, um die Lage zu besprechen.

»Jetzt wird sich alles ändern«, sagte Levoy mit Grabesstimme.

»Wieso?«, fragte ich.

»Weil wir die jetzt, wo sie wissen, dass wir hierherkommen, nicht mehr loswerden«, erklärte Adam.

»Wer sind die überhaupt?«

Adam und Levoy hatten von ihnen gehört und gaben mir einen kurzen Abriss über die Neuen. Sie sagten, die Truppe hätte nach zahlreichen Angriffen auf Gorgias und andere Zigeuner im Haupttreffpunkt der Zigeuner ein paar Meilen entfernt Hausverbot.

Romaine kam zu uns nach draußen. »Ich glaube, deine Schwester hat sich einen Kerl geangelt, Mikey.«

»Was?!«

»Japp. Er kauft ihnen schon die Drinks und flirtet.«

Ich trat an die Tür, um zu sehen, was da drin vor sich ging. Kein Zweifel, Kayla-Jayne, Frankie und sogar die miesepetergesichtige Charlene schmolzen dahin und kicherten über alles, was die Jungs von sich gaben.

Dann hörte ich Frankies Böse-Hexe-Lachen. Romaine hatte recht.

Ich ging durch die Bar zu den Toiletten, wo ich tief durchatmete, bevor ich wieder an den Tisch zurückkehrte. Adam und Romaine waren ebenfalls wieder da, saßen jedoch ein wenig außerhalb des engen Kreises, den die Mädchen mit den neuen Jungs gebildet hatten. Nur Levoy bemühte sich, freundlich zu sein, und schien sogar Erfolg zu haben.

»Das ist mein Bruder«, sagte Frankie.

Einer der Jungs warf mir einen Blick zu, beugte sich dann zu Levoy und den anderen Jungs rüber und flüsterte etwas. Die drei lachten laut auf, und Levoy in ihr Lachen einfallen zu hören brach mir das Herz. Er war sogar ein noch größerer Feigling als ich.

Der Junge, der sich für Frankie interessierte, wollte ihr offensichtlich imponieren. Er stand auf und schüttelte mir kräftig die Hand.

»Wie geht's, Mann? Ich bin Wisdom, das da ist Davey, und das hier ist Tyrone.«

Er wandte sich wieder an Frankie. Ich machte mir gar nicht erst die Mühe, mich hinzusetzen.

Romaine tippte Adam an, nickte mir zu, und wir drei machten uns auf den Weg.

Adam winkte ein Taxi heran. »Fährst du mit uns zurück, Mikey?«

Ich wünschte, ich hätte mitfahren können, aber ich konnte meine Schwester nicht allein lassen. »Nein, ich bleibe noch. Wir sehen uns später.«

Ich ging wieder hinein und setzte mich schweigend dazu, während Frankie und die anderen Mädchen in den nächsten zwei Stunden die Aufmerksamkeit der Jungs förmlich aufsabberten. Schließlich fuhren wir, die drei Jungs im Schlepptau, zurück ins Camp. Levoy hatte recht behalten: Alles würde sich ändern, und ich kochte vor Wut, dass diese Typen einfach ankommen und alles kaputtmachen konnten.

Kaum waren wir im Camp, sprang ich aus dem Wagen und marschierte zu unserem Wohnwagen. Ich hatte keinerlei Interesse, auf dem Parkplatz rumzuhocken und zuzusehen, wie die Mädchen und Levoy sich selbst demütigten, indem sie sich vor diesen Affen wie Idioten benahmen.

Von diesem Abend an tauchten die Jungs regelmäßig auf und brachten ihre Freunde mit. Es dauerte nicht lange, bis

Frankie mit Wisdom zusammen war, Kayla-Jayne mit Tyrone und Charlene sich den Anführer, Davey, an Land gezogen hatte.

Am schmerzhaftesten für Adam und mich war es, zu sehen, dass Levoy sich der Gruppe ebenfalls angeschlossen hatte. Er kam abends nicht mehr bei mir vorbei, um mich abzuholen, und wenn er mich sah, schaute er in die andere Richtung.

Innerhalb weniger Wochen war unsere Clique auf Adam, Romaine und mich zusammengeschrumpft.

Eines Abends kam Adam bei mir vorbei. »Komm, Mikey, wir drei machen uns einen schönen Abend. Wir ignorieren die anderen einfach. Außerdem wird Romaine heute dreizehn.«

Uns fielen die Kinnladen runter, als wir auf den Dyna-Bowl-Parkplatz fuhren und das Meer an Kastenwagen und Pick-ups sahen.

In der Bar wimmelte es von jungen Zigeunern. Frankie entdeckte mich. »Oi, besorg mir ein Diamond White and Black«, rief sie.

Ich fragte Adam und Romaine, was sie trinken wollten, und ging an die Theke.

Caleb war da. »Ihr werdet immer mehr«, sagte er.

»Ich weiß«, seufzte ich.

Ich sah zu, wie er mit seinen Kollegen scherzte, während er die Drinks einschenkte. Was hätte ich nicht darum gegeben, einfach normal zu sein. In einem Pub zu arbeiten, ein albernes Bowling-Shirt und ein Käppi zu tragen und den Rest meines Lebens Getränke zu servieren.

Als ich zu Frankie trat, um ihr ihren Drink zu bringen, ertönte ein lautes Johlen. Man hatte gesehen, wie ich mich mit dem Barmann unterhalten hatte, und für diese Leute bedeutete das irgendwas Krankes oder Schwules. Während sie noch lachten und johlten, nahm ich mein Glas und ging.

Romaine packte mich am Arm. »Geh nicht, Mikey«, bat sie. »Damit machst du es nur noch schlimmer.«

»Setz dich einfach zu uns«, sagte Adam. »Wir trinken aus, und dann verschwinden wir wieder.«

Aber ich hielt es da drin nicht länger aus. Ich ging nach draußen und um das Gebäude herum nach hinten. Nachdem ich ein paar Zigaretten geraucht hatte, lief ich zurück zum Eingang, in der Hoffnung, Adam und Romaine würden dort auf mich warten und wir könnten wieder nach Hause fahren.

Sie warteten nicht, dafür aber andere.

Als ich näher kam, hörte ich Colbert Runt flüstern: »Da ist er.«

Ich wusste, was jetzt kam. Wie Levoy hatte auch Colbert sich den Neuen angeschlossen, um mir eine reinzuhauen, einfach so zum Spaß.

»Oi, Schwuchtelchen.« Ein Kerl mit einem fetten Kopf trat aus der Gruppe heraus, die sich vor der Tür versammelt hatte. Ich hielt den Kopf gesenkt und versuchte, um ihn herumzugehen. Er stieß mich zurück. »Bist du Frank Walshs Sohn?«

»Ja«, antwortete ich.

»Ich wette, er hat deiner Mutter mächtig eine verpasst, als sie dich aus ihrer Möse gedrückt hat.«

Die anderen johlten, als er vorsprang, um mir eine reinzuhauen. Doch es war offensichtlich, dass er nie gelernt hatte zu boxen; sein ganzes Gesicht war ungeschützt. Ich holte aus und schlug ihm, so fest ich konnte, auf die Nase. Als er mit dem Gesicht voran zu Boden fiel, stürzten sich die anderen auf mich. Zwei von ihnen hielten meine Arme fest, und während der Erste auf die Füße kam und mir in die Rippen und in den Bauch schlug, drehte Colbert seine Goldringe mit der gezackten Seite nach vorn und schlug mir immer wieder ins Gesicht.

Zorn erfasste mich, als das Blut aus meiner Nase lief.

Ich konnte Frankie und die Mädchen schreien hören, während die Schläge auf mich einprasselten. Sie hatten den Lärm gehört und waren nach draußen gekommen, um zu sehen, was los war. Zwei Sicherheitsleute und Caleb befreiten mich schließlich von der Gang und brachten mich hinein.

Frankie, Adam und Romaine standen in der Tür, als ich vorbeiging. Ich bat Adam, die Mädchen sofort nach Hause zu bringen.

»Kommst du zurecht?«, fragte er.

»Ja.«

Caleb half mir auf die Personaltoilette und setzte mich hin. Er gab mir ein feuchtes Tuch und kramte schweigend im Erste-Hilfe-Kasten, während ich fluchte, brüllte und gegen die Wände schlug.

Ich sah in den Spiegel. Ich hatte drei offene Cuts im Gesicht; der schlimmste verlief direkt über meinen Nasenrücken. Beim Anblick meines Gesichts verwandelte sich meine Wut in Panik. Mein Vater würde mich umbringen, weil ich mich hatte zusammenschlagen lassen.

»Ich glaube, das muss genäht werden.«

Caleb begann, Tape-Streifen abzureißen. »Setz dich. Ich will versuchen, die Wunde zu schließen.«

Ich saß schweigend da, während Caleb das Tape auf meinem Gesicht festtupfte.

»Das ist es. So sind wir wirklich. Denkst du immer noch, dass wir ganz in Ordnung sind, Caleb?«

»Nicht wirklich«, antwortete er. »Aber einen Guten kenne ich immer noch, nur dass er sich nach wie vor weigert, mit mir ein Bier trinken zu gehen.«

Ich lachte. »Nun, ich bin jetzt offiziell verhasst, Mate, du wirst mich in Zukunft also nicht mehr allzu oft sehen.«

»Wenn sie dich hassen, werden sie sich nicht allzu sehr darum kümmern, was du so treibst, oder?«

Ich erklärte ihm, dass es mir unmöglich war, mit ihm und seinen Freunden was trinken zu gehen. »Wir dürfen uns nicht mit Nicht-Zigeunern abgeben.«

»Dann verrat's ihnen nicht.« Er grinste. »Ich hab jetzt Feierabend. Sie sind alle weg. Also, wie wär's?«

Ich warf einen Blick in den Spiegel. Er hatte mich so gut verbunden, dass ich gar nicht so aussah, als hätte man mir vor gerade mal zwanzig Minuten die Seele aus dem Leib geprügelt. Wenn ich jemals eine Chance bekam, mich mit ihm zu treffen, dann war es jetzt.

»Okay, einverstanden.«

Er vergewisserte sich, dass die Luft rein war, und wir gingen raus zu seinem Wagen – einem kleinen orangefarbenen Micra, der aussah wie ein rostiger Kürbis.

Als wir losfuhren, machte mein Magen einen Salto. Ich fing an zu lachen. Ich konnte einfach nicht glauben, was ich gerade tat; ich saß in einem Gorgia-Auto mit einem Gorgia-Mann, der mit mir in einen Gorgia-Pub fuhr.

Caleb nahm mich mit in einen typischen kleinen englischen Pub mit tiefhängenden Balken und Kupfertöpfen an den Wänden. Er lag ein ganzes Stück vom Dyna Bowl entfernt und hatte jede Menge dunkle Ecken, wo ich sitzen konnte, ohne Angst zu haben, dass alle mich wegen meines Gesichts anstarrten.

Caleb besorgte uns was zu trinken und fing dann an, mich über mein Leben auszufragen. Von da an floss unsere Unterhaltung nur so dahin. Es war einfach herrlich, über etwas anderes reden zu können als über Geld, Boxen und Mädchen.

Als ich geendet hatte, erzählte Caleb mir von seiner Schulzeit, dem College und seiner kurzen Zeit bei der Navy sowie von seinen Freunden, seinen Freundinnen und seiner Familie. Er war der erste wirklich zufriedene Mensch, dem ich je begegnet war. Für ihn zählten nur seine Freunde, seine Familie und ein schönes Leben.

Als die Reihe wieder an mich kam, konnte ich gar nicht mehr aufhören zu sprechen. Es war mir noch nie so leichtgefallen, über mich selbst zu reden. Ich erzählte ihm Dinge, die ich noch nie jemandem erzählt hatte: von meinem Vater, dem Boxen und den Regeln des Zigeunerlebens.

Drei Dinge jedoch ließ ich aus: Joseph, den Umstand, dass ich schwul war, und mein wahres Alter. Ich kannte ihn nicht gut genug, um ihm irgendeins dieser Geheimnisse anzuvertrauen.

Als die letzte Runde ausgerufen wurde, wurde mir bewusst, dass ich nun zurück und meinem Vater gegenübertreten musste. Caleb fuhr mich nach Hause, und ich bat ihn, am Campingplatz neben dem Camp anzuhalten, damit uns niemand sah. Neben unserem Camp lag ein städtischer Platz für Dauercamper, die meisten von ihnen ältere Gorgias.

Er stellte den Motor ab, und wir schoben die Sitze nach hinten und unterhielten uns in der Dunkelheit.

Er erzählte mir, welche Musik er mochte, dass er auf Motorräder stand und hoffte, eines Tages zum Manager des ganzen Dyna Bowl befördert zu werden.

»Ich treffe mich morgen mit ein paar Freunden. Falls du Lust hast mitzukommen«, sagte er.

Sie wollten in einen Nachtclub. Ich war noch nie in einem Nachtclub gewesen.

»Meinst du, deine Freunde hätten was dagegen?«

»Nein. Ich glaube, sie fänden dich echt nett.«

Ich lächelte bei dem Gedanken, dass jemand mich tatsächlich nett finden könnte. Wie gern wäre ich mitgegangen, aber wagte ich es auch? Ich könnte es riskieren. Meine Eltern würden annehmen, dass ich mit der Clique unterwegs wäre.

»Einverstanden.«

Caleb lächelte. »Soll ich dich dann hier abholen?«

»Ja. Das wäre großartig. Schaffst du neun Uhr?« Ich wusste, dass Levoy, Frankie und die Gang und auch mein Vater das Camp bis dahin bereits verlassen hätten.

»Kein Problem«, sagte er.

Ich stieg aus und wartete, bis er außer Sichtweite war, bevor ich ins Camp zurückkehrte.

21

Calebs Plan

Auf dem Weg dachte ich an Caleb und wie sehr ich es genossen hatte, mit ihm zusammen zu sein. Ich konnte den nächsten Abend kaum erwarten. Es würde ein noch größeres Risiko sein, aber das war es wert. Ich bog um die Ecke – und sah das orangefarbene Glühen einer Zigarette. Mein Vater wartete auf mich. Doch sein böser Blick, eine ganze Wörterbuchladung voll Beschimpfungen und ein kräftiger Tritt in den Arsch konnten mich kaum treffen. Ich klopfte mir den Staub ab, stieg in den Wohnwagen, zog mich aus und fiel ins Bett. Dort schloss ich die Gardinen und starrte durch das offene Dachfenster. Die Sterne erinnerten mich an Kenny, und ich fragte mich, wo er wohl jetzt war. Etwas Bedeutendes war an diesem Abend geschehen. Ich hatte ein winziges Licht in der Dunkelheit leuchten sehen und war fest entschlossen, es nicht aus den Augen zu verlieren.

Sobald die anderen am nächsten Abend ausgegangen waren und mein Vater im Pub saß, schlich ich mich davon, um Caleb zu treffen. Er stellte mich seinen Freunden vor – zwei Mädchen, die ebenfalls im Dyna Bowl arbeiteten, und ein alter Schulfreund von ihm. Sie nahmen mich freundlich auf, und ich hatte einen schönen Abend, ohne den Druck, kämpfen oder hinter Mädchen herjagen zu müssen, einfach nur ein Abend unter Freunden, voll Lachen und netter Unterhaltungen. Ich war überrascht zu erleben, dass Jungs und Mädchen ohne irgendeinen Druck befreundet sein konnten. Und dass sie dabei offen über Sex reden konnten.

In den folgenden Wochen gelang es mir fast jeden Abend, mich davonzustehlen, um Caleb zu sehen. Manchmal trafen wir uns mit seinen Freunden, manchmal waren wir nur zu zweit. Es war überraschend einfach, mich aus dem Camp zu schleichen. Zu diesem Zeitpunkt hatten nur noch wenige in meinem Alter Interesse daran, mit mir rumzuhängen; für die Jungs war ich soziales Gift und für die Mädchen ein hoffnungsloser Fall. Nur Adam und Romaine boten mir noch an, mit ihnen zu kommen, doch ich sagte ihnen, mir wäre nicht danach, irgendwohin zu gehen.

Und dann, ein paar Wochen später, verließ Adam plötzlich das Camp. Er wurde fortgeschickt, um sich um ein Stück Land zu kümmern, das sein Vater in Schottland gekauft hatte, doch in Wirklichkeit ging es darum, dass seine Familie Romaine ablehnte. Ihnen ging es finanziell sehr gut, und sie betrachteten Tante Minnie und deren Familie als unter ihrem Niveau. Tante Minnie fluchte, rauchte eine Zigarette nach der anderen, trank und scherte sich einen Dreck darum, was andere von ihr dachten. Onkel Jaybus war da nicht anders, ebenso wie Romaine, die einen strähnigen Pferdeschwanz trug, sich das Make-up zentimeterdick ins Gesicht kleisterte und eine knallbunte Sammlung an »Designer«-Jogginganzügen besaß.

Romaine war am Boden zerstört, doch irgendwann fing sie an, mit einem anderen Mädchen aus dem Camp rumzuhängen.

Mir tat die ganze Sache leid, denn ich mochte Adam. Doch nachdem er fort war, wurde es für mich noch einfacher, mich davonzuschleichen, um mich mit Caleb zu treffen.

Jeden Tag nach der Arbeit – je nachdem, was wir zu tun hatten, kehrten wir zwischen zwei und sechs Uhr ins Camp zurück – ging ich in den Wohnwagen, um mit meiner Mutter, den Jungs und Minnie zusammenzusitzen, bis Frankie so gegen sechs aufstand. Mein Vater war irgendwo draußen unterwegs und unterhielt sich mit den anderen Männern oder besorgte Asphaltnachschub, und ich redete mit meiner Mutter, half den Jungs bei ihren Spielen und knuddelte die kleine Minnie.

Sobald Frankie wach war, ging ich rüber in unseren Wohnwagen und wusch mir mit einer Schüssel heißen Wassers den rosafarbenen Staub ab. Levoy kam, um Frankie und Kayla-Jayne abzuholen, und gegen sieben fuhr mein Vater durch das Camp, um die Männer für den Pub einzusammeln.

Ich war froh, dass mein Vater nicht mehr von mir verlangte, die Männer in den Pub zu fahren. Ein paar Monate zuvor, kurz nach der Führerscheinprüfung, hatte ich den Wagen meines Vaters auf der Hauptstraße bei einem Frontalunfall geschrottet. Ich war mit Romaine und Frankie unterwegs gewesen, um Zigaretten zu holen. Es hatte geregnet, und bei der Ausfahrt aus einem Kreisverkehr hatte ich die Kontrolle verloren. Keinem von uns war etwas passiert, aber Frankie musste meinen Vater anrufen, damit er kam und den Fahrer des anderen Autos bestach, weil ich nicht versichert war. Mein Vater überredete ihn, so zu tun, als hätte meine Mutter am Steuer gesessen, damit er sein Geld bekam. Nach diesem Vorfall erhielt ich eine ordentliche Tracht Prügel und Fahrverbot.

Ich verhielt mich ruhig, bis alle weg waren, damit meine Eltern dachten, ich sei mit den anderen Teenagern mitgefahren. Wenn die Luft rein war, schlich ich mich leise runter zum Rentnercamp.

Am Ende des Abends torkelten Caleb und ich jedes Mal durch die leeren Straßen der Stadt, stützten uns gegenseitig und wünschten uns, die Nacht würde niemals enden. Einmal zog Caleb mich an sich und sagte mir, dass er mich liebte. Doch ich konnte nur denken, dass alle Gorgias möglicherweise so waren: offener, wenn es um Gefühle ging, ohne Scheu, ihre Zuneigung zu zeigen und sie auf eine Art auszudrücken, wie meine Leute es niemals tun könnten. Also antwortete ich nicht darauf.

Am nächsten Tag versicherte Caleb mir, dass er so was zu all seinen Freunden sagte, wenn er betrunken war, und bestätigte damit genau das, was ich gedacht hatte. Ich war erleichtert, dass ich mich nicht zum Idioten gemacht und ihm gestanden hatte, dass auch ich ihn liebte.

Mein vierzehnter Geburtstag fiel auf einen Samstag, und ich fuhr mit dem Bus in die Stadt und feierte den ganzen Tag lang mit Caleb in einem irischen Pub. Und jedes Mal, wenn er das Glas erhob, um auf meinen zwanzigsten Geburtstag anzustoßen, fühlte ich mich schrecklich.

Es war fast zwei Uhr am nächsten Morgen, und wir waren auf dem Heimweg, als er es wieder sagte. »Ich liebe dich, Mikey.«

Ich lachte. »Ich weiß, Caleb, du sagst es immer wieder.«

Er wurde ernst. »Glaubst du mir nicht?«

»Natürlich tue ich das«, antwortete ich. »Aber du hast selbst erzählt, dass du es ständig zu allen deinen Freunden sagst.«

Caleb blieb stehen und sah mich an. »Nein, Mikey, ehrlich, ich liebe dich. Ich liebe dich, seit ich dich zum ersten Mal im Dyna Bowl gesehen habe.«

»Ich liebe dich auch«, sagte ich, schlang die Arme um ihn und hielt ihn so fest, wie ich es mir immer erträumt hatte. Ich konnte kaum glauben, dass er das Gleiche fühlte wie ich.

Jetzt konnte ich die Tränen nicht länger zurückhalten. Er scherzte und nannte mich eine Schwuchtel, und ich lachte. Wie gern hätte ich ihm gesagt, wie viel es mir bedeutete und wie verzweifelt ich all die Jahre nach ihm gesucht hatte.

Es war nach drei, als ich vor dem Rentnercamp aus dem Taxi stieg. Benommen vor Glück und noch immer unfähig, es wirklich zu glauben, lief ich zu unserem Camp zurück, als ich plötzlich aus Richtung des Waschhauses ein lautes »Oi!« hörte.

Frankie und Kayla-Jayne riefen aus Wisdoms Wagen heraus. Ich ging hinüber und sah, dass Frankie auf Wisdoms Schoß saß und Kayla-Jayne auf Tyrones. Sie lachten hysterisch. Als das Fenster heruntergelassen wurde, wehte mir eine Marihuana-Wolke entgegen.

Frankie sah erschöpft aus. Es war über einen Monat her, dass ich sie bei Bewusstsein und außerhalb ihres Bettes gesehen hatte. Sie schlief, wenn ich morgens aufstand, um zur Arbeit zu gehen, und verschwand, kurz nachdem ich nachmittags zurückkkam.

Offenbar war ich nicht der Einzige, der sich abends davonstahl. Die Mädchen mussten um zehn zu Hause sein, aber die Jungs brachten sie zurück und warteten dann in einem nahen Feld im Wagen. Sobald die Männer des Camps aus dem Pub zurückgekehrt waren, schlichen sich die Mädchen wieder raus zu den Jungs. Wenn sie dabei erwischt würden, wären sie für alle Zeiten ruiniert. Die Leute aus unserem Camp verachteten Jungs wie Davey, Wisdom und Tyrone, weil sie sich schlecht benahmen und Drogen nahmen und die Zigeuner dadurch in Verruf brachten. Unser und auch Kayla-Jaynes Vater wären ausgerastet, wenn sie erfahren hätten, dass die Mädchen mit diesen Jungs rumhingen, ganz zu schweigen davon, dass sie sie allein trafen und die halbe Nacht Hasch rauchten.

»Wir kennen dein Geheimnis«, stichelte Kayla-Jayne höhnisch.

Ich stellte mich dumm, auch wenn mein Herz raste. »Welches Geheimnis?«

Frankie kletterte aus dem Auto und zog mich ein Stück weg von den anderen. Ich konnte die dunklen Ringe unter ihren Augen sehen. Sie stieß mir mit ihrem Zeigefinger beinahe ins Gesicht. »Caleb«, sagte sie.

»Ich war einfach mit ein paar Gorgias unterwegs, mehr nicht.«

Ihr Ton wurde sehr direkt. »Hast du eine Vorstellung, was Dad mit dir macht, wenn er es rausfindet?«

Ich konnte nicht schlucken. Wenn das geschah, würde ich Caleb nie wiedersehen.

»Er wird mit uns hier wegziehen, wenn er hört, dass du Gorgia-Freunde hast.«

Erleichterung durchströmte mich. Sie hatte keine Ahnung, dass wir mehr waren als bloß Freunde.

»Nun, dann müssen wir uns wohl gegenseitig decken«, sagte ich ruhig.

Sie schüttelte meine Hand. »Gebongt.« Wir umarmten uns, und sie gab mir einen Kuss auf die Wange.

»Lieb dich.«

»Ich liebe dich auch.«

Frankie hüpfte zum Wagen zurück, und ich ging zu unserem Wohnwagen.

Einige Monate lang schien alles gut zu laufen. Frankie und ich sahen uns kaum, aber wenn unsere Eltern fragten, waren wir den ganzen Abend zusammen gewesen. Dann erzählte jemand unserer Mutter, was Frankie wirklich trieb, und sie erzählte es unserem Vater.

An diesem Abend warteten die beiden auf Frankie und stellten fest, dass ich ebenfalls nicht im Wohnwagen war. Wir flogen beide auf, und zwischen all dem Gebrüll und dem Streit und den Drohungen versuchte Frankie, die Aufmerksamkeit von sich selbst weg und auf mich zu lenken.

»Mikey trifft sich mit einem schwulen Gorgia.«

Als meine Mutter mich ansah und fragte, ob das war sei, stritt ich alles ab, aber meine Wangen glühten. Ich gab zu, dass ich mit ein paar Leuten aus dem Dyna Bowl abgehangen hatte, bestand aber darauf, dass Caleb nicht schwul war. Meine Mutter akzeptierte das, doch mein Vater verprügelte mich, bis er keine Kraft mehr hatte.

»Sollte ich *jemals* noch mal so was hören, ich schwöre dir, dann bring ich dich um.«

Zwei Tage später zogen wir so weit fort, wie mein Vater uns bringen konnte. Und ich stand bis zur Abfahrt unter strengster Beobachtung, sodass ich nicht einmal Gelegenheit hatte, Caleb Bescheid zu geben. Man riss mich von dem einzigen Menschen in meinem Leben fort, bei dem ich mich wirklich lebendig gefühlt hatte.

Als wir Newark hinter uns ließen, zog sich alles in mir zusammen. Ich legte mich hinten im Transporter auf den Boden der Ladefläche und spürte, wie ich innerlich starb. Und dennoch war ich immer noch da. In diesem Moment, in diesem Auto, in diesem Leben. Meinem Gefängnis.

Zwei Tage später gelang es mir, Caleb von einer Telefonzelle aus anzurufen. Unser Vater hatte uns viele Meilen weit weg bis nach Chertsey verfrachtet.

Caleb hatte sich schreckliche Sorgen gemacht, dass mir etwas passiert war, und ohne eine Möglichkeit, Kontakt mit mir aufzunehmen, hatte er nichts weiter tun können, als jeden Abend am Rentnercamp auf mich zu warten.

Ich brach in Tränen aus. »Es ist furchtbar«, schluchzte ich. »Ich habe keine Ahnung, wann ich dich wiedersehen kann.«

»Ich lasse dich nicht einfach so weg«, sagte er. »Ich werde warten. Wir finden schon einen Weg.«

Ich versprach, ihn wieder anzurufen, sobald ich konnte, aber ich hatte keine Ahnung, wann das sein würde.

Mein Vater war fest entschlossen zu verhindern, dass ich überhaupt irgendwohin ging. Wir fuhren zur Arbeit, und wenn wir zurückkamen, war es mir verboten, den Wohnwagen zu verlassen.

Im Camp wohnten nur Ehepaare und kleine Kinder. Es gab überhaupt keine jungen Leute in meinem Alter. Ich fühlte mich, als hätte jemand die Zeit zurückgedreht und das vergangene Jahr mit seinen neuen Freiheiten und den Freunden hätte nie stattgefunden.

Auch Frankie war verzweifelt. Sie maulte und schmollte und verbrachte die meiste Zeit im Bett. Aber auch sie nutzte diese Telefonzelle. Schließlich gelang es Wisdom, uns aufzuspüren, und innerhalb weniger Wochen schlich sie sich wieder aus dem Camp, wenn alle anderen schliefen, um sich mit ihm zu treffen.

Frankie zog unsere Mutter ins Vertrauen, die erkannte, dass ihre Tochter nichts anderes wollte und sich nicht davon würde abhalten lassen. Sie half ihr, es vor unserem Vater geheim zu halten.

Ich freute mich für Frankie, aber nun fühlte ich mich noch schlechter, weil ich nach wie vor im Wohnwagen hockte und keine Chance hatte, Caleb zu sehen. Es gelang mir, ihn ein paar Mal anzurufen, und er wollte mich besuchen kommen, aber das ließ ich nicht zu. Es war zu gefährlich – mein Vater hätte uns alle beide umgebracht.

In den folgenden Monaten zog mein Vater umher auf der Suche nach Arbeit, jedoch mit mäßigem Erfolg. Der Teil des Landes, in dem wir uns befanden, hatte eine hohe Zigeunerpopulation und dementsprechend einen harten Wettbewerb. Der Mangel an Arbeit ließ die Laune meines Vaters mit jedem Tag tiefer sinken. Ich wurde fünfzehn, aber diesmal wurde nicht gefeiert.

Das einzig Gute am Chertsey-Camp war, dass Frankie wieder Kontakt zu unserer alten Freundin Jamie-Leigh aufnahm. Ihre Familie war zu viel Geld gekommen, und ihr Vater hatte nur wenige Meilen vom Camp entfernt ein riesiges Haus gekauft.

Mit ihren fast fünfzehn Jahren war Jamie-Leigh zu einer tiefgläubigen Christin geworden, was sie jedoch nicht davon abhielt zu rauchen, Alkohol zu trinken oder ihrem berüchtigten Mundwerk freien Lauf zu lasen. Sie war noch immer bildhübsch und redete wie ein Scherenschleifer. Jamie-Leigh gehörte zu den wenigen Menschen, die ich sehen durfte, und es war herrlich, wieder mit ihr abzuhängen. Ich fühlte mich immer, als wären wir Seelenverwandte, und sie, Frankie und ich verbrachten viel Zeit miteinander. Wir spazierten durchs Camp, redeten über unser Leben, lachten über unsere Zeit in der Schule und teilten unseren Frust über unser armseliges, eingesperrtes Leben.

Unsere Eltern hatten die Hoffnung, uns beide retten zu können, indem sie uns miteinander verheirateten, und Jamie-Leigh ließ ein paar Hinweise fallen, dass ich sie fragen dürfte, ob sie mit mir ausgehen wollte. Ich liebte sie, wie ich sie immer geliebt hatte, und wenn mein Leben ein anderes gewesen wäre, wäre sie das einzige Mädchen gewesen, das ich geheiratet hätte. Aber ich liebte Caleb, und obwohl ich ihr nicht wehtun wollte, ignorierte ich ihre Hinweise.

Es gab so wenig Arbeit, dass mein Vater seinen gesamten Schmuck verkaufen und seine Fahrzeuge gegen einen alten Pick-up und einen launischen Cortina eintauschen musste. Er machte sich ernsthafte Sorgen, und nach drei Monaten entschied er – mit ein wenig Hilfe seitens meiner Mutter –, dass wir nach Newark zurückkehren würden. Dort hatte er immer Arbeit gefunden; er hatte das Gefühl, dass der Ort ihm Glück brachte, und meine Mutter überzeugte ihn davon, dass Frankie und ich unsere Lektion gelernt hatten und uns nicht wieder davonschleichen würden, um uns heimlich mit Zigeunerjungen oder Gorgias zu treffen.

Obwohl es bedeutete, traurigen Abschied von Jamie-Leigh zu nehmen, freute ich mich wahnsinnig, wieder zurückzukehren. Es würde nach wie vor sehr gefährlich sein, mich mit Caleb zu treffen, also rief ich ihn an und sagte ihm, dass ich zurückkam, aber immer noch unter Hausarrest stand und keine Ahnung hatte, wann ich ihn würde sehen können.

Als wir im Camp ankamen, musste ich mich zusammenreißen, um nicht gleich zum Rentnercamp rüberzulaufen und nachzusehen, ob er vielleicht auf mich wartete. Aber ich wagte es nicht.

Jeden Tag fuhr ich mit meinem Vater zur Arbeit und verbrachte die Abende mit meiner Mutter, Minnie und den Jungs. Ich spielte mit ihnen, bis sie ins Bett gingen, und dann saß ich bei meiner Mutter und unterhielt mich mit ihr.

Trotz meiner Verzweiflung und meiner Sehnsucht nach Caleb war es eine ganz besondere Zeit. Meine Mutter erzählte mir unter anderem von ihrer bunten Kindheit, und wir hörten uns durch ihre CDs und teilten Erinnerungen. Ich genoss es, ihr auf eine Art nahe zu sein, die in der Vergangenheit so gut wie nie stattgefunden hatte. Wir saßen beisammen, bis die Männer aus dem Pub kamen. Dann schlüpfte ich leise hinaus in meinen Wohnwagen, bevor mein Vater mich sah. Er sprach nach wie vor nicht mit mir, und meine Mutter und ich hielten es für das Beste, wenn ich ihm aus dem Weg ging. Wir wussten, dass es nur eine Frage der Zeit war, bis die Wut, die sich in ihm aufstaute, explodierte.

Nach einem Monat brodelnder Stille war es so weit.

Wir schaufelten gerade Kies in eine Einfahrt, als mein Vater beschloss, dass ich zu langsam arbeitete. Er kam rüber, riss mir die Schaufel aus der Hand und schlug sie mir ins Gesicht, sodass ich zu Boden ging. Wieder und wieder drosch er mit der Schaufel auf mich ein, bis er sie schließlich von sich schleuderte und wieder an die Arbeit ging. Als ich anfing zu weinen, kam einer der *Dossas*, um mir aufzuhelfen, aber mein Vater befahl ihm, mich genau da liegen zu lassen, wo ich war. Der *Dossa* nahm die Schaufel und machte dort weiter, wo ich aufgehört hatte.

Meine Mutter war entsetzt, als sie mich sah. Sie schrie meinen Vater an, der Henry-Joe und Jimmy mit einem Fußtritt aus dem Wohnwagen beförderte, ihnen befahl, spielen zu gehen, und sie hineinzerrte.

Ich stand draußen, völlig verdreckt und blutig. Und in diesem Augenblick wusste ich: Das war's. Ich musste hier weg. Ich lief über den Platz und zum Rentnercamp hinüber, in der verzweifelten Hoffnung, Calebs orangefarbenes Kürbisauto dort stehen zu sehen.

Als ich um die Ecke bog, tat mein Herz einen Sprung – er war da. Er war nach der Arbeit hergefahren, um auf mich zu warten, so wie er es jeden Tag getan hatte, in der Hoffnung, dass es mir irgendwann gelingen würde, mich davonzustehlen. Ich öffnete die Beifahrertür und stieg ein, und wir beide brachen in Tränen aus. Die Freude darüber, dass wir uns wiedergefunden hatten, wurde von meiner Angst und Calebs Entsetzen über den Anblick meines zerschundenen Gesichts allerdings gedämpft.

Er wischte sich die Tränen mit dem Ärmel weg, fuhr los und hielt erst wieder an, als er eine kleine Seitenstraße gefunden hatte, wo wir stehen bleiben und reden konnten.

Ich erzählte ihm alles, auch was Joseph mir angetan hatte und wie alt ich tatsächlich war. Und ich erklärte ihm, dass ich nicht länger in der Nähe meines Vaters bleiben oder verbergen konnte, wer ich wirklich war.

Caleb hörte zu, und dann sagte er, dass er mich schon für deutlich jünger gehalten hatte, als ich vorgegeben hatte, trotzdem war er geschockt, dass ich erst fünfzehn war.

»Woher hast du es gewusst?«, fragte ich.

»Weil ich mich jedes Mal, wenn wir darüber gesprochen haben, dass Zigeuner sehr jung heiraten, gewundert habe, dass du und deine Freunde noch nichts dergleichen tun. Außerdem: Welcher Zwanzigjährige muss zu einer bestimmten Zeit zu Hause sein und nach den Regeln seines Vaters leben?«

Das war ein Argument. Und es machte mir bewusst, dass ich, wenn ich hierblieb, meinem Vater niemals entkommen würde. Nicht mit zwanzig; nicht einmal, wenn ich vierzig war. Ich würde nie so sein, wie er mich haben wollte, und ich würde niemals aus seinem Schatten heraustreten. Stattdessen würde ich mein gesamtes Leben lang versuchen, mir seine Anerkennung zu verdienen, und niemals Erfolg haben.

Ich musste akzeptieren, dass er sich niemals ändern würde.

Ich gestand Caleb, wie verzweifelt ich war.

»Ja, ich weiß«, sagte er. »Und deshalb werde ich dich von hier fortbringen.«

Er hatte schon einen Plan. Er war zum Manager eines Dyna-Bowl-Centers oben im Norden befördert worden und würde bereits nächste Woche dort anfangen. Caleb bat mich, zwei Monate zu warten, sodass die Zigeuner sein Weggehen nicht mit meinem in Verbindung brächten, und ihm dann zu folgen. Er würde auf mich warten, und wir würden gemeinsam ein neues Leben beginnen.

Ich war glücklich, aufgeregt – und hatte Angst. Konnten wir das wirklich durchziehen? Konnte ich meine Mutter, Frankie, die Jungs und Minnie wirklich verlassen in dem Wissen, dass ich sie vielleicht niemals wiedersehen würde? Es würde mir das Herz brechen.

Aber ich musste fortgehen.

Wie oft hatte ich davon geträumt, zu fliehen. Doch bis jetzt hatte ich keine Ahnung gehabt, wie es mir gelingen würde, allein zu überleben. Jetzt hatte ich jemanden, der mich liebte, der mir zeigen würde, wie ich mir in der Welt der Gorgias ein Leben aufbauen konnte. Es war der richtige Zeitpunkt.

Als ich eine Stunde später ins Camp zurückkehrte, war niemandem meine Abwesenheit aufgefallen. Meine Mutter füllte eine Schüssel mit heißem Wasser und reichte sie mir. Sie hatte ein blaues Auge und zahlreiche blaue Flecke. Wir blickten uns an und mussten die Tränen zurückhalten. Als ich mich umwandte, um zu meinem Wohnwagen zurückzugehen, rieb sie mir den Rücken. »Wasch diesen alten Mistkerl von dir ab, mein Junge. Ich liebe dich.«

Es war erst das zweite Mal in meinem Leben, dass ich sie das sagen hörte. Ich sah sie an und empfand so viel Liebe. Sie hatte immer ihr Bestes gegeben, um für mich zu kämpfen. Und nun würde ich sie verlassen.

An dem Tag, bevor Caleb zu seinem neuen Job fuhr, schlich ich mich früh hinaus, um den Tag mit ihm zu verbringen. Ich wusste, dass ich mich dem Zorn meines Vaters würde stellen müssen, wenn ich zurückkam, aber die kostbaren gemeinsamen Stunden waren es mir wert.

Caleb brachte mich lange vor der Zeit zurück, zu der mein Vater üblicherweise nach Hause kam. Doch er hatte uns durchschaut und wartete bereits.

Ich sprang aus Calebs Wagen, und mein Vater sprang in seinen und jagte hinter Caleb her. Ich hatte wahnsinnige Angst, doch als mein Vater eine Stunde später zurückkam, bestätigte seine finstere Stimmung zum Glück, dass er Caleb nicht erwischt hatte.

Wieder bekam ich Prügel, aber es war mir egal. Voller Schmerzen und blutig lag ich in meinem Bett und träumte von der Freiheit.

In den folgenden zwei Monaten ging ich weiter mit meinem Vater zur Arbeit und verbrachte die Abende bei meiner Mutter. Ich erzählte ihr nichts von Caleb oder meinen Gefühlen für ihn, aber ich wusste, dass sie wusste, dass es da jemanden gab. Und sie wusste auch, dass ich unglücklich war.

Eines Abends schlüpfte Frankie grinsend in unseren Wohnwagen. »Rate, was ich heute gemacht hab«, sagte sie.

»Was?«

»Geheiratet.«

Ich schnappte nach Luft. »Du hast Wisdom geheiratet?«

»Ja. Ich liebe ihn, Mikey, er ist der Richtige. Ich wollte nicht länger warten. Wir sind ins Standesamt gegangen und haben es getan.«

Ich war geschockt und irgendwie auch traurig. Ich hatte mir für Frankie eine große Hochzeitsfeier vorgestellt, mit der gesamten Familie. Und ich hatte ihr gewünscht, dass sie einen guten Ehemann fand. Sie hatte nur diese einzige Chance, und ich hatte Angst, dass sie es vermasselt hatte, indem sie sich davongestohlen und einen Typen wie Wisdom geheiratet hatte. Doch ich sagte nichts davon.

»Gratulation, Sis. Ich freue mich, wenn du glücklich bist.«

»Bin ich«, grinste sie. »Ich werde es Mum im richtigen Augenblick erzählen, und dann wird sie mir mit Dad helfen. Aber verrat's noch keinem.«

»Natürlich nicht.«

Ein paar Tage später gelang es mir, mich aus dem Camp zu schleichen und Caleb anzurufen. Die zwei Monate waren fast vorbei, er hatte sich eingelebt, und ich wollte nicht länger warten. Wir beschlossen, dass er mich in einer Woche abholen kommen würde.

Der Tag, bevor ich ging, war sonnig und heiß, und ich sah zu, wie mein Vater den siebenjährigen Jimmy im Boxen trainierte. Als Jimmy nach einem Schlag von meinem Vater anfing zu weinen, hatte ich ein Déjà vu. *BAM, BAM, BAM*. Er schlug ihn noch weitere drei Mal.

Ich sprang aus dem Wohnwagen. »Lass ihn in Frieden!«, rief ich.

Als mein Vater sich umdrehte, um mich aus dem Weg zu schlagen, kamen auch meine Mutter und meine Schwester dazu.

»Ich schwöre bei Gott, Frank, wenn du diesen Jungen noch einmal anrührst, werde ich dich persönlich umbringen!«, schrie meine Mutter, wütender, als ich sie je zuvor erlebt hatte.

Mein Vater holte aus und schlug sie.

»Mach nur weiter«, schrie sie. »Ich schwöre dir, Frank, ich ruf die *Gavvers* (Polizei) an und lass dich bis ans Ende deines Lebens wegschließen.«

Als auch Frankie sich in den Streit einmischte, nahm ich Henry-Joe und Jimmy und brachte sie fort. Wir gingen durch das Feld hinter dem Camp, und ich erzählte ihnen, dass ich fortgehen würde. Sie sollten nicht am nächsten Morgen aufwachen, feststellen, dass ich weg war, und denken, sie würden mir nichts bedeuten. Ich sagte ihnen, dass sie sich niemals all den Mist von unserem Vater gefallen lassen sollten, wie ich es getan hatte. Henry-Joe war mit seinen neun Jahren schon ziemlich erwachsen; er verstand diese ganze Obsession unserer Familie für das Kämpfen eben so wenig wie ich. Aber er wusste, dass es sein Kampf sein würde, Jimmy zu beschützen. Die beiden waren verständnisvoll, wunderschön und unschuldig. Ich schloss sie noch einmal ganz fest in meine Arme.

»Euer großer Bruder liebt euch, vergesst das nicht«, flüsterte ich. »Und sagt es auch Minnie, wenn sie alt genug ist, um es zu verstehen.«

Als wir zurückkamen, winkte Tante Minnie mich zu sich. Meine Mutter und mein Vater, Onkel Jaybus, Frankie und Romaine hatten sich alle in Tante Minnies Wohnwagen versammelt. Der Streit über Jimmy war vergessen.

»Hier ist jemand, der gegen dich kämpfen will«, riefen sie im Chor. Ich trat nach draußen.

»Wer?«

»Davey Nelson«, sagte Frankie. Ich blickte zu unserem Stellplatz hinüber und sah seinen Kastenwagen dort stehen.

»Was soll der Junge machen?«, fragte Tante Minnie. »Der Kerl da ist ein ganz Brutaler.«

»Ich weiß nicht«, sagte Romaine und lugte durch die Gardine.

Dann redeten alle gleichzeitig auf mich ein, um mir zu sagen, wie ich ihn angehen oder dass ich weglaufen sollte. Aber die Stimme meines Vaters war lauter als alle anderen. »Wenn du diesen Jungen nicht besiegst, prügele ich dich bis nach Basingstoke.«

Es war der gleiche Spruch, wie ich ihn mir mit sechs in diesem Boxclub hatte anhören müssen, und seitdem wieder und wieder.

Ich öffnete die Wohnwagentür und marschierte hinaus. Meine Mutter lief hinter mir her. »Mikey, du musst nicht gegen diesen Jungen kämpfen, wenn du nicht willst.«

Ich sah sie an. »Mach dir keine Sorgen.«

Dann ging ich rüber zum Wagen und zerrte den Jungen, der darin saß, nach draußen, ohne ihm eine Gelegenheit zu geben, mich herauszufordern.

Plötzlich blitzte alles vor meinem inneren Auge wieder auf. Die Kämpfe, die Schläge, die Demütigungen, die Beleidigungen. Und all die Jahre, in denen ich mich selbst wegen dieses dämlichen Sports gehasst hatte.

Ich schlug und schlug und schlug ihn noch mal und noch mal, bis die Haut auf meinen Knöcheln aufplatzte und das Blut von seinem Gesicht über meine Hände lief.

Er fiel zu Boden, und ich trat zurück und wartete, dass er wieder aufstand, während das gesamte Camp sich um uns herum versammelte. Er kam auf die Füße, stolperte zu seinem Wagen und fuhr davon.

Ich hatte es getan. Das war der Moment, auf den mein Vater all die Jahre gewartet hatte: dass sein Sohn einem anderen in aller Öffentlichkeit die Scheiße aus dem Leib prügelte.

Plötzlich stand ein ganz anderer Vater vor mir. Er strahlte vor Stolz, schlug mir auf den Rücken und versuchte, meinen Arm wie bei einem Sieger in die Luft zu heben. Ich aber riss mich los und ging weg.

Ich verspürte keinerlei Stolz, sondern dachte nur, was für eine Verschwendung es war, einen Schläger zu verprügeln, der es verdient hatte, von einem weit besseren Mann als mir verprügelt zu werden.

Ich fühlte mich ganz benommen.

Am nächsten Tag regnete es. Ich packte eine Tasche und warf sie aus dem Wohnwagenfenster auf die Ladefläche des Pick-ups.

Als ich nach draußen trat, sah ich, dass der Transporter weg war. Mein Vater sah, wie ich auf den leeren Platz blickte.

»Deine Mum ist zu deiner Granny Bettie gefahren, um ein paar Sachen zu holen.«

Nach Großvater Tommys Tod war Granny Bettie in einen Bungalow gezogen, etwa eine halbe Stunde vom Camp entfernt.

Traurigkeit übermannte mich. Ich hatte sie noch ein letztes Mal sehen wollen, aber ich konnte es mir nicht leisten zu warten. Hoffentlich würde sie es mir verzeihen.

Ich nahm die Schlüssel vom Pick-up.

»Wo willst du hin?«, brüllte mein Vater.

»Ich ruf nur schnell Mum von der Telefonzelle aus an«, rief ich.

»In fünf Minuten bist du wieder hier. Du hast immer noch Hausarrest, und ich brauche den Wagen«, brüllte er.

Mein Herz setzte ein paar Schläge aus, als ich zur Telefonzelle raste. Dort angekommen, sprang ich aus dem Wagen, warf meine Tasche in eine Hecke und meine letzten zehn Pence in den Telefonschlitz. Caleb war am Abend zuvor nach Newark gekommen und wartete nun im Haus seiner Familie auf meinen Anruf.

»Kommst du mit?«

»Ja«, antwortete ich. »Beeil dich.«

Ich legte auf und fuhr ins Camp zurück.

Dort stellte ich den Wagen ab, warf die Schlüssel auf den Tisch und blieb dann am Ende unseres Stellplatzes stehen. Ein paar Meter entfernt konnte ich Romaine und Tante Minnie bei ihrer Whitney-Houston-Platte mitsingen hören, während sie ihre Wohnwagen putzten. Ich winkte Frankie zu, die mit Kayla-Jayne zum Waschhaus hinüberging. Das Leben ging seinen gewohnten Gang. Doch ich würde es so niemals wiedersehen.

Frankie würde mir fehlen, auch wenn es sich in vielerlei Hinsicht anfühlte, als hätte ich sie schon vor langer Zeit verloren. Früher waren wir uns so nah gewesen, doch sie war nicht mehr die beste Freundin, mit der ich gespielt hatte, als wir noch klein waren. Wisdoms Einfluss, die langen Nächte und die Drogen hatten sie sehr verändert. Mir gefiel der Mensch nicht, zu dem sie geworden war, und ich hoffte, dass sie eines Tages wieder das wundervolle, witzige, großherzige Mädchen werden würde, das sie einst gewesen war.

Ich blickte in den Wohnwagen meiner Eltern und sah meinen Vater völlig vertieft vor dem Fernseher sitzen und einen alten Western anschauen.

Schließlich drehte ich mich um, ging ans Ende des Camps und um die Ecke. Dann begann ich zu rennen. Plötzlich rannte ich um mein Leben; vorbei an dem Haus, in dem Adam gewohnt hatte, unter den Bäumen hindurch, über den vorderen Teil des Camps und Richtung Tor. Der Wind pfiff mir um die Ohren und schlug mir ins Gesicht, als ich noch schneller wurde.

Dann hörte ich meine Brüder rufen. Sie liefen auf mich zu, von oben bis unten voll Schlamm.

»Gehst du jetzt?«, fragte Henry-Joe.

Ich schloss sie in die Arme.

»Ich liebe euch beide, vergesst das niemals.«

Henry-Joe lächelte. »Pass auf dich auf.« Er klang schon jetzt wie ein kleiner Erwachsener.

»Wir kommen schon zurecht«, sagte Jimmy.

Wir winkten uns zum Abschied zu, und ich lief so schnell ich konnte die Straße hinauf, wo Caleb an der Telefonzelle auf mich wartete. Ich zog die Tasche aus der Hecke, warf sie auf die Rückbank und sprang ins Auto, und Caleb gab Gas und raste davon.

Ich wischte mir die Tränen aus den Augen. Die Straße vor uns war gerade und klar und deutlich zu sehen. Die Sonne war durch die Wolken gekommen.

22

Heute

Ich öffne die Augen und reibe mir den Schlaf fort. Eine Polizeisirene kreischt vorbei, während bellende Hunde im Park unter meinem Fenster durchs Gras rennen. Eine Sekunde lang weiß ich nicht, welcher Tag heute ist.

Es ist der Tag meiner Hochzeit.

Auf der anderen Seite des Zimmers hängt ein ordentlich gebügelter Anzug an einem Kerzenständer aus Messing. Und auf dem Boden darunter steht ein Paar mit roten Pailletten besetzte Converse. Meine rubinroten Pantoffeln.

Ich schlage die Bettdecke zurück, steige aus dem Bett und gehe die drei Schritte zum Sessel hinüber. Dort lasse ich mich nieder und zünde eine Zigarette an.

Es ist der Morgen nach dem Sturm. Ich habe bis drei Uhr dagesessen und ihm gelauscht, habe geraucht und jeden Zigeuner beneidet, der noch die Kraft des Regens hören kann, wenn er über das Dach des Wohnwagens tanzt.

Ich drücke die Zigarette aus und gehe in die Dusche. Als ich mich abtrockne, klingelt das Telefon. Es ist Belle, meine beste Freundin, die glamouröse Chauffeurin des Hochzeitsautos.

»Darling, du heiratest! Wie fühlst du dich?«

Ich werfe einen Blick in den Spiegel. Über meine Nase zieht sich eine rote Schramme. Ich habe mich mal wieder im Schlaf selbst verletzt.

»Ich sehe furchtbar aus.«

»Oh, halt die Klappe, Darling. Du bist wundervoll.«

»Ich habe eine Schramme auf der Nase. Hast du Make-up dabei?«

Ich kann sie in ihrer Tasche kramen hören.

»Mascara, Foundation, Lippenstift …«

»Irgendeinen guten Concealer?«

»Japp. Keine Sorge, heute bist du der wunderschöne Bräutigam, und ich bin Estée Lauder.«

Sie legt auf, und ich beginne mich anzuziehen.

Ich ziehe mein rot und weiß gestreiftes Hemd, den silberblauen Anzug und zum Schluss die rubinroten Pantoffeln an. Sie drücken an den Knöcheln, aber ich liebe sie. In ihnen bin ich wieder vier Jahre alt und stolziere in Tante Minnies High Heels durch den Wohnwagen.

Ich bin fertig, aber Belle wird erst in einer halben Stunde hier sein. Also setze ich mich wieder in den Sessel und zünde eine weitere Zigarette an.

Es ist jetzt dreizehn Jahre her, dass ich in Calebs Auto gestiegen und vor meiner Familie und meinen Leuten geflohen bin. Es war ein langer, harter Weg, mit Kurven und Wendungen, die ich mir niemals hätte vorstellen können.

Ich hatte immer geglaubt, dass ich meine Zukunft mit Caleb verbringen würde, doch ich hatte mich geirrt.

An dem Tag, als wir flohen, brachte er mich zu dem Haus, das er für uns beide in Manchester gefunden hatte. Es war die erste Nacht, die wir beide miteinander verbrachten. Als ich ihm beim Schlafen zusah, wollte ich sehr gern glauben, dass alles gut werden würde. Aber ich wusste es besser. Caleb liebte mich genug, um mich von meinen eigenen Leuten wegzubringen und alles zu riskieren, nur um mich bei sich zu haben und mir zu zeigen, wie man in seiner Welt lebt. Aber ich kannte mein Volk und wusste, wozu mein Vater fähig war, wenn jemand seinen Ärger auf sich zog. Caleb hätte es besser wissen müssen, als sich in einer Welt zu verzetteln, von der er keine Ahnung hatte. Doch ich hätte ihm wohl auch mehr darüber erzählen sollen. Ich hatte Angst.

Am nächsten Morgen fuhren wir gerade an Calebs Arbeitsplatz vorbei, als sein Telefon klingelte. Innerhalb von vierundzwanzig Stunden hatte mein Vater mit ein paar anderen Calebs Mutter in Newark ausfindig gemacht und auf der Suche nach mir ihr Haus auseinandergenommen. Mein Vater hatte ihr gedroht und sie gewarnt, dass er ihren Sohn und mich finden würde. Und dass er von nun an jeden Tag zurückkommen würde, bis man mich wieder bei ihm ablieferte.

Er war noch nicht ganz weg, als sie auch schon Caleb anrief, um ihn zu warnen. Sie klang schrecklich panisch, als sie in den Hörer weinte und ihn anflehte zu tun, was mein Vater verlangte. Doch Caleb behauptete, er wisse nicht, wo ich sei. Er ging meinetwegen sogar so weit, seine Mutter anzulügen.

Von diesem Augenblick an blieb sein Telefon keinen Augenblick mehr stumm. Mein Vater spürte jeden einzelnen Menschen auf, den Caleb kannte. Freunde, Verwandte und Kollegen von seinem alten Job riefen an, stellten Fragen, warnten ihn und wiederholten, was mein Vater gesagt hatte: »Der Vater von diesem Zigeunerjungen war hier.« – »Weißt du, wo Mikey Walsh ist?« – »Wir wissen, dass er bei dir ist, Caleb.« – »Mikeys Vater bietet hundert Pfund für deine Telefonnummer.« Jeder Anruf sandte eine neue angsterfüllte Stimme durch Calebs Auto. Mein Vater bestach die Leute, drohte ihnen und prügelte Informationen aus jedem und jeder Einzelnen von ihnen heraus. Leute, die Angst haben, reden, und es dauerte nicht lange, bis mein Vater uns auf der Spur war. Dann nahm jemand tatsächlich sein Geld, und er bekam Calebs Telefonnummer.

Diesen Mann am anderen Ende der Leitung zu hören machte mir entsetzliche Angst. Ich hatte mir eingebildet, seine tiefe rumpelnde Stimme nie wieder hören zu müssen, und nun rief er jede Minute an, verlangte, zu erfahren, wo Caleb sich aufhielt, und bedrohte dessen Familie, um ihn zu zwingen, sich mit ihm zu treffen. Caleb weigerte sich, es ihm zu verraten, und so ging die Jagd weiter, und es dauerte nicht lange, bis mein Vater die Information bekam, die er benötigte, um uns zu finden.

Wir saßen im Auto, als mich plötzlich ein schreckliches Gefühl überkam. Mein ganzer Körper füllte sich mit Angst, und ich glitt auf dem Beifahrersitz immer weiter nach unten. Ich konnte ihn spüren. Sekunden später kam uns der Wagen meines Vaters auf der Straße entgegen.

Ich duckte mich, doch er hatte Caleb gesehen und nahm die Verfolgung auf. Caleb fluchte und schrie vor Angst, als sein kleines Auto die engen Straßen hinunterraste. Es gelang ihm, meinen Vater für kurze Zeit abzuschütteln, sodass ich aus dem Auto springen und mich verstecken konnte. Ich lief in einen Pub, schloss mich in einer Toilettenkabine ein und wartete dort, bis Caleb zurückkam, um mich zu holen.

Als er schließlich auftauchte, war er blutverschmiert und ziemlich böse zugerichtet. Er brauchte mir nicht zu sagen, dass mein Vater ihn erwischt hatte. Ich wartete im Pub, während er zur Arbeit fuhr und seine Kollegen warnte, keine Fragen zu beantworten, wenn jemand kam und nach ihm suchte.

Auf dem Weg dorthin klingelte wieder sein Telefon. Es war

Henry-Joe. Er hatte meinem Vater das Handy aus der Manteltasche geklaut, obwohl er eigentlich im Bett liegen sollte, und bat Caleb flüsternd aus seinem Versteck heraus, mich nach Hause zu schicken. Caleb verriet natürlich nichts und versicherte Henry-Joe, dass ich nicht bei ihm sei. Er tröstete meinen Bruder, der leise in den Hörer weinte. Dann sagte Henry-Joe etwas, das Calebs Blut erstarren ließ: Mein Vater hatte ein Kopfgeld auf mich ausgesetzt. Er hatte unter den Travellern verbreiten lassen, ich hätte ihm einen wertvollen Ring gestohlen, und bot demjenigen, der ihm das Schmuckstück zurückbrachte und mir die Beine brach, damit ich nie wieder weglaufen konnte, zehntausend Pfund.

Als Caleb in die Lobby kam, wartete meine Mutter auf ihn. Sie war heimlich hergefahren, um mit ihm zu sprechen. Meine Mutter wusste, Caleb würde niemals zugeben, dass er mich versteckte, aber sie sagte ihm, wenn er wüsste, wo ich war, dann müssten wir verschwinden, bevor sie kamen, um mich zu holen.

Aus Angst um unsere Sicherheit versteckte Caleb mich und all meine Sachen im Kofferraum seines Wagens. Mitten in der Nacht tauchte dann tatsächlich eine Gang von Travellern auf, um mich mitzunehmen. Vom Kofferraum aus hörte ich, wie sie Caleb erneut zusammenschlugen, um ihn zum Reden zu bringen. Drei Wochen lang lebte ich in seinem Kofferraum und versteckte mich stundenlang in Kirchen, Pubs und Supermärkten, während Caleb wieder und wieder zusammengeschlagen wurde, weil er sich weigerte, mich zu verraten.

So konnte es nicht weitergehen. Eines Tages nach der Arbeit sammelte er mich in dem Pub, in dem ich auf ihn gewartet hatte, ein und fuhr mich nach Leeds. Er hatte sich den Wagen eines Freundes geliehen, damit man uns nicht folgte. In Leeds gab er mir fünfzig Pfund und sagte, ich solle mir ein Bed and Breakfast und einen Job suchen. Er hatte seinen eigenen Job gekündigt und würde wieder nach Newark zurückkehren, um vielleicht die Zigeuner davon überzeugen zu können, dass ich nicht bei ihm war.

Er notierte sich die Nummer einer Telefonzelle neben dem Bahnhof und nannte mir den Tag und die Uhrzeit, zu der er mich in einem Monat anrufen würde.

Ich konnte ihm für das, was er da tat, nicht böse sein. Aber da stand ich nun, fünfzehn Jahre alt, an einer Straßenkreuzung, mit einer Tasche und gerade genug Geld, um ein paar Tage über die Runden zu kommen. Ich war verängstigt, allein und hatte keine Ahnung, ob er wirklich zurückkommen würde.

Ich lief durch die Straßen und suchte nach einer billigen Bleibe. Aber egal, wo ich es versuchte, ich wurde jedes Mal abgewiesen. Dann hatte eine Vermieterin Mitleid mit mir, nahm meine fünfzig Pfund und überließ mir für eine Woche ein Zimmer. Alles, was mir noch blieb, waren ein paar Pence, für die ich mir ein Päckchen Instant-Kartoffelpüree kaufte. Drei Tage später war ich so hungrig, dass ich in der Dusche ohnmächtig wurde.

Danach schluckte ich meinen Stolz hinunter, ging auf die Straße und bettelte.

Eines Tages bot mir die freundliche Managerin einer Bar einen Job als Putzhilfe an. Sie half mir sogar, das Anmeldeformular auszufüllen, da ich ja kaum lesen und schreiben konnte.

Bevor ich jedoch meinen Lohn bekommen konnte, brauchte ich ein Bankkonto. Ich nahm all meinen Mut zusammen, marschierte in eine Bank und erzählte der Dame hinter dem Schreibtisch meine ganze Geschichte. Und sie tat etwas Außergewöhnliches. Sie half mir mit den Formularen und gab darin ihre eigene Adresse an, sodass ich ein Konto eröffnen konnte.

Irgendwie überlebte ich weitere zwei Wochen, bis ich meinen ersten Lohn bekam. Danach hatte ich nichts weiter zu tun, als auf Calebs Anruf zu warten.

Er rief exakt zur verabredeten Zeit an, wie er versprochen hatte. Mir kamen vor Erleichterung die Tränen, als ich seine Stimme hörte, und innerhalb weniger Tage kam er nach Leeds, um mich zu sehen.

Doch Calebs Gefühle hatten sich für immer verändert. Der Druck, den die Travellers, die immer noch täglich anriefen, auf ihn ausübten, die Drohungen meines Vaters, die wie ein Damoklesschwert über ihm und seiner Familie hingen, forderten ihren Tribut. Er konnte es nicht länger ertragen. Jedes Mal, wenn er zu Besuch kam, gab es eine neue Verletzung und eine neue Drohung. Endlose Anrufe von Fremden, die damit drohten, Caleb die Beine zu brechen, ließen ihn seine Telefonnummer wechseln und sie niemandem verraten. Nicht einmal seiner eigenen Familie. Caleb wurde zunehmend paranoid, was auch seine Gefühle für mich beeinflusste. Die Tatsache, dass er eine neue Telefonnummer hatte, die niemand kannte, beendete seine Tortur ja nicht. Noch immer kamen Zigeuner zu seinem Haus und verfolgten ihn auf dem Weg zur und von der Arbeit. Mein Vater hatte den Preis genannt, und nun brauchte er sich nur noch zurückzulehnen, während diejenigen, die das Geld brauchten, die Suche für ihn übernahmen.

Schließlich brach Caleb unter dem Druck zusammen. Ich musste mich von ihm verabschieden.

Ich war sechzehn Jahre alt und vollkommen allein in der Welt der Gorgias. Ich hatte Caleb verloren und konnte nicht nach Hause zurück, selbst wenn ich es gewollt hätte.

Es gab kein Zurück.

Ich blieb noch paar Monate in meinem Job in Leeds. Einmal im Monat schrieb ich meiner Mutter einen Brief. Dazu fuhr ich jedes Mal mit dem Zug in eine andere Stadt und schickte ihn von dort ab, damit man mich nicht aufspüren konnte. Manchmal zelebrierte ich es richtig. Suchte mir ein nettes Café oder einen Pub in einer fremden Stadt, wo ich mich hinsetzte und schrieb, bevor ich dann den perfekten Ort suchte, um den Brief einzuwerfen.

Meine Briefe waren allesamt mehr oder weniger nach Gehör geschrieben, in Großbuchstaben. Doch ich wusste, dass meine Mutter in der Lage sein würde, sie zu lesen, weil ich genau so schrieb, wie sie es immer getan hatte. Alle Briefe an sie adressierte ich an Granny Betties Bungalow.

Als ich genug Geld gespart hatte, zog ich nach Liverpool und arbeitete dort in einer Schwulenbar. Ich fand neue Freunde, und ich traf Leigh. Wir wurden die besten Freunde und zogen zusammen.

Zwischen meinen Schichten begann ich, mich weiterzubilden. Ich las viele Bücher und lernte jeden Tag neue Wörter; ja, ich saugte diese Welt, die mir als Kind vorenthalten worden war, förmlich in mich auf.

Ich sah mir Schauspielaufführungen und Filme an und entdeckte die Welt des Theaters. Und mit Leighs Hilfe ergatterte ich einen Platz in einem Kurs für Theaterpädagogik. Zwei Jahre später bewarb ich mich an der Guildhall School of Music and Drama in London. Als ich erfuhr, dass ich angenommen worden war und in wenigen Monaten in den Süden ziehen würde, war ich überrascht, begeistert und stolz.

Endlich begann ich, mir mein eigenes Leben aufzubauen.

Doch ich vermisste meine Mutter. Jeden Tag dachte ich an sie, meine Schwestern und die Jungs.

Fünf Jahre nachdem wir uns zuletzt gesehen hatten, schrieb ich meiner Mutter einen Brief in dem ich ihr die Wahrheit über meine Sexualität und meinen Lebensstil erzählte. Ich schrieb ihr, dass ich es verstehen würde, wenn sie mich niemals wiedersehen wollte, doch dass ich hoffte, sie würde kommen und sich mit mir treffen. Ich nannte ihr zwei Daten, zwei Orte und zwei Zeiten, für den Fall, dass sie es beim ersten Mal nicht schaffte. Mir war bewusst, dass jederzeit die Gefahr bestand, dass mein Vater es herausfand und ihr folgte. Doch meine Sehnsucht danach, sie wiederzusehen, war größer als meine Angst.

Der erste Ort, den ich ihr genannt hatte, war ein Hotel im Zentrum der Stadt. Ich wartete eine halbe Stunde auf der Eingangstreppe, doch sie tauchte nicht auf. Es brach mir das Herz, während ich mir einredete, dass sie niemals wieder ein Teil meines Lebens sein würde. Dann ertönte eine Hupe.

Ich blickte auf und sah sie, in einem kleinen weißen Bus, direkt am Bordstein. Als unsere Blicke sich trafen, brachen wir beide in Tränen aus. Ich sprang die Treppe hinunter, riss die Autotür auf und schlang die Arme um sie.

»Ich liebe dich, mein Mikey«, schluchzte sie. »Ich liebe dich. Ich wusste es, ich habe es immer gewusst, verstehst du, und es war mir egal. Du warst etwas Besonderes, du warst mein kleiner Junge.«

Ich war schockiert. Sie hatte es gewusst? Ich hätte jederzeit zu ihr zurückgekonnt?

Sie war noch immer die mächtige, himmlische Frau, die ich in Erinnerung hatte. Der Duft von gemahlenem Kaffee und Lippenstift erfüllte meine Sinne, als ich ihn in mich aufnahm.

Sie beugte sich nach hinten und nahm ein dickes Bündel Briefe vom Rücksitz. Sie alle waren, wie meine, phonetisch geschrieben und in Großbuchstaben. Es waren Weihnachtskarten, Geburtstagskarten und all die Geschenke, die sie in den letzten fünf Jahren gekauft und unter dem Bett versteckt hatte. Sie hatte die Hoffnung nie aufgegeben.

Ich führte sie zum Mittagessen aus und dann in meine Wohnung, wo sie Leigh kennenlernte. In den nächsten Stunden lachten wir drei und schwelgten in Erinnerungen, bis sie aufbrechen musste, um vor meinem Vater wieder zu Hause zu sein.

Sie erzählte mir, dass Frankie ihre Heirat mit Wisdom gestanden hatte, als sie schwanger geworden war. Die beiden hatten sich dem Konvoi seiner Familie angeschlossen. Doch als sie im neunten Monat war, stahl sie zwanzig Pfund aus seiner Tasche und lief davon, während er schlief. Sie rief unsere Mutter an, die sie einsammelte und mit nach Hause nahm. Einen Monat später bekam Frankie einen kleinen Jungen. Sie nannte ihn Frank.

Mit gerade einmal achtzehn Jahren war Frankie nun geschieden und dazu verdammt, ihr Leben bei ihren Eltern zu verbringen und ihren Sohn allein großzuziehen. Kein Zigeuner würde sie auch nur ansehen.

Als wir uns verabschiedeten, erklärte meine Mutter, dass sie nach Hause fahren und meinem Vater sagen würde, dass sie wieder Kontakt zu mir hatte, und dass er es gefälligst akzeptieren sollte. Und sie erklärte, sie würde wiederkommen und Frankie, Henry-Joe, Jimmy und Minnie mitbringen.

Und das tat sie zu meiner großen Überraschung auch. Wir trafen uns am Flughafen – es war ihre Idee gewesen, denn obwohl sie wahnsinnige Angst vor dem Fliegen hatte, liebte sie es, den Flugzeugen zuzuschauen.

Als ich durch den langen weißen Tunnel zum Terminal lief, sah ich Henry-Joe am Fenster stehen. Er drehte sich um und sah zu mir herüber, und dann rief er meinen Namen und rannte zu mir. Als ich ihn zuletzt gesehen hatte, war er noch ein Kind gewesen; der Junge, der jetzt mit weit geöffneten Armen durch den Tunnel auf mich zugerannt kam, war größer als ich. Er sprang mehr oder weniger auf mich drauf, und wir umarmten uns und weinten und lachten.

Hinter ihm kam Jimmy, der mittlerweile zwölf Jahre alt war. Ein massiger Kerl, der unserem Vater wie aus dem Gesicht geschnitten schien. Und hinter ihm her rannte Minnie, sieben Jahre alt und das Ebenbild unserer Mutter. Und dann war da noch Frankie. Sie strahlte mich an und hielt ein zuckersüßes Baby in ihren Armen: meinen Neffen. Meine Mutter war bei ihnen, und neben ihr – zu meinem Schrecken und meiner Verwunderung – stand mein Vater.

Für einen kurzen Moment kehrte die alte Angst wieder zurück, doch er begrüßte mich respektvoll, schüttelte mir die Hand und schlug mir auf den Rücken, bevor er würdevoll einen Schritt zurücktrat, um uns anderen die Gelegenheit zu geben, Zeit miteinander zu verbringen. Ich verstand, dass er einen Waffenstillstand erklärt hatte, wenn auch nur für diesen Tag.

Nach fünf Jahren in der Fremde hatte ich meine Familie wieder. Wir verbrachten die nächsten Stunden damit, uns gegenseitig zu berichten, was in den letzten Jahren passiert war, und von diesem Tag an konnte ich regelmäßig meine Mutter anrufen, und sie reichte mich an Frankie und die anderen drei Kinder weiter. Mein Vater kam nie ans Telefon und weigerte sich, einem weiteren Treffen zuzustimmen, aber zumindest hatte ich wieder Kontakt zu meiner Familie.

Eines Nachmittags, ein paar Monate später, rief Henry-Joe mich an. Er hatte Gerüchte über Onkel Joseph gehört.

Henry-Joe wusste nicht, ob er womöglich überreagierte, aber er hatte einen schrecklichen Verdacht und bat mich, ihm zu helfen. Er gab das Telefon an unsere Mutter weiter, und ich fragte sie, ob ich vorbeikommen dürfe.

»Ich werde hören, was dein Dad dazu sagt, Mikey, aber ich bin mir sicher, dass wir ihn dazu bewegen können, Ja zu sagen.« Ich packte einen Koffer und fuhr mit dem Zug nach West Sussex, wo mein Vater gerade einen alten Bauernhof gekauft hatte, auf dem er ein anständiges Zigeunercamp eröffnen wollte.

Als der Zug in den Bahnhof einfuhr, sah ich mit Entsetzen, dass Joseph auf mich wartete. Bei seinem Anblick wurde mir ganz übel. In den letzten Jahren war es mir gelungen zu vergessen, was er mir angetan hatte, und ich hatte mich geweigert, auch nur einen Gedanken an ihn zu verschwenden.

Ich spielte den Coolen und begrüßte ihn. Er beschloss, noch eine Runde zu drehen, bevor er mich zum Bauernhof brachte, und erklärte, dass er sich Sorgen um mich gemacht hätte. »Wieso bist du weggegangen, Mikey?«

Ich beschloss, ihm die Wahrheit zu sagen und ihn damit vielleicht dazu zu bewegen, offen zu sprechen. »Ich bin schwul, Joseph.«

Er sah mich einen Moment lang an. Dann seufzte er. »Ich auch ... und ich liebe dich.« Verzweifelt fuhr er fort: »Ich habe darauf gewartet, dass du wieder nach Hause kommst. Mittlerweile geht es mir richtig gut. Der Schrottplatz gehört jetzt mir, und ich habe ein eigenes Bestattungsinstitut. Du könntest bei mir einziehen. Niemand wird es erfahren, und du musst nie mehr arbeiten.«

»Nein, Onkel Joseph, das kann ich nicht.«

Er antwortete in einem Ton, als hätte ich ihn beleidigt: »Aber warum nicht?«

»Weil du mein Onkel bist. Und weil ich nicht dasselbe für dich empfinde.«

»Aber das hast du mal.«

»Nein, Joseph, ich habe niemals so gefühlt.«

Innerlich brodelte ich vor Scham und Wut. Ich wollte ihn umbringen. Es war beinahe unerträglich, freundlich zu bleiben. Aber ich wusste, dass ich mich noch zusammenreißen und auf den richtigen Moment warten musste.

Das Haus meines Vaters bestand aus kaum mehr als den Außenmauern, die auf einer matschigen Wiese standen. Meine Mutter hatte große Pläne, doch bis dahin wohnten sie in zwei Wohnwagen: Frankie und der kleine Frank in dem einen, die Jungs, Minnie, meine Mutter und mein Vater in dem anderen. Ich musste lächeln, als ich sah, dass das grässliche Vorzelt noch immer sanft vor dem Wohnwagen meiner Eltern im Wind flatterte.

Die Jungs, Minnie und Frankie freuten sich, mich zu sehen, aber mein Vater wandte sich ab. Meine Mutter hatte mich angefleht, ihm nicht die Wahrheit über mich zu erzählen. Sie sagte, sie sei glücklich, dass ich mir selbst gegenüber ehrlich sei, aber dass mein Vater es niemals so sehen würde. Falls er es jemals herausfände, wären sie und die Kinder die Ersten, die darunter zu leiden hätten. Ich versprach ihr, es nicht zu verraten.

An diesem Abend, als mein Vater und Jimmy vor dem Fernseher saßen und sich bei *Kevin allein zu Haus* scheckig lachten, ging ich mit meiner Mutter, Minnie und Henry-Joe rüber zu Frankie.

Während Frankie Minnie und das Baby ins Bett brachte, erzählte ich ihnen die Wahrheit über Joseph. Frankies Augen weiteten sich vor Zorn, und das Gesicht meiner Mutter wurde erst kalkweiß und dann knallrot vor Wut. Sie bat uns alle, niemandem davon zu erzählen, bis sie entschieden hatte, wie es weitergehen sollte.

Am nächsten Morgen ging ich mit Henry-Joe in die Stadt. Als wir zurückkamen, saß die ganze Familie draußen auf den Gartenmöbeln, die mein Vater von einem Pub in der Nähe geklaut hatte.

Mein Vater sprang auf, stürzte sich auf mich und schlug mir mit der Faust ins Gesicht.

»Frank, hör auf!«, schrie meine Mutter. Sie, Henry-Joe und Jimmy zogen ihn von mir weg.

Mein Vater schüttelte sich und trat einen Schritt zurück. »Du giftige kleine Schwuchtel. Wie kannst du es wagen, zurückzukommen und so einen Mist zu verbreiten? Joseph ist dein Onkel und hält große Stücke auf dich.«

Ich zog mein Handy aus der Tasche. »Lass mich ihn anrufen, dann wirst du hören, wie viel er von uns allen hält.«

Mein Vater brüllte vor Wut und weigerte sich schlicht, es mir zu erlauben.

»Du willst es nur nicht, weil du Angst hast. Das ist es!«, rief meine Mutter.

Mein Vater schwieg, ließ sich auf die Bank sinken und zündete sich eine Zigarette an. Meine Mutter und Frankie versuchten ihn zu beruhigen, und schließlich willigte er ein, mit mir in Frankies Wohnwagen zu gehen und es sich anzuhören.

Joseph ging gleich nach dem ersten Klingeln ran. Ich stellte das Handy auf Lautsprecher.

»Hallo, Babe«, sagte er.

Das Gesicht meines Vaters verlor jegliche Farbe, aber er blieb stumm.

»Joseph?«, sagte ich.

»Ja?«

Ich hatte furchtbare Angst, aber dann sah ich meine Familie an, die um das Telefon versammelt war, und atmete tief ein. Ich musste das hier tun. Also erzählte ich Joseph, dass ich Gerüchte gehört hätte und wüsste, dass sie wahr seien, und dann erzählte ich ihm, was die Jahre des Missbrauchs mit mir gemacht hatten.

»Aber ich *liebe* dich, ich habe dich immer geliebt …«, heulte Joseph.

Ich fragte mich, ob mein Vater sich an den Tag erinnerte, als ich versucht hatte, ihm von Joseph zu erzählen, damals, als ich noch ein kleiner Junge gewesen war.

Während Joseph weitersprach, konnte man zusehen, wie das Gesicht meines Vaters vor Entsetzen um Jahre alterte.

»Joseph, wenn du meiner Familie jemals wieder zu nahe kommst, bring ich dich um.«

»Mikey, bitte, sprich nicht so mit mir.« Joseph begann zu schluchzen. »Ich liebe dich, ich habe auf dich gewartet. Mikey, bitte! Sag doch was …«

Mein Vater fing an zu weinen. Ich legte das Telefon hin und beugte mich vor, um eine Hand auf sein Knie zu legen. Zum ersten Mal in meinem Leben sah ich mich selbst in ihm wieder. Doch nach wenigen Sekunden riss er sich los. Er hob den Kopf aus seinen Händen und starrte mich an.

»Raus.«

Einen Monat später rief meine Mutter mich an, um mir zu

sagen, dass mein Großvater, der alte Noah, im Sterben lag. Und er wollte mich sehen.

Meine Mutter erzählte, dass er darum gebeten hatte, mit ihr allein zu sprechen. Er hatte ihr aufgetragen, seine Taschen zu leeren. Sie fand ein Bündel Fünfzig-Pfund-Scheine, eine Brille und eine Brieftasche mit einem Foto von Granny Ivy.

»Bettie, du hast immer das Richtige getan«, sagte er zu ihr. »Und ich weiß, du und meine Prissy, ihr seid die besten Freundinnen, seit ihr Babys wart.« Er streckte eine zitternde, mit Goldringen bestückte Hand aus. »Nimm diese Sachen aus meiner Tasche und diese Ringe und gib alles Prissy. Sonst reißen sie sie von meinen Fingern, sobald ich nicht mehr bin, und mein kleines Mädchen bekommt nichts.«

Meine Mutter tat, was er gesagt hatte, und wischte sich die Tränen ab, während sie ihm half, die Ringe mit den Edelsteinen von jedem seiner Finger zu ziehen.

»Er sagt, er wird auf dich warten«, sagte sie zu mir. »Kann ich dir jemanden schicken, der dich in London abholt? Er hat nicht mehr viel Zeit.«

Ich hatte keine Ahnung, warum mein Großvater nach mir verlangt hatte. Aber ich wollte mich von ihm verabschieden. Meine Mutter schickte ihren Bruder Alfie, um mich abzuholen, und wir rasten durch die Außenbezirke von London und auf die Autobahn. Eine Stunde später, während ich durch die Krankenhauskorridore zu seinem Zimmer rannte, starb mein Großvater.

Ich setzte mich neben ihn. Sein Gesicht war zerschunden, weil er gefallen war, und er war so dünn, dass ich ihn kaum wiedererkannte. Sein linker Arm lag in einer Schlinge, die in der Luft hing. Nach einem so heldenhaften Leben und einer schwierigen Herzoperation war es ein Splitter unter dem Fingernagel gewesen, der ihn am Ende besiegt hatte. Der Splitter hatte sich entzündet, und diese Entzündung hatte sich in seinem gesamten Körper ausgebreitet.

Der König war tot. Niemals wieder würde ich in diese stahlblauen Augen blicken. Und ich würde niemals erfahren, was er mir hatte sagen wollen. In den Jahren nach seinem Tod stellte ich mir oft vor, er hätte mir sagen wollen, dass er stolz auf mich war.

Ich hielt seine schwere Hand in meiner und sang das Lied, das ich als Kind immer auf den Familienfeiern gesungen hatte: »Ol' Scotch Hat«. Er hatte es geliebt.

Seine Beerdigung ein paar Tage später war eine Riesensache. Er hatte darauf bestanden, dass seine Enkel den Sarg trugen, doch mein Vater und Tory erlaubten mir nicht, daran teilzuhaben.

»Wenn er den Sarg nicht tragen darf, wird er mich direkt hinterherschieben«, erklärte Tante Prissy. Und das tat ich. Es gab einiges Gezischel in meine Richtung, als ich ihren Rollstuhl durch die Menge schob, und ich hielt den Kopf gesenkt. »Du hast es besser gemacht als jeder Einzelne von diesen Spezis, mein Junge. Kein Einziger von denen könnte jemals das bewerkstelligen, was du geschafft hast. Du kannst stolz auf dich sein«, sagte sie.

Belle ruft an. Sie steht im Stau. Ich trete hinaus auf den Balkon. Die Sonne ist warm, und ich drehe das Gesicht in ihre Richtung. Dann blicke ich hinunter auf meine Schuhe und schlage die Hacken zusammen. Das Sonnenlicht glitzert auf den Pailletten und wirft rote Muster auf die Wand.

Ich wünschte, ich könnte noch einmal zurückkehren, nur für einen Tag, um mit Frankie zu spielen, mit Jamie-Leigh, Olive und Twizzel; um Mrs Kerr dafür zu danken, dass sie mir das Gefühl gegeben hat, nicht nutzlos zu sein; um zuzusehen, wie meine winzige Großmutter Tante Prissys wunderschönes Haar kämmt. Um es noch einmal mit meinem Vater zu versuchen.

Doch ich kann nicht zurück, und ich bin stolz darauf, wo ich heute bin.

Ich bin mit Leigh nach London gezogen, beide fest davon überzeugt, dass es uns den Ruhm und den Reichtum bringen würde, die wir uns verdient hatten.

Wir stießen mit White Russians darauf an, dass London die Stadt war, um erwachsen zu werden, uns zu rehabilitieren und schließlich unsere Erfahrungen zu nutzen, um kreativ zu sein. Er belegte einen Kurs im Kreativen Schreiben, und ich hatte ja meinen hart erkämpften Platz an der Theaterakademie.

Ich liebte jeden einzelnen verrückten Augenblick davon. Drei Jahre, in denen ich Wissen in mich aufsog, Freundschaften schloss und einen sicheren Ort fand, an dem ich all meine inneren Ängste freilassen konnte. Ich lernte die Freude kennen, die es mir brachte, meine Gefühle und Gedanken im kreativen Schreiben auszudrücken, und lernte endlich Shakespeare verstehen und lieben. In dieser Schule fand ich Menschen, von denen ich wusste, dass sie mir mein ganzes Leben lang nahestehen würden.

Als es vorbei war, hatte der Gedanke, auf der Bühne zu stehen, seine Bedeutung verloren. Ich versuchte mich in der Schauspielerei, aber nur wenige Monate, denn ich hasste die Vorstellung, für jede Rolle neu vorsprechen zu müssen – die Fremden, die Castings, immer gefallen und sich beliebt machen zu müssen … und dann den Schmerz, wenn man abgelehnt wurde. Es war eine Erleichterung, das nicht mehr tun zu müssen.

Zwischen meinen eher schlechten Schauspieljobs arbeitete ich in einer Bar, die für mich zu einem Ort der Zuflucht wurde und an der immer mein Herz hängen wird. Dort lernte ich meine engsten Freunde kennen – und den Mann, den ich heute heiraten werde.

Ich beschloss, dass ich mit Kindern arbeiten wollte, und nahm einen Job als Lehrassistent an, bei dem ich Kindern mit besonderen Bedürfnissen half. Manchmal muss ich lächeln, wenn ich daran denke, wie sehr Zigeuner die Schule hassen, und hier bin ich nun, verbringe mein gesamtes Arbeitsleben dort und fühle mich pudelwohl.

Ich lerne ununterbrochen – über unsere Vergangenheit, wie unser Körper funktioniert, welche Orte es auf der Welt gibt. Alles, was ich beim ersten Mal verpasst habe.

Aber Leigh ist tot.

»Ich will ein gutes Leben, Mikey, kein langes«, hat er immer gesagt.

Als wir uns zum letzten Mal sahen, verbrachten wir viele Stunden damit, uns daran zu erinnern, wie viel Spaß wir zusammen gehabt hatten. Und typisch für ihn und seinen Hang zum Melodrama kam er selbst auf seinen Tod zu sprechen.

»Wir machen ein Ende wie das in *Freundinnen*. Du kannst mich ganz fest in den Arm nehmen und mir sagen, wie neidisch du immer auf mich gewesen bist«, lachte er. »Und dann kannst du eine große Rede auf mich halten, die alle zum Weinen bringt, bevor sie mich aus dem Sarg heben und mit jeder Menge Glitzer über der ganzen Menge explodieren lassen.«

Und all das sollte zum Crescendo von »Nessun Dorma« passieren.

Er verließ die Bar ohne eine große emotionale Verabschiedung. Keine Umarmungen, keine Küsschen oder »Ich liebe dichs«. Nur ein »Wir sehen uns«.

Als ich ihn wiedersah, war es unser *Freundinnen*-Moment.

Er war in einem Club gewesen und hatte sich mit einem Typen getroffen, der ihm eine Riesenmenge flüssiges Ecstasy in den Drink geschüttet hatte. Stunden später lag er im Koma, und als ich an sein Bett im Krankenhaus trat, konnte er weder sprechen noch sich bewegen. Doch er konnte weinen, und es gelang ihm, meine Hand zu drücken.

Ich schloss ihn in die Arme, genau so, wie er es vorausgesagt hatte. Und dann erzählte ich ihm, wie neidisch ich auf ihn war, genau wie er es vorausgesagt hatte. Und bei seiner Beerdigung hielt ich die Trauerrede aller Trauerreden. Genau wie er es vorausgesagt hatte.

Dann ging ich nach Hause, und mir brach das Herz.

Mein bester Freund war tot. All unsere Erinnerungen waren nun nur noch meine.

Noch immer finde ich mich an Orten meines Unterbewusstseins gefangen, die ich nicht verstehen kann. Und noch immer habe ich hin und wieder Albträume und schlaflose Nächte und die tägliche Dosis Selbstzweifel.

Doch wer hat das nicht?

Es ist nicht mehr so häufig wie früher. Und als ich mich hinsetzte, um meine Geschichte aufzuschreiben, geschah es als Tribut an Leigh, denn ohne ihn hätte ich es nie geschafft.

Vor ein paar Monaten war ich auf Henry-Joes Hochzeit. Layla war mit uns in Newark gewesen. Er war mit ihr aufgewachsen, und nun, mehr als zehn Jahre später, wurden sie Mann und Frau.

Ich musste dort sein, um den glücklichsten Tag seines Lebens mitzuerleben. Mein Vater war ebenfalls da, und so blieb ich diskret in der Menge, aber das genügte mir. Ich sah zu, wie Henry-Joe sich mit seiner wunderschönen Braut auf der Tanzfläche drehte, sah das stolze Lächeln meiner Mutter und war glücklich.

Am Tag, nachdem Dillan meinen Antrag angenommen hatte, rief ich Henry-Joe an und fragte ihn, ob er mein Trauzeuge sein wollte. Nur dass ich mich erst einmal vor ihm outen musste. Ich fragte ihn, wie gut er mich kenne, und er antwortete: »Ziemlich gut.«

Ich erklärte, ich müsse ihm etwas sagen, und er erwiderte, dass er glaube, es bereits zu wissen. Ich sagte ihm, dass ich schwul sei, und er sagte: »Und dafür liebe ich dich umso mehr.«

Die nächste Frage lautete: »Willst du mein Trauzeuge sein?«

Nachdem er einige Male vor Überraschung aufgeschrien hatte, weinte er vor Freude. »Mehr als alles andere auf der Welt, Mikey.«

Henry-Joe würde für mich da sein, doch meine Mutter nicht. Wenn mein Vater wüsste, dass ich heirate, würde er meiner Mutter verbieten herzukommen, und sie brachte es nicht über sich, ihn zu hintergehen. Doch sie wollte etwas für uns tun, als Zeichen ihrer Liebe, und so backte sie unsere Hochzeitstorte. Obwohl sie während meiner Kindheit die schlechteste Köchin der Welt gewesen war, hatte sie mittlerweile die Kunst gemeistert, den perfekten Früchtekuchen zu backen. Und ihre Liebe zur Dekoration hatte sie dazu befähigt, mit einer Rolle Fondant und ein paar geschickt platzierten Zahnstochern so ziemlich alles zu kreieren, was man sich vorstellen konnte. Sie war so talentiert, dass sie mittlerweile auf Bestellung backte.

Meine Hochzeitstorte fertigte sie an einem Wochenende, an dem mein Vater nicht zu Hause war, und ich fuhr zu ihr und blieb über Nacht. Bis in die frühen Morgenstunden designten, präparierten, backten und verzierten wir die Torte. Wir modellierten und redeten vom Morgengrauen bis zur Abenddämmerung und dann von der Abenddämmerung bis zum nächsten Morgen, nur unterbrochen von ein paar kurzen Kaffeepausen, in denen ich ihr ein Bild von dem »Bling«-Trauring zeichnete, den ich für Dillan gemacht hatte, und sie zum Lachen brachte, als ich ihr erzählte, wie stolz er ihn herumgezeigt hatte.

Der Kuchen war ein Meisterstück, von dem selbst meine Mutter, deren Kuchen-Fertigungs-Qualitäten berühmt waren, überrascht war, dass sie ihn so hinbekommen hatte. Drei Etagen, wie ein Geister-Ballkleid in glitzernde Falten aus weißem Schokoladen-Fondant gehüllt. Aus jeder Krause quollen selbst gefertigte Blüten aus Zucker, und ganz oben saß ein Schädel aus echter weißer Schokolade, bedeckt mit exotischen Blumen und Ketten voll essbarer Perlen. Die Leute in der Bar, in der wir unsere Hochzeit feierten, betrachteten die Torte ehrfürchtig, als Henry-Joe sie dort ablieferte.

Bevor ich an diesem Wochenende nach London zurückfuhr, nahm meine Mutter mich beiseite und reichte mir eine kleine grüne Schachtel. Darin lag ihr eigener Trauring. »Er ist für dich, Mikey. Ich möchte, dass du ihn bekommst.«

Es war der Ring, den ich heute an meinem Finger tragen werde. Ich öffne die Schachtel, um zu sehen, ob er noch da ist.

Das Telefon klingelt.

»*Whoooo!* Ich bin da!«

»O mein Gott, Frankie?«

»Ja, ich komme mit Henry-Joe. Und ich trage das fetteste, grellste gelbe Kleid, das du je gesehen hast!«

Vor knapp einem Monat hatte ich mich mit angetrunkenem

Mut auch ihr gegenüber am Telefon geoutet. Sie hatte vollkommen anders reagiert als Henry-Joe. Sie sagte, sie sei wütend, dass ich es all die Jahre vor ihr geheim gehalten hatte, und dass sie sich für mich freue, aber keinen Anteil an meinem Leben nehmen könne.

Ich habe nicht damit gerechnet, heute von ihr zu hören, geschweige denn, sie zu sehen.

Sie johlt ins Telefon wie eine verrückte Ladette.

»Mikey, ich habe mir die Haare gefärbt wie Pamela Anderson! Ich bin eine riesige Meerjungfrau.«

Bei der Vorstellung muss ich laut lachen.

»Du wirst die Ballkönigin sein!«

»Ich weiß … Glaub nicht, ich hätte nicht schon geplant, mir einen reichen Mann zu angeln.«

Nachdem ich ihr den Weg zum Rathaus erklärt hatte, legten wir auf, und ich tanzte glückselig durchs Zimmer. Wie wundervoll, meinen Bruder als Trauzeugen und meine Schwester auf meiner Hochzeit dabeizuhaben.

Belle schreibt mir, dass sie unten wartet. Als ich aus dem Haus komme, steht sie auf dem zurückgeklappten Dach ihres kleinen Fünfziger-Jahre-Cabrios. Sie trägt ein goldenes Vintage-Moschino-Kleid, in dem sie aussieht wie Audrey Hepburn, nur mit riesigen Brüsten.

Als ich noch einen Meter von ihr entfernt bin, drückt sie auf die Hupe und winkt, als stünde ich am anderen Ende des Parks. Leuchtend bunte Ballons schweben aus ihrem Auto und in den klaren blauen Himmel hinauf wie ein Schwarm tropischer Fische.

Wir setzen uns, und Belle klatscht mir ihren Zauber-Concealer auf die Nase. Dann dreht sie den Rückspiegel so, dass ich ihr Werk begutachten kann.

»Super«, sage ich.

Sie klappt die Puderdose zu und zwinkert. »Sag ich doch.«

Wir fahren los und verlieren unterwegs noch ein paar Ballons. Eine Hand am Lenkrad, das Navi in der anderen, beugt Belle sich zu mir rüber und fischt sich mit den Zähnen eine Zigarette aus meiner Schachtel.

Als ich ihr Feuer gebe und auch meine Kippe anzünde, ruft Henry-Joe wieder an. Sie sitzen in der Bar gegenüber vom Rathaus. Ich sage ihnen, dass ich in wenigen Minuten da sein werde.

Eine Nachricht von meiner Mutter leuchtet auf.

»Viel Glück, mein Sohn. Ich liebe dich von ganzem Herzen.«

Wir halten kurz an der Bar, in der die Hochzeitsfeier stattfinden wird, damit ich die Folie von der Torte nehmen kann. Mein großartiger, immer zuverlässiger Kumpel Rufus ist da, der perfekte Zeremonienmeister, und organisiert alles. Die Bar sieht unglaublich aus; überall Holzpaneele, Lichterketten, exotische Blumen und pastellfarbene Vögel.

Als wir wieder im Auto sitzen, schaut Belle mich an. »Es ist so weit.«

Wir fahren los, und ich verbinde meinen iPod mit dem Autoradio. Der Wind weht durch Belles Haar, während wir zum Rathaus segeln, und ich denke an Caleb. Ich werde ihn immer lieben. Ich frage mich, wo er jetzt wohl ist, was er macht und ob er sich für mich freuen würde. Ich hoffe, dass er glücklich ist.

Exakt fünf Minuten vor Beginn der Zeremonie hält Belle vor dem Pub gegenüber vom Rathaus. Sie lehnt sich zu mir rüber und gibt mir einen Kuss. »Wir sehen uns drinnen, Darling.«

Und schon fliegt sie los, mit einer riesigen Masse Ballons,

genau in dem Augenblick, als eine Menschenmenge in knallbunten Kleidern, Gehröcken, Zylindern und Lagen aus Glitzer jubelnd aus dem Pub strömt.

Da sind meine Freunde aus Liverpool, aus Guildhall und der wunderschönen kleinen Bar, in der ich Dillan kennengelernt habe; ein ganzes Jahrzehnt neuer und alter Freunde. Und neben ihnen stehen mit einem stolzen Lächeln mein Bruder, seine Frau Layla und meine Schwester.

Wie ein eleganter Zirkus paradieren alle hinüber zum Rathaus, umarmen mich, schütteln mir die Hand, pusten mir Küsschen zu und wünschen mir viel Glück.

Als Letzter kommt Dillan, in seinem weißen Vivienne-Westwood-Anzug und silbernen Turnschuhen.

Wir stehen da und grinsen uns an.

Frankie dreht sich im Kreis; ihr Kleid knackt und knistert wie ein Drachenschwanz mitten auf der Straße.

»Beeilt euch!«, lacht sie.

Wir rennen, um zu unserer fröhlichen Bande aufzuschließen, die die Straße überquert und sich die Marmorstufen zu den großen Eichentüren hinaufschlängelt.

Epilog

Zwei Jahre nachdem mein Vater die Wahrheit über Joseph erfahren hatte, tauchte er mit Jimmy bei ihm auf, um ihm zu sagen, dass er Bescheid wusste. Joseph wollte meinen Vater schlagen, doch Jimmy, der mittlerweile fast fünfzehn war und so groß wie ein Bulle, schlug ihm ins Gesicht, sodass er vier Zähne verlor.

Noch vier weitere Jungen erzählten, dass Joseph sie ebenfalls missbraucht hatte. Da man ihn nicht der Polizei übergeben wollte, machten die Väter der Jungen, deren Freunde und Verwandte Joseph die letzten Jahre seines Lebens zur Hölle. Er wurde gejagt, gequält und verprügelt, und zwar von den Männern, die einst zu unserer Familie aufgesehen hatten. Schließlich zog er in eine andere Stadt und arbeitete dort für eine Müllfirma, und vor fünf Jahren starb er mutterseelenallein an einem Herzinfarkt.

Mein Vater hat keinen Kontakt mehr zu seinem zweiten Bruder, Tory. Nach Großvater Noahs Tod weigerte Tory sich, mit meinem Vater zu reden, und in den folgenden Jahren verlor er den größten Teil seines Geldes.

Mein Vater hat Luftröhrenkrebs – das Ergebnis jahrelangen übermäßigen Zigarettenkonsums. Er ist fast blind und verbringt die meiste Zeit schlafend vor dem Fernseher. Sein letzter Versuch, seine Familie zu tyrannisieren, endete damit, dass Henry-

Joe sich ihm entgegenstellte, zurückschlug und brüllte: »Mag sein, dass du anderen Angst machen kannst, alter Mann, aber ich bin kein kleiner Junge mehr. Ich bin ein besserer Mann, als du es jemals sein wirst, also wag es nie wieder, die Hand gegen mich zu erheben.«

Was mein Vater auch nicht tat. Er wusste, wann er besiegt war.

Jimmy, noch keine zwanzig, hat sich zu dem Wolf entwickelt, auf den mein Vater immer gehofft hatte. Doch das brutale Training ging nach hinten los. Niemand, nicht einmal mein Vater, kann Jimmys Brutalität noch im Zaum halten. Schließlich kam mein Vater zu dem Schluss, dass der Junge besessen sein musste, und brachte ihn in eine Kirche in der Hoffnung, ihn exorzieren lassen zu können. Ohne Effekt. Jimmy ist nach wie vor auf Ärger aus. Mittlerweile hat er schon mehrere Anzeigen wegen schwerer Körperverletzung – in einem Fall gegen dreizehn Menschen gleichzeitig. Es begann als Wortgefecht, als ein Gorgia in einem Pub versuchte, Frankie anzuquatschen. Sie versuchte ihn loszuwerden, bevor Jimmy von der Bar zurückkam. Als sie ihn fortstieß, schlug er ihr aufs Auge, und zwar direkt vor Jimmy, was sein Schicksal besiegelte. Der Abend endete für mehrere Gäste mit gebrochenen Knochen. Dem Kerl, der das Ganze angefangen hatte, hatte Jimmy den Zeigefinger abgebissen und auf den Teppich gespuckt.

Die Tage des Klinkenputzens sind Vergangenheit – mittlerweile sind Haustürgeschäfte, wie die Zigeuner sie betrieben, verboten. Die jüngere Generation, die so lange wie möglich an der Tradition festhalten will, muss neue Wege finden, um über die Runden zu kommen.

Ich wünsche ihnen, dass sie es schaffen. Wenn sie in Ruhe

gelassen werden, führen die Roma ein ruhiges und friedliches Leben außerhalb des Rampenlichts. Doch die irischen Traveller haben das Image der Fahrenden vergiftet. Sie parken ihre Wohnwagen, wo sie wollen, und hinterlassen überall ihren Müll. Zudem gibt es deutlich mehr Gewalt, nicht nur mit den Fäusten, sondern mit Messern.

Vor ein paar Jahren wurden meine Brüder von einer Gang aus fünfzehn Travellern angegangen, die vom Ruf unserer Familie als ausgezeichnete Kämpfer gehört hatten. Henry-Joe und Jimmy waren bereit, zu kämpfen, aber ihre Gegner zückten Messer, und heute trägt Henry-Joe eine dicke Narbe auf dem Rücken, und Jimmy kann die Muskeln auf einer Seite seines Gesichts nicht bewegen, obwohl die Wunden operiert wurden.

Auch viele von unseren alten Freunden haben schwere Zeiten erlebt.

Kayla-Jaynes Freund Tyrone hat sie sitzenlassen, nachdem sie mit ihm geschlafen hatte. Wochen später stellte sie fest, dass sie schwanger war. Sie hielt es geheim, bis ihre Familie es im achten Monat schließlich herausfand. Tyrone wurde gezwungen, sie zu heiraten, aber natürlich hielt es nicht, und nun lebt Kayla-Jayne mit ihrem Kind wie Frankie bei ihren Eltern.

Levoy begann kurz nach meiner Flucht damit, Kokain zu nehmen, und wurde zu einer Familie nach San Diego auf Entzug geschickt. Ich habe ihn vor ein paar Jahren einmal getroffen, und obwohl er keine Drogen mehr nahm, hat das Zeug ihn sowohl körperlich als auch mental stark beeinflusst. Er lebt bei seinen Eltern und arbeitet in einem Laden in Newark. Voller Bitterkeit darüber, was aus ihm geworden ist, hat er keinerlei Kontakt mehr zu den Leuten von früher.

Adam ist ins Camp in Newark zurückgekehrt. Mittlerweile ist er verheiratet und hat drei Kinder.

Romaine hat nicht geheiratet. Mit Mitte zwanzig gilt sie als alte Jungfer.

Tante Minnie trägt noch immer ihren Pelzmantel.

Jamie-Leigh hat einen gewalttätigen Mann geheiratet, der vollgepumpt mit Ecstasy von einem Zug erfasst und getötet wurde. In den Jahren, nachdem ich Newark verlassen hatte, haben sie und Frankie, beide ohne Mann und sozial ausgeschlossen, sich wiedergefunden und sind enge Freundinnen geworden. Jamie-Leigh kam täglich vorbei und scherzte mit meinen Brüdern, dass sie darauf wartete, dass ich zurückkäme und sie heiratete. Als meine Familie kam, um sich mit mir am Flughafen zu treffen, gab sie ihnen eine Serviette für mich mit, auf die sie ein großes Herz gemalt hatte. Darunter hatte sie – fehlerlos – geschrieben: »Ich liebe dich.«

Kurze Zeit später kam Jamie-Leigh in Kontakt mit der Unterwelt und begann, Drogen zu schmuggeln. Sie wurde mit Kokain erwischt, das sie sich an die Oberschenkel geklebt hatte, und sitzt nun eine lange Gefängnisstrafe in Südamerika ab. Ich habe keine Ahnung, ob wir sie jemals wiedersehen werden, aber sie wird immer ein Teil von mir sein.

Mein Cousin Tory hat geheiratet und lebt mit seiner Frau und seinen Kindern in einem Haus ganz in der Nähe von Granny Bettie.

Noah ist geschieden und arbeitet als Bodyguard.

Tante Maude bekam beim Putzen ihrer Küche einen Schlaganfall, und als Onkel Tory am Abend nach Hause kam, lag sie tot auf dem Küchenfußboden. Er war fix und fertig.

Es bricht mir das Herz, zu sehen, wie vielen von unseren

Leuten es schlecht geht und wie viele Drogen nehmen oder in die Kriminalität abrutschen. Unser einst so stolzes Volk wurde auf die Knie gezwungen.

Und was ist mit dem mythischen König der Zigeuner?

In Wahrheit hat es nie einen Roma-König gegeben, nur hin und wieder einen selbst erklärten Narren, der am Ende mit seiner gesamten Blutlinie zu Brei geschlagen wurde.

Ich würde nichts an meinem Leben ändern. Wenn ich nicht all das getan hätte, was ich getan habe, wäre ich jetzt nicht da, wo ich heute bin. Ich bin stolz auf mein Volk und auf das, was ich bin.

Man kann den Jungen von den Zigeunern wegnehmen, aber man kann den Zigeuner niemals aus dem Jungen rausnehmen.

Dank

Ich möchte den folgenden Menschen danken, die dieses Buch überhaupt erst möglich gemacht haben:

Caro Handley für ihre Geduld und dafür, dass sie immer zu mir gehalten hat. Stephanie Thwaites für ihren Rat und ihre Unterstützung. Und Fenella Bates ... Ich frage mich oft, wie die Dinge wohl gelaufen wären, wenn Sie meinen Brief nie geöffnet hätten. Ohne Ihren Glauben an mein Schreiben wäre dieses Buch niemals möglich gewesen. Ein einfaches Danke erscheint mir so wenig im Vergleich zu dem, was Sie sind und was Sie für mich getan haben. Ich kann gar nicht ausdrücken, wie viel mir all das bedeutet. Ich wünsche Ihnen nur das Allerbeste.

Und dann sind da all jene, die sich jahrelang meine Geschichten angehört haben:

Danke, Mr C und Green. Mr Robert Caton ... Zehn Jahre. Werden wir auch mit siebzig noch He-Man-Comics zitieren? Danke an meine Schwester, dass du mir beigebracht hast, wie man stilvoll ein Blümchennachthemd und rote Stilettos trägt. An meinen kleinen »Big« Brother. Du bist ein Held, im wahrsten Sinn des Wortes. Mögest du niemals ein Wort über dieses Buch verlieren. An meine brillante Mutter. Die hoffentlich niemals von diesem Buch erfahren wird. An meine großartigen Freunde, die mich so tapfer ertragen haben – ihr wisst, wer ihr seid. An meine neue Aussie-Familie. Danke, dass ihr so wundervoll seid. Und danke Nan, für Lammkeulen und andere Trivialitäten.

Danke, meine Kugel- und Kettenfessel. Ich liebe dich. Für immer.

Danke, all Ihr Kids der Achtziger ... *Never Say Die.*

Und zuletzt: Danke euch allen, die ihr dieses Buch gelesen habt. Ich habe es nur für euch geschrieben.

Mikey

Sie nannten mich »Projekt«

Katy Morgan-Davies
WIE EIN GEFANGENER
VOGEL
Meine Kindheit und
Jugend in der Psychosekte
meines Vaters
Aus dem Englischen
von Simone Schroth
496 Seiten
ISBN 978-3-404-61049-5

Ein liebes Wort, eine Umarmung, Menschen, denen man vertrauen kann – all das hat Katy nie erlebt. Abgeschottet von der
Außenwelt wuchs sie als einziges Kind in einer Sekte auf, in
der Misstrauen, Verrat und Gewalt Normalität waren. Nur ganz
selten durfte sie das Haus verlassen, geschweige denn, eine
Schule besuchen. Ihr Vater herrschte wie ein Despot über die
Sektenmitglieder. Die besonders bösartige Genossin Sian war
ihre Mutter. Erst als Katy Gefahr lief, ernsthaft zu erkranken,
gelang ihr die Flucht in ein Leben in Freiheit …

Bastei Lübbe

Ein Buch, das Mut macht,
niemals aufzugeben

ERFAHRUNGEN

Annette Herfkens

Als mein Leben
vom Himmel fiel

Ich überlebte einen Flugzeugsturz
und bekam eine zweite Chance

BASTEI
LÜBBE

Annette Herfkens
ALS MEIN LEBEN
VOM HIMMEL FIEL
Ich überlebte einen
Flugzeugabsturz und bekam
eine zweite Chance
Aus dem amerik. Englisch von
Ulrike Strerath-Bolz
320 Seiten
mit Abbildungen
ISBN 978-3-404-61045-7

Es war als romantisches Wiedersehen geplant: Annette Herfkens, junge, erfolgreiche Bankerin an der Wall Street, besucht ihren Verlobten in Vietnam. Doch aus dem Liebeswochenende wird ein Albtraum: Das Flugzeug, mit dem das Paar an die Küste fliegen will, zerschmettert an einer Felswand, alle Insassen bis auf Annette sind tot. Ganz auf sich gestellt, überlebt sie acht Tage im Dschungel - und lernt, worauf es im Leben wirklich ankommt ...

»Ein bewegender Bericht über ein beeindruckendes physisches und seelisches Überleben.« KIRKUS REVIEWS

Bastei Lübbe